优秀班主任发展与支持系统丛书
主编 齐学红

家庭教育指导

顾琳 姜莉 著

南京师范大学出版社

图书在版编目(CIP)数据

家庭教育指导 / 顾琳,姜莉著. -- 南京：南京师范大学出版社, 2025.5. -- (优秀班主任发展与支持系统丛书 / 齐学红主编). -- ISBN 978-7-5651-6607-5

Ⅰ. G78

中国国家版本馆 CIP 数据核字第 2024GA2353 号

丛 书 名	优秀班主任发展与支持系统丛书
丛书主编	齐学红
书 名	家庭教育指导
作 者	顾 琳 姜 莉
丛书策划	王 涛 尹 引
责任编辑	王 涛
出版发行	南京师范大学出版社
地 址	江苏省南京市玄武区后宰门西村 9 号(邮编:210016)
电 话	(025)83598919(总编办) 83532185(客户服务部)
	83375685(区域渠道部)
网 址	http://press.njnu.edu.cn
电子信箱	nspzbb@njnu.edu.cn
排 版	南京私书坊文化传播有限公司
印 刷	南京新世纪联盟印务有限公司
开 本	889 mm×1240 mm 1/32
印 张	7.875
字 数	191 千
版 次	2025 年 5 月第 1 版
印 次	2025 年 5 月第 1 次印刷
书 号	ISBN 978-7-5651-6607-5
定 价	65.00 元

出 版 人 张 鹏

南京师大版图书若有印装问题请与销售商调换
版权所有 侵犯必究

总　序

看见学生，发展学生，成就学生

"优秀班主任发展与支持系统丛书"是我和南京师范大学出版社的编辑团队，面对新时代中国基础教育发展中的新情况、新变化，对于班主任队伍建设提出的新挑战做出的及时回应。南京师范大学教育科学学院拥有国内第一个专门从事班主任研究的学术机构——班主任研究中心，为南京师范大学出版社提供了国内一流的班主任研究团队和丰富的图书出版资源。早在20世纪90年代，双方就合作出版了"21世纪班主任文库"这一具有史料价值的班主任系列著作。随后又出版了班主任专业化理论建设的系列著作：《发展性班级教育系统》《班主任专业基本功》"班主任专业基本功书系"《班华教授教育文集》等，成为中国班主任研究与出版的高地。

"优秀班主任发展与支持系统丛书"是2015年我在国内率先提出的，"构建班主任专业发展的社会支持系统理论"的主动实践，将班主任发展与支持系统的落脚点放在看见学生、发展学生、成就学生这一学生立场上，体现了班主任专业的根本属性和班主任角色的本质内涵。班主任作为儿童生命成长过程中的"重要他人"和精神关怀者，理应成为儿童研究的专家，我们对儿童的关心和了解越深入，越能走进儿童的精神世界，不仅能够从年轻的生命样态中汲取生机活力，更能发挥作为教育者的价值引领作用，这也是教师作为一种职业所独有的意义和价值所在。

这套丛书是践行立德树人的根本任务，也是全员、全过程、全方位育人理念的具体实践。它将教育主体从班主任转向全体教师，从班主任一人负责制到全员导师制，这也是基础教育综合改革中学校组织方式变革的时代呼唤。丛书聚焦全员导师的四项指导任务：学业指导、人际沟通指导、生命健康指导和家庭教育指导，将理念转化为具体的方法策略，按照聚焦问题、剖析原因、结合案例进行方法策略指导，提供学习资源，扩大研究视野的实践逻辑，站在学生的立场，将发展指导转化为学生具体的学习议题。例如《生命健康教育指导》一书，将生命健康指导落细、落实到青少年生活的具体层面：健康生活很重要，养成好习惯，交到真朋友，培养小兴趣，学会管时间等；同时将学校安全教育、心理健康教育、珍爱生命教育融入其中，体现了基于生活、走向生活的教育理念。

该丛书的出版得到了南京师范大学出版社的高度重视和全力支持，可谓集出版社编辑团队、"随园夜话"班主任沙龙团队之力，大家在一起不断研讨，进行思想碰撞，最终达成共识。各分册主编发挥自己的组织协调力和专业领导力，带领自己的团队高效完成编写任务；出版社组建了强大的编辑团队，他们分工负责，积极配合，将丛书编写的理念转化为精美的图书文本，使丛书的编写过程成为愉快的成长之旅！

期待该丛书能为学校德育工作者、广大一线班主任、中学教师提供一份有指导性、可操作性和专业引领性的精神大餐！也希望大家在阅读此书的同时，能够启发、激发您对教育研究、案例撰写的兴趣，将日常工作转化为研究资源，在研究学生、发现学生、发展学生的同时，成就学生、成就自己！

齐学红

2024 年 11 月

目　录

总序 / 001

第一章
良好习惯　奠基成长

第一节　好习惯是孩子成长的"起跳板" / 001

　　一、了解习惯养成 / 002

　　二、不容乐观的现状 / 003

　　三、良好习惯的功用 / 005

第二节　好习惯是孩子发展的"节拍器" / 006

　　一、好习惯促进孩子自主发展 / 006

　　二、好习惯陶养孩子社会交往 / 008

第三节　树立规则意识 / 010

　　一、年龄小也要守规则 / 010

　　二、没有规则就没有自由 / 015

　　　　　三、网络不是法外之地 / 019

第四节　做好时间管理 / 024

　　　　　一、告别作业拖拉 / 024

　　　　　二、学习、活动巧优化 / 029

　　　　　三、高效学习有方法 / 033

第五节　合理使用电子产品 / 038

　　　　　一、榜样示范很重要 / 039

　　　　　二、放下手机更美好 / 043

　　　　　三、手机减压不可取 / 046

第六节　阅读滋养童心 / 051

　　　　　一、有规划：让孩子坚持阅读 / 052

　　　　　二、有陪伴：让孩子喜爱阅读 / 056

　　　　　三、有品味：让孩子优选阅读 / 060

第二章

多彩生活　玩转成长

第一节　家庭生活也是教育 / 065

　　　　　一、家庭结构及教育的多元 / 066

目 录

　　　　二、构建完整健康的家庭 / 067

　　　　三、创设积极有效的陪伴 / 070

第二节　家庭劳动不可少 / 072

　　　　一、培养劳动习惯 / 072

　　　　二、劳动实践促成长 / 077

　　　　三、树立正确劳动观 / 080

第三节　亲子运动欢乐多 / 085

　　　　一、运动增强体质 / 085

　　　　二、运动调节情绪 / 089

　　　　三、运动改善大脑 / 092

第四节　假期陪伴有规划 / 097

　　　　一、科学安排作息 / 097

　　　　二、开阔学习眼界 / 102

　　　　三、增强社会责任感 / 106

第五节　财商教育要趁早 / 111

　　　　一、明辨金钱的作用 / 111

　　　　二、管好自己的"钱袋子" / 115

　　　　三、树立正确金钱观 / 119

第三章

温馨家庭　助力成长

第一节　亲子互动有密码 / 124

　　一、亲子沟通的意义 / 125

　　二、亲子沟通的现状 / 125

　　三、亲子沟通的理念 / 127

　　四、亲子沟通的方法 / 128

第二节　做智慧爸爸 / 132

　　一、让陪伴在场 / 133

　　二、会欣赏孩子 / 137

　　三、友爱的表达 / 141

第三节　做贴心妈妈 / 145

　　一、倾听孩子的心声 / 145

　　二、不和别人家的孩子比 / 149

　　三、不做强势的妈妈 / 153

第四节　家有祖辈和多孩 / 157

　　一、相互学习巧沟通 / 158

　　二、合作共赢促成长 / 161

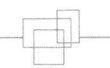

三、树立榜样共承担 / 165

第五节　有效沟通讲方法 / 169

　　一、保护孩子的好奇心 / 169

　　二、尊重孩子的兴趣爱好 / 173

　　三、表达对孩子的关爱 / 177

第四章

美好青春　收获成长

第一节　青春期家庭教育 / 183

　　一、青春期家庭教育的现状 / 184

　　二、青春期家庭教育的方法 / 185

　　三、青春期家庭教育的展望 / 189

第二节　正视青春期的"叛逆" / 190

　　一、理解孩子的"怼"父母 / 191

　　二、理性看待孩子的沉默 / 194

　　三、巧妙应对孩子的"心口不一" / 198

第三节　增强孩子的"抗逆力" / 202

　　一、缓解学业焦虑 / 203

　　　　二、提升自我效能 / 206

　　　　三、增强家庭联结 / 210

第四节　不可回避的性教育 / 214

　　　　一、学会保护自己 / 215

　　　　二、把握异性交往尺度 / 218

　　　　三、做负责任的人 / 222

第五节　做好生涯规划指导 / 227

　　　　一、生涯规划启蒙,助力成长 / 227

　　　　二、生涯规划探索,认知自我 / 231

　　　　三、生涯规划建立,逐梦未来 / 235

后记 / 240

第一章
良好习惯　奠基成长

二十一世纪是信息化的时代,家庭教育的重要性日益凸显。大家都说,"父母是孩子的第一任老师",特别是在孩子的习惯养成方面,家庭教育承担着举足轻重的责任。诚然,当前家庭教育在孩子的习惯养成方面确实存在诸多问题。其一,现代社会生活的快节奏和"信息爆炸"导致孩子们面临更多的干扰和诱惑,使得良好的习惯养成变得更加困难;其二,家长自身担负着工作压力,对于孩子习惯养成的重要性缺乏正确的认知,使得家庭教育的效果不尽如人意;其三,家庭教育资源和指导服务相对匮乏,无法满足家长和孩子的需求。因此,随着教育理念的不断更新和家庭教育实践的发展,有关习惯养成的家庭教育指导也面临新的挑战和机遇。我们如何在新的时代背景下,结合家庭教育实际和孩子的成长需求,探索更加科学、有效的家庭教育指导方法和策略,成为当前亟待解决的问题。我们在家庭教育中加强习惯养成的指导和研究,对于提升家庭教育质量、促进孩子健康成长具有重要意义。

第一节　好习惯是孩子成长的"起跳板"

"习惯形成性格,性格决定命运。"这句话揭示了习惯、性格、

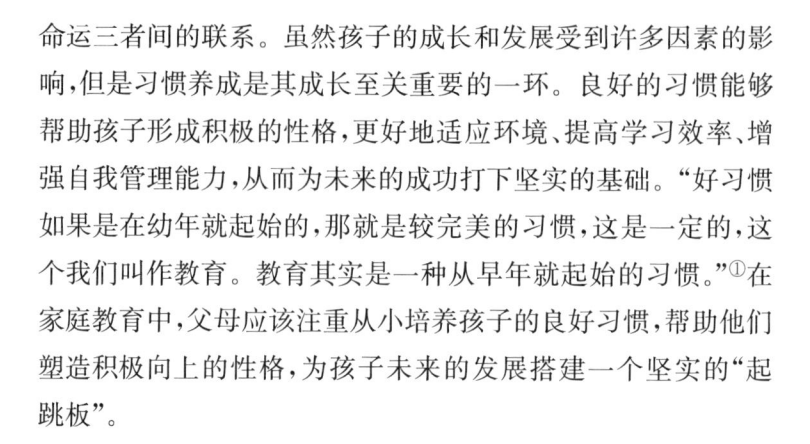

命运三者间的联系。虽然孩子的成长和发展受到许多因素的影响,但是习惯养成是其成长至关重要的一环。良好的习惯能够帮助孩子形成积极的性格,更好地适应环境、提高学习效率、增强自我管理能力,从而为未来的成功打下坚实的基础。"好习惯如果是在幼年就起始的,那就是较完美的习惯,这是一定的,这个我们叫作教育。教育其实是一种从早年就起始的习惯。"[①]在家庭教育中,父母应该注重从小培养孩子的良好习惯,帮助他们塑造积极向上的性格,为孩子未来的发展搭建一个坚实的"起跳板"。

一、了解习惯养成

习惯是个体通过长时间的学习逐渐形成的、自动化的行为模式,它对个人的学习、工作和生活有着深远影响。习惯的形成是一个复杂的过程,它涉及行为的重复、强化以及大脑神经通路的建立,良好的习惯对于孩子的健康成长和未来发展至关重要。在心理学中,习惯通常被定义为在一定情境下自动执行的行为模式。这种行为的"自动性"是由于在重复执行某种行为的过程中,大脑中的相关神经通路得到了加强和固化。习惯的形成机制还包括触发因素、行为反应以及结果反馈等关键环节。

行为心理学为习惯养成提供了重要的理论依据。其中,操作性条件反射理论认为,行为是由外在奖励和惩罚驱动的,通过正强化和负强化来影响行为的发生频率;社会学习理论强调了观察学习和模仿在习惯养成中的作用;自我决定理论则关注了

---

① (英)弗兰西斯·培根.培根随笔[M].蒲隆,译.北京:人民文学出版社,2012:174.

个体内在动机对习惯养成的影响。

我们可以根据习惯的性质和功能对其进行分类,如生活习惯、学习习惯、工作习惯等。家庭、学校、社会等环境因素都会对个体的习惯养成产生影响。孩子在家庭环境中首先要养成的是良好的生活习惯;当然,学习习惯也需要在家庭环境中得到强化和巩固。生活习惯对孩子的学习习惯以及长大以后的工作习惯都会产生很大的影响。

良好的家庭环境,特别是父母正向的引导和激励措施,对于孩子良好习惯的养成至关重要。同时,激励和约束机制在习惯养成中也起着关键作用,家长通过设立奖励和惩罚措施,可以激发孩子养成良好习惯的动力。如果家庭的约束机制、学校规则、社会规则等形成合力,就可以促使孩子遵守良好习惯养成的规则。

孩子的持久性习惯的培养是习惯养成的重要目标,为了实现这一目标,家长需要关注孩子习惯的巩固和坚持。这包括定期回顾和反思习惯养成的过程,调整和完善习惯养成的策略以及持续提供激励和支持的方法等。有意识地学习和了解相关知识,可以为家长在家庭教育中培养孩子良好的习惯提供全面而正确的指导,帮助家长更好地融入孩子习惯养成的过程之中。

二、不容乐观的现状

孩子的教育要从好习惯的培养开始,良好的习惯是孩子健康成长的起点。在家庭教育中,父母应该关注孩子的日常行为,及时纠正不良习惯,引导孩子养成积极向上的生活和学习习惯。现实生活中,我们在家庭教育方面对于孩子的习惯养成指导却不容乐观。

我们正处于"信息爆炸"的时代，孩子们很容易被各种电子产品所吸引，沉迷于"快餐文化"，导致热爱学习和阅读等有益的习惯难以养成。同时，由于父母们工作压力较大，无暇顾及对于孩子的习惯养成的指导，常常为了安抚孩子，把手机、平板电脑等电子产品丢给孩子，以此替代自己的陪伴。有一些家长过于溺爱孩子，事事包办，导致孩子缺乏时间管理意识和自控能力；也有一些家长过分追求成绩，忽略对于孩子道德品质的教育，使孩子的价值观产生偏移。究其原因，主要有以下几点。

1. 社会环境的影响

快节奏的社会生活让很多人变得浮躁、急功近利，这也影响到了家庭教育。家长们过分追求孩子的学习成绩，而忽略对于孩子其他方面的培养。

2. 忽视家庭教育

有些家长认为把孩子送到学校就"万事大吉"，殊不知家庭教育才是孩子成长的关键，家长应该积极参与孩子的成长过程之中，与学校共同承担教育责任。

3. 家长需要成长

习惯培养既需要"言传"，更需要"身教"。如果家长自身没有良好的生活习惯，那么便谈不上更好地教导孩子。因此，要想让孩子养成好习惯，家长们首先要以身作则。

4. 过度呵护

现在家庭的独生子女居多，父母等长辈对他们宠爱有加，事事代劳，导致孩子失去了独立思考和解决问题的能力。

总之，在家庭教育中关于孩子习惯养成的现状令人担忧，需要全社会共同努力去改变这一局面。作为家长，我们应该树立正确的教育观念，注重提高孩子的综合素质；作为教育工作者，我们要引导家长认识到家庭教育的重要性，帮助家长掌握科学

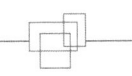

的家庭教育方法；政府也应加大对家庭教育的投入和支持力度，营造一个有利于孩子健康成长的社会环境。只有这样，我们的下一代才能茁壮成长，成为未来的栋梁之材。

三、良好习惯的功用

良好的习惯对于孩子的成长有着多方面的影响。孩子会通过观察和模仿他人的行为来学习社会规范，在这个过程中，甚至会逐渐形成自己的价值观。孩子拥有，如尊重他人、遵守规则、守时守信等良好的习惯，能够帮助他们形成良好的品德和正确的价值观，从而成为更有道德和责任感的人。

良好的习惯对孩子的学习能力有着显著的影响。例如，定期复习、专注学习、广泛阅读等习惯，可以提高孩子的学习效率，有助于培养孩子的自主学习能力，使他们能够更好地适应不断变化的学习环境。

良好的习惯对孩子的身心健康也有着积极的影响。例如，规律的作息、健康的饮食、适度的运动等习惯，有助于孩子保持身体健康，减少疾病的发生。同时，保持积极的心态、乐观的情绪等，也有助于孩子形成良好的心理素质，增强心理韧性。

良好的习惯还有助于孩子提高自身的社交能力。例如，分享、合作、礼貌待人等习惯，可以帮助孩子建立良好的人际关系，增强社交能力。这些习惯对于孩子未来的职业发展和融入社会都起着重要的作用。

因此，家长和教育工作者应该重视孩子良好习惯的培养，为他们的全面发展打下坚实的基础。在家庭教育中强化习惯养成指导的研究，具有重要的理论和实践意义，它不仅有助于丰富和完善家庭教育的理论体系，还可以为家长提供更加科学、有效的

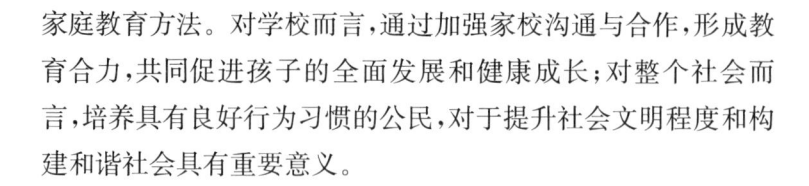

家庭教育方法。对学校而言,通过加强家校沟通与合作,形成教育合力,共同促进孩子的全面发展和健康成长;对整个社会而言,培养具有良好行为习惯的公民,对于提升社会文明程度和构建和谐社会具有重要意义。

第二节　好习惯是孩子发展的"节拍器"

著名教育家叶圣陶先生曾说:"教育就是培养孩子的习惯。"英国著名哲学家培根也曾经说过:"习惯,真是一种顽强而巨大的力量,它可以主宰人的一生。"习惯,会不知不觉地渗透生活中的细微之处。这就像一只在鸡窝里孵化的鹰,由于它学会了鸡的生存技能,尽管它有一双强健的翅膀,却忘记了翱翔,因为它已经习惯了像鸡一样去刨食而不是飞翔。那么,我们如何培养孩子良好的习惯,助力其全面成长呢?

一、好习惯促进孩子自主发展

在孩子成长的道路上,家长们都希望他们能够健康成长,成为一个有素养的人。如果仅仅依靠学校的教导和家庭的呵护是远远不够的,那么更重要的是需要我们帮助孩子养成良好的生活习惯来助力他们的成长。

1. 培养规则意识

规则意识的培养是孩子良好的生活习惯养成的重要环节,如果树立了规则意识,那么良好的生活习惯的养成就前进了一大步。在我们的日常生活中,规则意识与良好生活习惯的培养密切相关。规则意识是一种自觉遵循社会规范,维护公共秩序

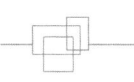

的综合素质;良好的生活习惯则是个人在日常生活中形成的健康、文明的生活方式。比如:培养孩子早睡早起的习惯。孩子正是长身体的时候,早睡早起不但有益于身体健康,而且对孩子以后的学习和工作都有好处,家长自己不能不保持良好的作息习惯反而让孩子遵守早睡早起的规则。再比如:培养孩子专心吃饭的习惯。吃饭的时候需要专心吃饭,不能够一边吃饭一边看电视、玩玩具等。家长在吃饭的时候同样也要放下手机,陪孩子专心吃饭,否则就会给孩子树立一个不好的榜样。还比如:父母也要注重培养孩子的公平竞争精神。父母可以通过与孩子的互动,引导他们如何遵守规则、尊重对手、尊重自己,从而在一些体育活动中践行良好的体育道德风尚。①

2. 家长是榜样

家庭是孩子的"第一课堂",家长的一言一行能够对孩子产生最为直接的影响,因此家长要给孩子做出好的榜样。有时不是家长"说了什么",而是"做了什么",也许孩子在这种潜移默化的过程中已受到家长的影响。比如,如果父母很讲究卫生,那么孩子自然也很爱干净。同理,如果孩子能够亲身参与家庭生活中的一些活动,参与一些看似简单的家务劳动(洗碗、打扫房间、择菜等),那么带给孩子的不仅仅是体力劳动,还会培养其独立、自理、自信的能力。在日常生活中,爸爸、妈妈应该适当地放手,让孩子真正去体验家务劳动,"家长后退一步,孩子前进一步",这也许就是真正意义上的成长。我们可以对照孩子能够做家务的适宜年龄,具体实施:一年级的孩子能做到自己穿衣、整理书包等;二年级的孩子可以和父母一起洗碗、打扫卫生等。

---

① 隋天赫,费加明.立德树人视阈下大学生体育道德价值意蕴、内在动力及实践路径[J].黑龙江工业学院学报(综合版),2024(2):27-30.

3. 家校有效沟通

学校是孩子成长的重要舞台,老师们不仅要关注学生的作息习惯,加强课堂纪律教育,还要培养学生自律、自主学习的能力。同时,学校还可以通过举办各类活动,引导学生积极参与,从而培养他们的团队协作和待人接物的能力。此外,家长应及时与老师沟通,配合学校教育,及时了解孩子的习惯养成状况,例如,是否有不良习惯需要改进等。只有家校及时、有效地沟通,才能事半功倍,为孩子的成长形成教育合力。

二、好习惯陶养孩子社会交往

人际交往是孩子成长中需要具备的一项很重要的能力,没有一个孩子生来就是社交高手。孩子越是在社交场所表现得比较笨拙、紧张,越是需要我们耐心地去引导他们。正如儿童心理学家皮亚杰所说,"儿童的童年时代有两个世界,一是父母和儿童相互作用的世界,另一是同伴的世界。"可见,同伴对儿童的影响很多时候甚至等同于父母对他们的影响。因此,如何培养孩子良好的交往习惯,帮助他们建立和谐的人际关系,已成为家长、教师和社会共同关注的问题。那么,父母应如何在孩子交朋友的问题上合理引导,提升孩子的社交能力呢。

1. 不要操之过急

家庭是孩子性格和交往习惯养成的"摇篮"。家长应当注重培养孩子礼貌待人、倾听他人意见、尊重他人感受等良好的习惯。同时,家长在孩子交往习惯培养的过程中不能操之过急,要有足够的耐心,因为它是一个缓慢的过程,可能会经历很多次反复后才会逐渐养成。比如,一年级的男孩年龄还小,在这些男孩的初始认知中,大都是使用"打"的方式去和别人交往,打一下别人的胳膊,打一下别人的后背等,他们也很难意识到这是错误的行为,这样的行为也不是家长纠正一次就可以改正的,它是一个缓慢的过程,需要孩子多次的经历才会真正意识到自己行为的错误并加以改正。

2. 不做"低头族"

目前,电子产品已成为我们日常生活中不可或缺的一部分。它不仅改变了我们的生活方式,也影响了我们的社交行为,使得越来越多的人成为使用电子产品的"低头族",这也促使现实社会中的人际交往逐渐淡漠。为此,我们需要努力让孩子摆脱电子产品的束缚,养成良好的人际交往习惯。首先,摆脱电子产品的束缚。过度依赖电子产品,不仅会对孩子的颈椎、视力造成伤害,更重要的是,它让孩子忽略了现实生活中的人际交往,这容易导致人际关系紧张,甚至影响个人的心理健康。其次,虽然合理利用电子产品可以在一定程度上提高生活质量和工作效率,但是过度使用电子产品,往往会让我们陷入一种拖沓的困境,进而影响我们的学习和工作效率。为了养成使用电子产品的良好习惯,我们可以为孩子设定每天使用电子产品的时长,逐步减少无谓的刷屏,鼓励孩子将更多的时间投入学习、锻炼以及与人的交往中。最后,我们要让孩子学会用心去倾听。在人际交往中,倾听比表达更为重要。真正关心别人,了解别人的需求和困惑,不仅能拉近彼此的距离,还可以让我们获得更多的人生经验。为此,我们要帮助孩子在与人交往时,把注意力从电子产品转移到对方身上,用心去倾听别人的故事,分享彼此的喜怒哀乐。

3. 创造社交机会

家长对孩子社交能力的影响是很大的。我们身边就有一些年轻的父母,他们自己也不喜欢社交,在成年人的社交场所里,其表现更谈不上落落大方,他们的孩子自然也少了很多出现在

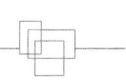

社交场所的机会。有时,爸爸、妈妈待人接物的方式会对孩子产生潜移默化的影响。如果孩子交友困难,父母就要问问自己:平时与人沟通时是否能为孩子树立良好的榜样?是否经常主动为孩子创造社交的机会?有没有为孩子提供人际交往的方法、建议?如果我们真的重视培养孩子的社交能力,就需要给孩子创造社交的机会,有意识地增加社交活动,锻炼孩子的表达能力。显然,人际交往能力也是需要练习的,父母要给孩子创造练习的机会。

第三节　树立规则意识

小学生正处于习惯和性格形成的关键时期,树立规则意识有助于他们养成良好的行为习惯,提升道德素养和自律能力,为未来发展奠定基础。家庭教育对于培养孩子的规则意识起着极其重要的作用,家长可以通过参与各类亲子实践活动,引导孩子在实际操作中体验遵守规则的意义,有针对性地培养孩子的规则意识,因材施教,关注孩子的性格特点和个人需求,运用恰当的教育方法,营造良好的家庭氛围,以身作则、遵守规则,为孩子树立良好的榜样,从而培养孩子的规则意识。

一、年龄小也要守规则

孩子在上小学的时候,很多家长都认为孩子还小,无论做错什么事都是可以理解的,等到孩子长大了,该懂的道理自然就懂得了,因为"树大自直"。可是"没有规矩、不成方圆"。孩子小的时候,习惯是比较容易培养的,等到孩子长大了,一些不良的习惯跟随着他们已经很多年，此时再作改正就很困难。爱孩子是每个父母的天性，但在爱的同时，也需要给孩子制定一定的规矩。因为规矩可以帮助孩子建立良好的行为习惯，培养他们的自律性和责任感。在孩子成长的道路上，每一位父母都期望能够给孩子最好的爱，我们如何才能真正的做到爱孩子，却是一个值得深思的问题。父母爱孩子最合理的方式是"严慈相济"，爱与规矩并行，既要懂得爱护孩子，也要明白"限制"孩子，只有这样才是给予孩子最好的爱。

【情境案例】

三年级的阳阳同学在课堂上特别爱"插嘴"，还经常与同学发生矛盾，要么课间不停地踩别人的鞋子，要么动手打人。班主任张老师给予其及时教育并与其家长沟通，可家长认为孩子还小，这些也都是小问题。班级的其他家长也会跟张老师反映，孩子和阳阳之间不管出现什么样的矛盾，阳阳的妈妈都一味护着阳阳。长此以往，班级里的同学都不愿意和阳阳坐同桌，不愿意和他玩。在学期末评优时，更是没多少同学投票选他。为此，阳阳的妈妈很是生气，觉得班级里其他孩子都是有意针对阳阳。

【原因分析】

案例中阳阳的行为已经影响到他与同学之间的关系。作为家长，要帮助孩子明辨是非，明确地告诉他，"踩别人的鞋子、打同学，这样的行为是错误的，也是不被允许的，会引起他人的反感！"家长应该引导孩子要友善地与同学相处，如果遇到不愉快的事情，要学会控制、调整自己的情绪。现实生活中，每个小朋友都喜欢性格好的同学，其实成人也是这样。

【家长有话说】

　　关于孩子的规则意识教育,最初,我也没有特别意识到它的重要性,直到朋友来我家做客,两个孩子的行为促使我好好地进行了反思。

　　朋友如约而至,我邀请她坐下并开始聊天,还没聊一会儿,坐在沙发上的小宝就用脚踢朋友,一边踢一边说:"这个凳子是我家的,你凭什么坐我家的凳子啊?"当时,我觉得很不好意思,但是朋友笑了笑,还逗小宝开心,我也就没说什么。没过一会儿,大宝突然从房间里走出来,很大声地对朋友说:"你什么时候走啊?"我顿时惊呆了,这是什么情况?场面尴尬到了极点,我觉得很没面子,于是训斥了两个孩子。朋友看我发火,就推脱说有事情先走了。两个孩子的表现让我的内心久久不能平静,我不禁问自己,平时是怎么给孩子树立规则意识的!

　　绘本《我永远爱你》[①]中就有一段这样的对话。
　　阿力:如果我把枕头弄得羽毛满天飞,你还爱我吗?
　　妈妈:我永远爱你,不过,你们得把羽毛收拾起来。
　　阿力:如果我把画画的颜料洒在妹妹身上,你还爱我吗?
　　妈妈:我永远爱你,不过,你得负责给妹妹洗澡。
　　我们从阿力与妈妈的对话中看得出,妈妈的做法温柔而坚定,她坚定地告诉阿力"我永远爱你",同时还及时纠正阿力不正确的态度和行为,爱中有规则,规则中有爱。可见,"爱孩子"和"立规矩"从来就不是"单选题"。

[①] (英)牡丹·刘易斯,(英)彭妮·艾夫斯.我永远爱你[M].金波,译.北京:外语教学与研究出版社,2017:7-9.

【对策建议】

1. 立规矩要趁早

现实生活中,很多家长发现给孩子立规矩没有作用,这是因为没有抓住最好的时机。部分家长在孩子小的时候往往对其比较溺爱,认为孩子年龄小,调皮捣蛋也没问题,等长大了再教也不迟,导致孩子从小缺乏规矩的约束,养成了各种坏习惯,缺乏规则意识和秩序认知,再想立规矩,必然会有较大的阻力。3—6岁是孩子规则意识和早期行为习惯形成的关键期;6岁前又被称为"潮湿的水泥期",孩子的可塑性最强。这个时期的孩子就像是一张白纸,我们很容易将最根本、最重要的东西教给他们,绝大部分孩子都是在这个时期由不懂事变得懂事,愿意听家长的话,对于规矩的执行效果也更好。否则,随着孩子渐渐长大,自我意识越来越强,配合度也会下降。很多孩子过了12岁,诸多行为问题依然没有改善,甚至随着年龄的增长而恶化,爸爸、妈妈想纠正其行为习惯,想重新给其立规矩,难度也会大大提高。因此,如果不想让孩子越来越难管,那么立规矩一定要趁早。

2. 立规矩要有恒常性

什么是恒常性?说得简单一点,就是需要孩子坚定地、长期地执行制定好的规则。我们不要因为孩子哭闹几次就心软、妥协,如果这样,孩子就会以为,爸妈的规则不过是个摆设,我只要一哭闹就可以不遵守。长此以往,孩子只要遇到不顺心的事就会哭闹,而且会越来越厉害。所以,恒常性是在给孩子立规矩的过程中非常关键的一步。其实,《西游记》中的如来佛祖就是个立规矩的高手。当初孙悟空大闹天宫时,如来佛祖对孙悟空说,"你能翻出我的手掌心,算你赢,玉皇大帝的天宫就让给你。如果你做不到,那就要下到凡世去历劫、修炼。"这就是在给孙悟空定规则,而且规则很少,也很简单,孙悟空一听就明白了。后来,孙悟空输了,想从如来佛祖的手里逃走,结果如来佛祖一翻手,直接把孙悟空压在了五行山下,直到五百年后才能保护唐僧去西天取经,并且头戴紧箍,不敢越雷池半步。这就是让孙悟空承担违反规则带来的后果。书中的孙悟空与规则不断抗争又逐步和解的过程,岂不像孩子们不断长大、不断适应社会规则的过程。

3. 立规矩要有温度

心理学理论中有一个"登楼梯效应",它的意思是指给孩子立规矩应该由小到大、由易到难,不是要求孩子一下子做到最好,而是一次比一次做得更好。现实生活中,有些家长不管孩子的接受能力如何,就想当然地定下一些规矩,结果孩子根本不服气,执行起来的效果也大打折扣。立规矩,不是靠家长单方面的努力就能够成功的,需要和孩子一起协商来完成。家长在制定规矩时要和孩子一起商量、探讨,达成一致后再确定下来。如果孩子参与其中,就会产生一种自己做主而不是被迫服从的感觉,进而更乐意遵守。之所以有的孩子不愿意按照规则去做事情,那是因为孩子一开始就不认同。只有当孩子内心真正认同了规则,才会自觉地去遵守它。

我们有些家长在制定和解释规则时过于简单粗暴,强迫孩子服从,这就容易引发孩子的抵触心理,会觉得守规矩是一项难以完成的任务。因此,家长需要用孩子听得懂的语言说清楚为什么要制定这个规矩?有什么作用?破坏了规矩的后果是什么?比如,晚上不刷牙,牙缝里残留着食物残渣,会滋生很多细菌,腐蚀牙齿,导致蛀牙、牙疼,严重的可能还要拔牙。孩子的认知水平有限,可能需要家长多次的重复和提醒,规矩才能慢慢内化为孩子的内驱力。所以,家长要学会尊重和理解孩子比使用简单粗暴的方式会更有效果。

二、没有规则就没有自由

什么是规则？规则是一种秩序，是用于规范人们行为的准则；规则是社会秩序的体现，是人类文明的标志。所有的公民只有遵循一定的规则去生活，社会才能正常运转，每个人才能各尽其能、各得其所；规则让人们有章可循、有规可依。无论是个人生活，还是社会治理，都要有一系列完整的规则。康德认为，所谓自由，不是随心所欲，而是自我控制。自由应该是我们在不侵犯他人权利的前提下做自己想做的事情，拥有自己的思想和信仰，不受外界的束缚而活出真实的自我。规则和自由并不是孤立存在的，而是相互依存的，它就像硬币的两面，缺了任何一面都无法得到一枚完整的硬币。那么，我们到底如何平衡规则与自由呢？这就要求我们在规则中给孩子适度的自由，在自由中给孩子恰当的规则。

【情境案例】

每当夏季到来，中小学生涉水、游泳等行为增多，由此导致溺水身亡的不幸事件时有发生。面对即将开启暑期生活，班主任李老师将暑期安全注意事项及相关要求逐条解释并再三叮嘱，尤其是学生防溺水"六不准"，班主任更是反复强调，1.不准私自下水游泳；2.不准擅自与他人结伴游泳；3.不准在无成人带领的情况下游泳；4.不准到无安全设施、无救援人员的水域游泳；5.不准到不熟悉的水域游泳；6.不准不熟悉水性的学生擅自下水施救。班主任话音刚落，小欣同学就不耐烦地站起来说："不就是游个泳吗？这不准，那不准，一点自由都没有，真烦人。"也有其他同学在嘟囔着："我们都是初中生了，都长大了，水边玩耍,下河玩水,三五成群结伴游泳不是很正常吗?我们肯定会注意安全啊!"同学们你一言我一语,展开了激烈的讨论。

【原因分析】

案例中的一些初中生对规则与自由的理解是存在偏差的,通过他们对待防溺水提示中的"六不准"原则的态度,可以看出他们对涉水、玩水产生的问题及后果没有充分的认识,同时对规则与自由之间的关系更是没有理解清楚。

【家长有话说】

守规则真的是太重要了,就像上次,我家孩子感冒发烧刚好没两天,天气一热他非要吃冰激凌,我耐心地跟他说,现在身体刚刚恢复,不能吃,以及现在吃冰激凌的后果会有哪些,可他就是不听,各种哭闹,还大发脾气。爸爸看他哭的上气不接下气,十分心疼,最终还是给他买了一个冰激凌,孩子大口地吃了起来。结果,当天晚上,孩子上吐下泻,后来赶紧去了医院,检查结果是急性肠胃炎,孩子疼得直哭。作为家长我也反思,孩子只要哭闹、大发脾气就能得到他自己想要的结果,而且越大越难管教,这让我们很头疼。

宇宙的发展和运行有既定的规则,科学研究需要遵循基本的法则,我们生活的方方面面也都要有原则。学校有自己的规章制度,不同的体育运动有不同的运动准则,道路交通有交通法规……我们自身的发展,人与人之间的社会交往,同样也是有规则的。在上述案例中,学生对防溺水规则的认知与重视程度相对较低。

【对策建议】

1. 敬畏规则

敬畏规则,其实就是敬畏我们自己的生命。孟子曰:"不以规矩,不能成方圆。"我们每天要和各种各样的规则"打交道",正因为有了这些规则,社会才能够有序地运转,我们才能够有序地生活。我们只有对规则心存敬畏,才不会肆意妄为。

小欣一家应邀去邻居家吃晚餐,用餐时,小欣不停地转动菜台,看到好吃的就往自己碗里夹,大人根本没办法用筷子夹菜。妈妈多次提醒他都没作用。后来,快速转动的菜台把好几个人的玻璃杯碰倒了。妈妈立即代替孩子道歉,邻居客气地说:"没事,没事的,孩子还小呢!"回家后,妈妈批评教育小欣,明确告诉他这是不文明的就餐行为。最后,跟小欣共同商量后,决定用他的零用钱给邻居家买套新杯子并赔礼道歉,还要给邻居家的花园浇水一周。经过认真交流后,小欣认识到自己的错误并愿意接受"惩罚"。

苏联著名教育家马卡连科说,没有惩罚的教育是不完整的教育。作为家长,当孩子犯了错误,就要让孩子承担由错误行为带来的后果,同时要有适当的惩罚,通过合理的惩罚可以让孩子对规则抱有敬畏之心。如果家长对孩子的错误行为视而不见,那么只会让不明是非的孩子变本加厉地犯错。

2. 坚守规则

"孩子不守规矩"是许多父母都可能遇到的教育难题。事实上,大多数情况下孩子们对规则的适应性不强是受到多种因素的影响,并非有意为之。作为家长,如果我们能够守住底线,坚守规则,就会事半功倍。

  西西特别喜欢一边吃饭一边看电视。妈妈跟她说,这样对视力不好,对消化器官也不好。但是,西西并不理会,她还说,如果吃饭时不给她看电视,那她就不吃饭了。爸爸、妈妈为了帮助西西养成好好吃饭的习惯,打、骂、责、罚都用上了,还是没有作用。于是,西西的父母决定换一种方式,全家人每次吃饭时,就让家里的电视一定处于关机状态。一开始,西西不肯吃饭,爸爸、妈妈也不强迫孩子,吃完饭就收拾干净。西西饿了,却发现没有饭吃了,她想吃零食抵抗饥饿。妈妈心平气和地说:"不可以哦,家里没有零食,你要等下一顿饭时好好吃才行。"不论西西通过什么方式表现出"可怜",妈妈都保持温柔而坚定的态度。没过多久,西西就改掉了坏习惯。

  由此可见,如果家长能够坚守规则,巧妙引导,就能帮助孩子树立规则意识。

  3. 赞美与信任

  作为家长,当我们看到孩子不遵守规则、不敬畏规则时,不能认为给他们一次教训就可以解决问题,家长要有长远的眼光,考虑好用什么样的方法才能让孩子重视并遵守规则。

  乐乐是个很开朗的孩子,但是每次遇到邻居、亲戚、朋友或者其他小朋友,他总喜欢动手打别人两下,爸爸、妈妈跟他说了很多次这样打人的后果和影响,结果都没有作用。因为这件事情还与邻居闹了好几次不愉快,爸爸、妈妈很是头疼。

  后来,细心的爸爸查看了许多资料,了解乐乐这一行为背后的一些原因,比如想引起别人关注,缺少鼓励等等。爸爸和妈妈经过商量,决定用赞美、信任的方式鼓励他。爸爸说:"乐乐,爸爸跟妈妈打赌,你今天一定能做到向别人有礼貌地打招呼,你说爸爸会赢吗?"乐乐看着爸爸充满信任的眼神说:"爸爸,你一定会赢的。谢谢爸爸那么信任我。"爸爸也被这句很有力量的话感动了。第一天,乐乐就做到了。爸爸继续鼓励他说:"今天爸爸感觉大家都好喜欢你啊,邻居张奶奶给你拿吃的,小帅还牵着你的手邀请你一起玩,果然文明有礼貌的孩子人见人爱啊!"随后的第二天、第三天,乃至接下来的很长时间,爸爸、妈妈都是以鼓励为主、及时评价的方式帮助乐乐进步,乐乐也逐渐意识到打人的行为导致自己快没朋友了。后来,爸爸告诉乐乐,爸爸和妈妈"打赌"的目的,就是让他认识到自己的错误,而且爸爸、妈妈观点一致,都认为乐乐是能够改正的。

家长用赞美和信任的方式教育孩子,不但能够树立良好的规则意识,而且增强了孩子的自信心,一举两得。人生是一场比赛,处处存在着规则,不懂规则的孩子往往会多走弯路,最先出局的也一定是不懂规则的人。父母想给孩子最好的保护,就是要培养孩子的规则意识,因为规则是孩子最大的"保护伞"。

三、网络不是法外之地

随着科技的不断发展,大众接收信息的渠道也越来越广泛,网络舆论成为社会舆论里越来越普遍的一种形式。现在网络舆论的发表成本低、传播速度快、传播范围广,影响力也特别大。从最早的QQ、微博到现在的微信,以及各个短视频里的评论区,都能让我们明显感觉到网络舆论的影响力越来越强大。互联网时代是信息高速传播的时代,它为我们带来便利的同时也为不实信息的滋生、舆论发酵提供了土壤。如果大量的不实信息占用公共资源,就不利于网络舆论的健康传播和社会的和谐发展,甚至会给当事人带来严重的伤害。

【情境案例】

某学校工作人员到派出所报案称,有人在 QQ 空间发布虚假信息污蔑学校,希望警方调查处理。其内容是两张新闻图片,图片上还粘贴了两张少年的照片,照片下面配了一些不堪入目的文字。截至校方报案时,这则虚假消息已在 QQ 空间、微信朋友圈、QQ 群等转发、评论超过上千次,造成了恶劣的社会影响。民警经过调查发现,该学校根本没有发生过这样的事情,属于虚假消息;民警还发现,发布这些消息的是曾就读于该校的学生张某。民警立即找到张某询问,张某说:"我是在某网站上看到这两张图片的,并不知道是谁最开始发的。我看到这两张图片,觉得好玩就转发了,不知道会对学校造成不好的影响。"警方提醒,不要随意发布、转发虚假或未经证实的信息,散布虚假信息有可能会触犯民法、治安管理处罚条例,甚至刑法,发布者将承担相应的法律责任。

【原因分析】

青少年心智不够成熟,尚未步入社会,又处在好奇心旺盛、有较强表达欲、渴望得到认可的年龄阶段。他们极易偏听、偏信不实消息,甚至无意间成为助长不实信息扩散的传播者。青少年自身要保持对网络信息的警觉和独立思考的能力,不轻易相信网络上的言论,更不应在事情尚未明朗时随意发表情绪化的言论。父母作为对孩子产生影响最大的人,也要树立榜样,以身示范,把维护客观真实的信息生态和网络秩序作为自己的责任。

【家长有话说】

说到网络平台上的各种留言,我还真有话要说。前段时间孩子回来说了一件事：班级里的两个同学，就是因为一个视频中出现的问题而观点不同，产生很大的分歧，两人甚至还发生了激烈的争吵。其中一个同学，一气之下在微博、抖音，他们的同学群里等不同网络平台，发布了很多关于另一同学的私人信息。一时间，网友在评论区纷纷评论，同时还出现了辱骂的语言。遭到"网暴"的同学，其学习与生活也大受影响，成绩下降暂且不说，甚至都不愿意去学校了。家有家规，校有校纪，国有国法，在网络平台上随意发布别人信息，真的就没有任何关系吗？从某种意义来说，这是不是一种网络欺凌呢？作为家长，我们应该引导孩子明白"网络不是法外之地"。

我们要充分认识到家庭教育的重要性，在孩子成长的过程中，父母在家庭教育中承担了不可替代的重要作用，父母是家庭教育的第一责任人，父母亦师，身教重于言传。如何合理使用网络，家长可以明确指导孩子要有自己明辨是非的能力，不能无端"跟风"，任何事情一定要基于自己了解的情况下再予以评论。家长要引导孩子合理利用网络舆论，合理利用自己的监督权利，合理提出自己的质疑。面对恶意的网络舆论，要保持头脑清醒，不在舆论中恶意中伤他人，更不要参加对于别人的网络暴力行为。

【对策建议】

1. 规范网络言行

家长要以身作则，规范自己的网络言行，做孩子科学上网的榜样。犹太教经典著作《塔木德》里有一句话，"和狼生活在一起，你只能学会嚎叫。"我们在现实生活中，为孩子选择"和谁在一起"至关重要，这可以影响孩子的为人处世、个性、学习等日常习惯，甚至决定其一生的发展。比如，曾国藩对子女的教育是非常严格的,他教育孩子的主要手段就是"身教"。家长每天打游戏、看短视频,孩子就很容易沉浸在网络的虚拟世界里不能自拔;家长在网络上随意评论、转发不实信息,孩子也很容易"跟风学样"……作为家长更应该知道网络传谣所带来的后果和社会危害是很大的。家长要教育孩子正确使用网络,严禁他们在网络上随意发布、转发虚假消息;教育孩子不要浏览不健康网页,不要随意注册不熟悉的网站账号,不痴迷游戏,文明、绿色上网,将不实信息逐出舆论场。营造清朗的网络舆论环境,需要多方的共同努力和长期协作,让谣言不仅仅止于"治",更要止于"智"。

2. 明辨网络热点

在日常生活中,孩子会自发关注一些网络热点话题,作为家长不要急于"堵",堵不如疏,要理性看待网络热点问题,这也给了我们很多与孩子沟通的机会。比如,有效沟通可以帮助我们了解孩子的真实想法。也许家长可以通过和孩子对这些网络热点事件的一次次讨论,从而潜移默化地引导孩子树立正确的价值观,让孩子拥有不一样的人生。了解热点话题、讨论热点事件,不仅使家长有源源不断的亲子机会,还能培养孩子对现实事件的思考能力。

父母可以是好的倾听者,是孩子最亲密的朋友,也可以是孩子的引导者。比如,不少网络流行语在未成年人群体中流行,有的孩子说话夹杂着大量网络流行语,乃至在作业、作文中都时有出现。我们可以与孩子探讨这样做是否合适,培养他们对语言文字的审美与批判能力,以及在使用网络流行语的同时注重语言的准确性和表达的丰富性。

3. 加强技术监督

2019年,国家网信办指导试点线上青少年防沉迷系统,随之"青少年模式"成为互联网平台的标配。互联网平台设立"青少年模式"是规范未成年人使用网络行为,加强网络保护的重要手段。尽管如此,互联网自身的监管还是存在一定的漏洞。比如:南都未成年人网络保护研究中心发布的《短视频直播APP青少年保护测评报告》,根据实测发现了有些保护功能很容易被技术性绕过,像"青少年模式"下的时间锁就可以通过系统退出后重启、卸载重装APP、购买相关的破解工具,还有输入预设密码等方式进行破解。为此,南都未成年人网络保护研究中心建议,平台可以考虑设置更严格的时间锁和禁用时段。如禁用时段无法二次输入密码继续使用;设置家长监管模式,通过短信等方式通知监护人等。事实上,从2018年开始,一些公司陆续推出"时间锁、青少年模式、亲子平台、客服专线、家长手册"等各类未成年保护措施,并持续升级和优化产品。当前,互联网平台的"青少年模式"还存在一些问题,包括技术漏洞与知情障碍,易用性不高等,这就要求家长用好"青少年模式"。

【拓展延伸】

1. 了解《未成年人网络保护条例》

第十七条 未成年人的监护人应当加强家庭家教家风建设,提高自身网络素养,规范自身使用网络的行为,加强对未成年人使用网络行为的教育、示范、引导和监督。

第二十六条 任何组织和个人不得通过网络以文字、图片、音视频等形式,对未成年人实施侮辱、诽谤、威胁或者恶意损害形象等网络欺凌行为。

第三十八条 网络服务提供者发现未成年人私密信息或者未成年人通过网络发布的个人信息中涉及私密信息的,应当及时提示,并采取停止传输等必要保护措施,防止信息扩散。

2. 阅读《给孩子立规矩》

这本书是美国家喻户晓的儿科医生与发展心理学家布雷泽尔顿的重磅力作。该书指出释放孩子的天性,并不等于不需要立规矩;爱孩子,更需要给孩子立规矩。家长可以通过阅读此书并结合自己的孩子的情况,积极寻找解决的方法。

第四节　做好时间管理

英国博物学家、教育家赫胥黎说,时间最不偏私,给任何人都是二十四小时;时间也是偏私的,给任何人都不是二十四小时。我国的数学大师华罗庚先生也说过,时间是由一分一秒累积而成的,善于利用零星时间的人,才会做出更大的成绩。随着现代社会生活节奏的加快,时间管理能力已成为一个人必备的高效地工作和学习的能力。从学业到职业,从日常生活到社交活动,都需要具备良好的时间管理能力。因此,家长有必要从小培养孩子的时间管理能力,这不仅有助于他们当前的学业和生活,还能够为他们未来的职业生涯和人生规划做好准备。

一、告别作业拖拉

如果孩子对时间没有概念,不会管理时间,就容易造成时间的浪费。目前,教育部的相关文件已经明确提出在小学一、二年级时,教师不得布置书面家庭作业,三至六年级的书面家庭作业的完成时间不得超过 60 分钟。事实上,大部分孩子都能在一小时内完成相同的作业量,但也有少数孩子无法在规定时间内完成,甚至个别孩子的作业要写到晚上九、十点钟,这样的孩子就

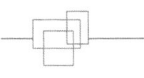

是在时间管理上出了问题。

【情境案例】

　　晨晨的妈妈温柔又细心,把晨晨的生活和学习的各方面照顾得都很好。晨晨上了小学,妈妈也是一直陪伴在孩子身边辅导他的学习。孩子上四年级了,写作业越来越拖拉,一点点作业都要磨蹭很久。妈妈很有耐心,无论孩子写多晚都坚持陪着他。直到有一次,十几分钟就可以完成的作业,晨晨拖着不写,妈妈为此第一次发了火,告诉他不写完作业不许睡觉,晨晨一直写到了夜里十一点多,结果第二天就在课堂上睡着了。不仅如此,晨晨在生活中也不知道抓紧时间,他是班级里的"拖拉大王"。早晨迟到是"家常便饭"。下午放学时,同学们都排好队走出校门了,他还在收书包,妈妈接他时总要在校门口等半天。总之,晨晨做什么事都拖拉,这让家长很头疼。

【原因分析】

　　孩子拖拉的原因是比较复杂的。首先,我们在案例中看到了一位"包办"的家长,这往往容易造成孩子的"磨蹭"习惯。孩子刚刚入学时,因为年龄小,动作协调性较差,做事情往往显得不那么"麻利"。有些家长觉得孩子太慢了,就主动帮孩子收拾学具,整理书包,除了孩子的学习任务,其余事事包办。久而久之,孩子的依赖性也越来越大,家长包办越多,孩子就越"懒",做起事来就越"磨蹭"。其次,因为不会做某事而拖拉。比如,生活中,孩子不会穿衣服、不会系鞋带、不会整理书包;学习中,遇到了不会做的题目等,这些都会导致孩子的"磨蹭"。在这种情况下,家长需要及时关注孩子的困难并进行指导。再次,有的孩子做事的速度并不慢,但是因为家长对孩子的期望比较高,当孩子按时完成学校的学习任务以后,家长会给孩子增加额外的学习任务,虽然孩子内心反感,但又不敢用别的方式反抗,只有故意"磨蹭",拖延时间。最后,孩子的注意力很容易被外界环境影响,不容易集中。就像很多家长说的那样,孩子写作业时,只要家长不盯着,他就一会儿玩尺子,一会儿修钢笔,一会儿又拿起画笔画画,做作业的时间自然也就延长了。

【家长有话说】

我女儿蛮听话的,放学回来就写作业,就是速度太慢了。我经常看到其他的孩子早就写完作业出去玩了,她却要磨蹭到晚上九点,甚至十点钟,根本没时间出去活动。我每次催她"快点写!"她嘴上答应得很好,等我忙一阵家务回来,看到她才写了几个字。我有时候被她气得头疼,索性不让她写了,让她第二天到学校去挨批评,她又哭着要写。真的是哄也哄过、骂也骂过,都没什么效果。我也跟老师和其他家长请教过,怎么让孩子写作业不拖拉,还特意买了一个时钟放在她的桌子上,给她计时。虽然一开始还是有点用的,但是时间久了,我没有坚持下来,孩子拖拉的坏习惯也没有改掉。她的作业完成得晚,睡得也迟,班级里有的同学跟我说,她上课时打瞌睡,我都急死了。我和她爸爸都是上班族,感觉陪她写作业比上班还累。其实我也后悔,孩子这种习惯也不是一天养成的,她刚上学的时候,我们都没怎么关注她写作业的过程,只觉得完成了就好,没想到现在"拖拉"得这么严重。

虽然时间是一种宝贵的资源,但是有部分家长忽视了对孩子时间观念的培养。生活中有相当一部分孩子存在作业"拖拉"的现象,就是因为他们不会管理时间,学习效率低下,挤占了活动和睡眠的时间。同时,家长的陪伴也给孩子带来了焦虑,甚至

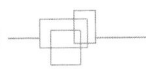

变成一种负担。

【对策建议】

1. 制定作息时间表

缺乏时间概念,缺乏适度的紧张感,是许多孩子做事拖拉的重要原因。其实孩子们也知道珍惜时间很重要,但他们对时间的消逝并没有清楚的感知。这时候,家长要帮孩子把时间"具象化",把孩子看不见的、不能感受到的时间,用作息时间表配合计时器的方式帮助孩子感受到时间的流逝。父母每天让孩子从起床开始,把一天需要做的事情写下来,制作成一张作息时间表,贴在醒目的地方。家长可以帮助孩子将起床、作业、睡觉的时间都设置好并且给予提醒。为了让孩子更有动力,家长可以将作息时间表设计成任务菜单的形式,对于比较困难的作业任务,比如作文、日记之类,可以根据作业的内容,分成"25—5—15"分钟这样的任务单元,让孩子书写 25 分钟后,休息 5 分钟,这样重复几次,完成作业后彻底休息 15 分钟。这样一来,先做什么,后做什么,什么时间完成作业,什么时间休息,孩子就非常清楚,他们在做事的时候始终带着一种适度的紧迫感,每当按时完成一项任务,孩子也会有成就感。每当孩子在规定时间内完成了一个任务,父母就给孩子加一颗小红星,当小红星积累到一定的数量时,还可以适当地给孩子一些奖励。比如,给孩子买他想要的玩具,喜欢吃的零食,或者带孩子了出去游玩等。"习惯来得悄无声息,你甚至意识不到它在起作用。你要坚信习惯总有一天会形成,它是重复受到奖励的行为重构大脑中的信息存储方式的标准途径。"[1]

---

[1] (美)温迪·伍德.习惯心理学:如何实现持久的积极改变[M].李宗菊,译.北京:机械工业出版社,2021:107.

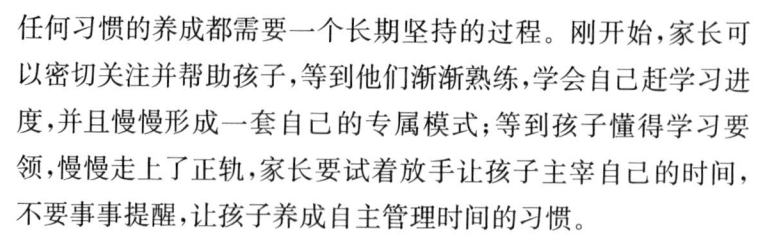

任何习惯的养成都需要一个长期坚持的过程。刚开始,家长可以密切关注并帮助孩子,等到他们渐渐熟练,学会自己赶学习进度,并且慢慢形成一套自己的专属模式;等到孩子懂得学习要领,慢慢走上了正轨,家长要试着放手让孩子主宰自己的时间,不要事事提醒,让孩子养成自主管理时间的习惯。

2. 承担"拖拉"的后果

孩子只有感受到"拖拉"给自己带来的不良后果之后,才会重视时间管理。因此,父母不能事事帮孩子"兜底",要让孩子为自己的"拖拉"付出代价,这样才能促使孩子改掉拖拉的坏习惯。比如,孩子早上磨磨蹭蹭不肯起床,家长可以适时提醒,但不要一直催促,也不要去帮孩子整理衣服、书包等。孩子上学迟到,老师会询问迟到的原因,父母要和老师"打配合",如实反馈孩子"拖拉"的情况。对于老师的批评,父母要和老师的立场保持一致,让孩子懂得守时是一种好习惯,也是学校的规章制度。孩子挨了批评以后,自然就会认识到"拖拉"的坏处,才会要求自己在平时的生活中加快做事情的速度。在日常生活中,父母要结合作息时间表,对孩子做的每一件事都要规定好适当的时间范围,可以有一定的弹性,但一定要有时间节点,不能让孩子养成无休止拖延的习惯,在规定时间内不能完成的任务,要给予惩罚。比如,如果孩子没有在规定时间内完成作业,家长可以取消给孩子购买心仪礼物的计划。只有奖惩分明,才能让孩子学会珍惜时间。

3. 归还"富裕"的时间

有一部分孩子,做事情的速度并不慢,但是他们宁愿磨蹭,也不愿意抓紧时间尽快把事情做完,这可能是由于家长导致的结果。我们有许多家长望子成龙心切,在孩子还没有想到要"卷"起来的时候,家长就已经开始"卷"了。于是,即便是孩子放

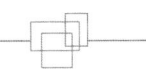

学后的时间也会被各种培训班、托管班填得满满的。虽然孩子年龄小,但是他们心里也有"一笔账","如果我很快把作业写完了,爸爸、妈妈看见我闲着,又要安排新的任务了,还不如做得慢一点,至少还能少写一点课外作业"。父母要学会与自己和解,不要把过高的期望强加给孩子,要把时间还给孩子,让孩子能够多一些自己可以自由支配的时间。比如,预定的学习时间是一个小时,如果孩子在规定时间内,甚至提前保质保量地完成了任务,那么剩下的时间要舍得放手由孩子自己支配,可以允许他们玩一会儿游戏,打一会儿球,看一会儿喜欢的动漫等。这样,孩子就会感受到,如果合理安排好自己的时间,就会有更多的时间做自己喜欢的事情,才会产生珍惜时间的内驱力。

二、学习、活动巧优化

学习是孩子获取知识、提升能力的主要途径。通过系统的学习,孩子可以掌握基础知识,培养学习习惯和提升思维能力,为未来的职业生涯打下坚实的基础。活动,尤其是课外活动,则有助于孩子拓展兴趣爱好、锻炼身心、提升社交能力。活动可以让孩子接触更多的信息,积累更多的经验,开拓视野,丰富生活体验,促进身心全面发展。

学习和活动都需要时间,这往往令家长和孩子感到苦恼。事实上,学习和活动并不是必然冲突的。通过合理的时间安排,孩子可以在完成学习任务的同时,也有时间参与各种课外活动,关键在于我们如何正确地看待和优化二者之间的关系。我们要帮助孩子合理地安排和管理时间,让他们在全面发展的过程中实现学习与活动的平衡与融合。

【情境案例】

　　小苏同学很有才艺,活跃在学校各大社团(合唱队、小剧社等)之中。初二的暑假里,她担任主演的情景剧获得了县(区)一等奖。一转眼暑假过去了,小苏升入初三了,她的成绩逐渐下滑,小苏的妈妈觉得是排练"分了孩子的心",过多占用了孩子的时间,影响了孩子的学习,于是她坚决反对小苏参加任何活动。然而,市里来了通知,那个得奖的情景剧两周后要去市里参加比赛。由于临时换主演已经来不及了,班主任王老师联系了小苏的妈妈,小苏的妈妈态度异常坚决,"孩子处在学习的关键时期,请你们放过她吧,不然把你们校长的电话给我,我和他说。"

【原因分析】

　　初三对于学生来说非常关键,孩子的学习压力和心理压力陡然增大,学习成绩出现一定程度的下降是正常的现象。小苏的妈妈直接归因于情景剧的排练,占用了孩子的时间,"分了孩子的心",其实是缺乏和孩子以及学校的沟通,自己作了主观上的判断。学习并不等同于"死读书、读死书"。事实上,发展才艺,钻研兴趣爱好,能够提高孩子的综合素质和未来的竞争力,这也是一种学习。培养才艺和刻苦学习都能够培养孩子的专注力、坚持、自律、认真等可贵的品质。

【家长有话说】

　　我女儿从小爱好广泛,学校里的活动她都会参加。孩子因为表现积极活跃,被同学们投票选为班长。初一的时候感觉还好,到了初二,学习任务加重了,别的孩子都在复习的时候,她还要组织、参加各种活动。前一阵子学校搞校庆,孩子每天都要抽时间排练节目,忙得团团转。别的孩子在学校做完作业回家就可以复习,她每天都要把作业带回家里做。我们担心这样下去会影响学习,就和孩子商量把班长的工作辞掉。我们以为,孩子找回自己的时间,在学习上会更有余力一些。没想到,自从孩子辞掉了班长的职务,就渐渐变得沉默了,回家也不太愿意和我们分享学校的事情,虽然学习还是很认真,但是好像失去了活力。我意识到,因为孩子有能力、有才艺,所以承担的任务就多一点,与此同时,她得到的成就感和认同感也多一些。不参加活动,闭门读书,虽然时间多了,但是学习也变得枯燥,不但不能促进和提升她的积极性,还阻碍了孩子的全面发展。我和老师进行了沟通,也证实了这一想法。现在我想通了,只要孩子觉得自己能行,我们就支持她去做自己喜欢的事情!

家长们都很重视孩子的全面发展。很多家长从孩子的幼年时期就开始让他们学习各种才艺,希望孩子能有一技之长。但是孩子一旦进入中学,家长们就觉得孩子的时间变得不够用了,除了读书做题以外,参与班级管理、参加各种活动,都变成了家长口中的"别的事情",甚至是让孩子"分心的事情"。事实上,在孩子的眼里,做这些事情可以帮助他们在繁重的学业压力下找到平衡,实现自我价值,增强个人能力和竞争力,最重要的是收获快乐。只有学习、生活张弛有度,才能使孩子健康、持续地发展。

【对策建议】

1. 寻找"时间不够用"的缘由

当孩子在学习上出现问题时,家长应该及时和孩子进行有效沟通。我们不能认为只要出现问题,就是孩子不够努力,学习不够专心,花费的时间不够多。家长首先要调整自己的心态,做

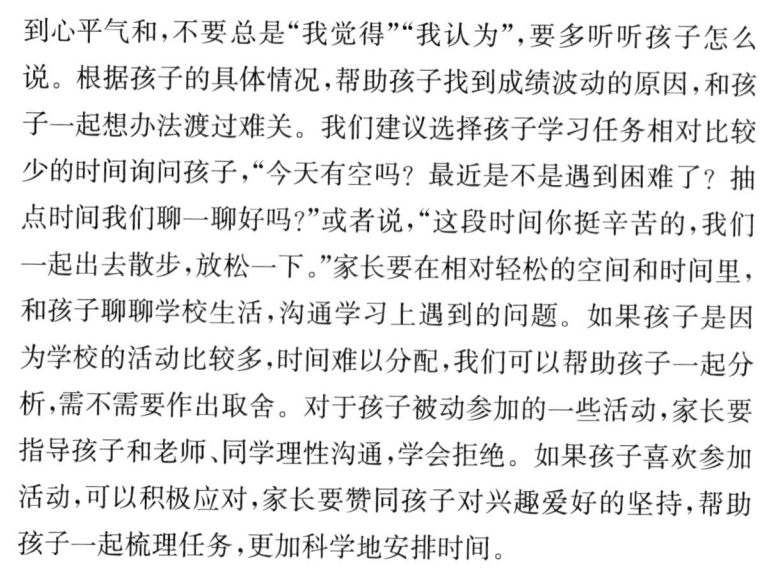

到心平气和,不要总是"我觉得""我认为",要多听听孩子怎么说。根据孩子的具体情况,帮助孩子找到成绩波动的原因,和孩子一起想办法渡过难关。我们建议选择孩子学习任务相对比较少的时间询问孩子,"今天有空吗?最近是不是遇到困难了?抽点时间我们聊一聊好吗?"或者说,"这段时间你挺辛苦的,我们一起出去散步,放松一下。"家长要在相对轻松的空间和时间里,和孩子聊聊学校生活,沟通学习上遇到的问题。如果孩子是因为学校的活动比较多,时间难以分配,我们可以帮助孩子一起分析,需不需要作出取舍。对于孩子被动参加的一些活动,家长要指导孩子和老师、同学理性沟通,学会拒绝。如果孩子喜欢参加活动,可以积极应对,家长要赞同孩子对兴趣爱好的坚持,帮助孩子一起梳理任务,更加科学地安排时间。

2. 合理分配时间

初中生的课程较多,学习压力较大,所以在参加活动时,一定要合理规划时间,才能不影响学业。家长要和孩子沟通,确定学业和活动之间的优先级别,帮助孩子合理安排、制定详细的时间表,分配好学习、兴趣爱好和其他活动的时间。家长把要做的事情划分为半小时到一小时的任务时间板块,让孩子按计划执行,提高学习效率,保证孩子有余力参加课外的活动。面对特殊而紧急的情况,比如即将举行的比赛、集体活动等,家庭和学校要共同应对,要通过沟通,了解紧急情况的重要性,要尊重孩子自己的意愿,再根据具体情况,调整学习计划,确保学习、比赛都不受影响。由于孩子此时面临学业和课外活动的双重压力,家长作为孩子最亲近的人,要给予适度的关怀和帮助,主动了解孩子的情况,适时鼓励。面对孩子在活动过程中遇到的困难,可以指导孩子积极寻求老师、学校或校外的专业人士的帮助,以确保比赛活动的顺利进行。活动结束后,家长可以和孩子一起总结经验,共同探讨如何更好地平衡学业与活动的关系。

3. 培养兴趣爱好

大家所熟知的"茶圣"陆羽,从小失去父母,在寺庙中长大,他不喜欢诵经念佛,而喜欢诗词歌赋,一心想要下山读书。抚养他长大的智积禅师感到很失望,于是给他出了一个难题,让他学习泡茶。陆羽在研究茶艺的过程中,认识了一位茶艺高超的老婆婆,便向她虚心求教,最终他不但学到了茶艺,还懂得了很多做人的道理。最后,陆羽恭恭敬敬地给智积禅师泡了一杯茶,禅师喝下以后,解开了心结,终于同意让陆羽下山求学了。后来,陆羽成为唐朝著名的学者,并写就了《茶经》,为我国的茶文化作出了巨大贡献。

兴趣是最好的老师,孩子在激发兴趣的活动中,也能够增长见识,培养良好的意志品质。即使中学阶段的学习任务重,孩子的成长需求也是多方面的,家长不能只看重学习。家长要避免给孩子过度的压力,让他们能够有时间和空间去发挥自己的特长;家长也要鼓励孩子在培养特长的过程中,学会专注与坚持,即使遇到困难也不轻言放弃。我们可以告诉孩子,尽管无法让时间停下脚步,也无法改变时间的流逝,但我们可以通过有效的时间管理,让时光流向有意义的地方。只要孩子做的事情是有意义的,家长就应该鼓励、支持孩子向着他们追逐的目标努力前行。

三、高效学习有方法

高中是升学的关键时期,孩子们需要面对更为繁重的学习任务和更高的学习要求,同时还要应对高考的压力。他们需要在短时间内掌握大量的知识点,同时还要应对"堆积如山"的作业以及各种考试和测验。孩子们为了提高成绩,往往放弃了午休时间,晚上也要熬到深夜才能完成学业任务。但是,我们也要明白,孩子们并不是一台学习机器,他们还有许多的兴趣爱好和休闲娱乐方式。他们需要阅读各类书籍,拓展自己的知识面;他们也需要参加体育活动,锻炼身体,保持健康;他们还需要和同学开展有益的社交活动……事实上,对于相当一部分孩子来说,这些事情变得非常奢侈和遥不可及。

【情境案例】

距离高考还有一百天,为了能考上理想的学校,小琪每天晚自习回来都埋头于"书山题海"之中,经常"开夜车",长时间的熬夜导致她睡眠不足,早上起床总有些精神不振。小琪的妈妈担心小琪的身体,劝小琪晚上少做一点题,早点休息。小琪感到有些焦虑,她说:"要想考上好学校就得向时间要成绩。"她表示自己也想早点睡,但是感觉每天都有做不完的作业、看不完的书,不熬夜自己的心里不踏实。

【原因分析】

小琪面临的情况,反映了高中生在备战高考时普遍存在的压力与焦虑。高中课程知识量大、难度高,各种考试和作业的任务都很重,为了应对这些负担,小琪只能选择延长学习时间。高考作为重要的"人生关口",其对于孩子未来走向的关键作用给他们带来了巨大的压力。为了能够在考试中取得优异的成绩,进入理想的学校,孩子们不得不付出更多的时间和精力。同学之间的竞争也会给孩子们带来一定的压力,他们也会担心如果自己不努力,就会被其他同学超越。

【家长有话说】

　　自从孩子上了高中以后,感觉我们家的时间变得不够用了。孩子在校的时间挺长的,可回到家里总是还有写不完的作业,熬夜成为常态。我们担心孩子睡得不好,会影响上课的质量,总是想催促她早点睡。孩子对我们说:"我也想睡,作业还没做完,怎么睡!"现在高三了,这种情况更加严重了。上周,孩子甚至产生了想要请假在家自由复习的念头,她觉得在学校里学习,各门功课都有作业,自己真正想要看的书,想要复习的功课,也没有时间去认真钻研。她觉得,如果不去学校,自己就能有更多的时间按照自己的计划复习。孩子的话好像也有道理,但是我们在和其他家长交流时得知,并不是所有孩子天天都在熬夜。上学期期末家长会上,班主任老师也说,班上成绩特别好的孩子都有共性,无论是上课还是自习,都特别专注,下课主动找老师答疑,做事情很有计划。同学们的时间都是一样的,为什么有些孩子就特别高效率呢。

　　虽然大家都在"拼时间",但在学习上带来的收益并不一定相同。同时,长时间熬夜,造成睡眠不足,精力跟不上,不仅会影响孩子白天的学习效率,对于孩子的身心健康也极为不利。想要改变这一现状,家长和老师一方面要给孩子更多的关心和支持,帮助他们缓解压力;另一方面要帮助孩子通过有效的时间管理,合理安排学习和休息的时间,提高学习效率,减轻学习压力,使孩子能够保持良好的学习和生活状态。

【对策建议】

　　1."拼时间"不如"讲效益"

　　正如企业发展需要追求"经济效益"一样,学生也需要追求

"学习效益"。简单地说，投入少、产出大就是"效益好"，反之则是"效益差"。首先，很多孩子都有一个误区，他们会在自己认为不太重要或者已经掌握得很好的学科的课堂上偷偷写其他学科的作业。其实，孩子自认为学得好和真正学得好是有区别的。真正认真的学生很快就能把教材的内容融会贯通，自认为学得好的学生则需要耗费更多时间去理解所学的知识。所以，同样的时间，如果学习方法有差异，效果也是天差地别。家长要和老师保持经常性的沟通和交流，了解孩子在课堂上的学习状态，发现问题及时处理，帮助孩子调整学习的方法和状态。其次，很多孩子在完成学习任务时非常依赖手机，认为使用手机查找资料特别省时高效，其实并非如此。当我们输入所要查询的问题后，往往会出现很多相关内容，此时就需要花时间一一甄别，还很有可能被一些"弹窗信息"吸引后而忘记了原本的任务，当然不如和同学进行交流，或是直接向老师请教。最后，有些孩子会跟难题"死磕到底"，这也是需要正视和调整的。"为了一棵树而放弃整片树林"显然是"不划算"的，我们要引导孩子学会取舍。

2. 科学管理学习任务

"时间四象限法"是美国的管理学者科维提出的一个时间管理理论。根据这个理论，我们可以从"重要"和"紧急"两个维度把手头的工作进行分类梳理为：紧急重要、紧急不重要、不紧急重要和不紧急不重要四类。比如，在备战高考的阶段，家长首先要帮助孩子根据自身的实际情况明确一个努力的方向，再根据这个大目标，确定好短期的小目标。除了每月的复习目标，还要有每周的目标，再细化到每个单元和每天的目标，最后根据阶段性的学习效果作出及时调整。当孩子感觉复习任务繁重，无从下手的时候，父母可以帮助孩子根据复习目标对学习任务进行分解。比如，高三的综合评价很重要，但是因为需要在很长一段时间内做准备,可以把它列为重要但不紧急的任务,在学年初做好规划,有条不紊地执行即可。假如孩子三天后要进行模拟考试,这就是紧急又重要的任务,需要放到第一优先等级,其他的事情可以先放一放,让孩子专心复习,根据孩子对各门学科掌握的情况,再优化复习的时间。这一阶段,如果有老师布置的第二天要上交的班会主持稿,就可以把它列为紧急但不重要的任务,可以通过和同学协作来完成。打印文稿、整理材料这些事情,家长也可以辅助完成,让孩子抽出时间和精力做更重要的事。如果再有同学相约一起去打球、去图书馆这些事项,这属于不紧急不重要的事情,有时间就做,没有时间可以不做。

3. 留给大脑放松的时间

大脑并不是一台永远不知疲倦的机器,它可以保持高效运作的时间也因人而异,对于初高中的学生来说,大脑能够集中注意力的时间大约是45分钟,正好是一节课的时间。很多家长认为提高效率就要抓紧时间,孩子一旦坐下来开启学习模式就不要起身。殊不知,大脑会在高速运作中消耗大量的能量,如果不及时调整放松,对学习并没有好处。家长要引导孩子在制订复习计划时,适当留出一些体育锻炼、休闲娱乐的时间。在日常学习中,当孩子感觉学不下去的时候,可以提醒他们站起来活动一下,吃点东西,走到阳台看看外面的绿树,休息5—10分钟,再换一门功课复习,劳逸结合才可以提高学习效率。另外,对于孩子学习和生活习惯方面出现的问题,家长不要担心浪费了时间,于是利用孩子休息的空隙迫不及待地去沟通,可以等到周末空闲的时候再说。父母也要长话短说,点到即止,避免为生活琐事喋喋不休,挤占了孩子的学习时间,影响了当天的复习计划。

【拓展延伸】

1. 时间管理游戏

活动准备：两个大小相同的容器，容器1（装有约3/4的细沙），容器2（空）；数块大小不等的石子。

活动规则：把所有石子和细沙都放进空的容器内，要求细沙和石子都不能超过容器的口端平面。

活动过程：家庭成员展开竞赛，比一比谁能先满足规定的条件。

活动感悟：你怎么看待容器、细沙和石子？从这个游戏中明白了什么？

提示：容器就像我们的时间，它是有限的；细沙就是我们每天要应对的各种琐事；石子则对应着我们人生中重要的大事。通过游戏懂得要先做好重要的事情，再应对琐事，才能取得成功。

2. 一起制作时间管理表

步骤一：让孩子自己罗列出要做哪些事情。

步骤二：让孩子对这些事情进行排序，由孩子来决定先做什么，后做什么。

步骤三：标出每个事项需要的时间，帮孩子建立时间意识，提醒孩子做事情要注意节约时间。

步骤四：帮孩子把所有项目绘制成自己喜欢的图表。

步骤五：请孩子把任务表贴在自己觉得最醒目的地方。

第五节　合理使用电子产品

在科技飞速发展的时代，电子产品已经成为我们日常生活中不可或缺的组成部分。如何做到合理使用电子产品并使其发挥最大功用，同时避免负面影响，已成为家长们关心的热点话

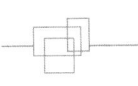

题。家长要引导孩子明确使用电子产品的目的,合理规划使用时间,避免沉迷于电子产品;要提前为孩子筛选有益的信息,避免受到不良信息的影响;引导孩子学会保护个人信息,防止网络诈骗等风险。

一、榜样示范很重要

手机,看似总能轻易地带给我们很多的"快乐"和"满足",孩子就更加容易掉进手机制造的这种"快乐陷阱",他们很难抵挡住眼前的诱惑,会轻易选择享受易得的快乐。孩子在使用手机时,往往会沉浸于电子媒体所构建的虚拟世界中,使他们很容易进入一种持续的"奖励与反馈"的恶性循环,通过给予他们即时的快乐和满足感来增加使用手机的频率。

【情境案例】

小亮公然在课堂上玩手机,老师把手机没收后,他的反应非常激烈:"为什么你们大人可以玩手机,我们就不可以玩?"失去手机,小亮觉得很无聊,他要么故意发出响声,引得全班哄堂大笑,要么睡觉。经过多方了解,班主任找到了小亮的症结。原来,小亮的爸爸是个典型的"低头族",他的爱好就是玩手机,久而久之,小亮也迷上了手机游戏。小亮的妈妈有时候抱怨小亮的爸爸说,"孩子都给你带坏了!"小亮的爸爸还一脸的"不耐烦"。

【原因分析】

案例中的小亮在课堂上玩手机,而且他认为这是很正常的行为。手机被老师没收后,他的反应非常激烈,上课时要么睡觉,要么故意发出响声,引得全班哄堂大笑,这些都是不良行为。

他以此来对抗老师,说明玩手机在小亮心目中的"重要性",长此以往很可能会发展成为极端的行为。我们在日常的教学中也常常遇到很多对此产生疑惑的家长:孩子小小年纪就沉迷于手机怎么办?这也是现代家庭教育中普遍存在的一个难题。

随着科技的进步和智能手机的普及,越来越多的孩子过早接触电子产品,并渐渐地沉迷其中。根据全国青少年互联网使用健康状况调查结果,截至 2020 年底,全国中小学生使用互联网的普及率达到了 73.6%,而智能手机的普及率也超过了 70%。其中,小学生使用智能手机的比例已经达到了 42.6%。电子产品的使用日益呈现低龄化趋势,尤其是在青少年群体中,沉迷手机的现象也越来越普遍。

【家长有话说】

我家孩子是一名五年级的小学生。关于小学生玩手机的问题真的有很多心里话想说。一个孩子沉迷于手机一定是有原因的。比如,我们家孩子,每次在说他的时候,他立刻会反问我:"凭什么你和妈妈能天天'抱着'手机,我就不能?凭什么你们都用最新款的手机,我就不能?"现在,反思自己,真的很后悔……我和他妈妈在孩子刚上一年级的时候,同时换了两部新款手机,只要闲下来就是在看视频、玩游戏、网购,几乎天天"抱着"手机。当时,我以为他才一年级,年纪还小,没想到我们竟然一直给他营造了一个"手机环境"。转眼他现在已经五年级了,我们想阻止他玩手机却失去了话语权。

如何帮助孩子合理使用电子产品,已经成为一个不可忽视的教育问题。家长需要思考,我们在日常生活中应该给孩子创设怎样的生活环境。

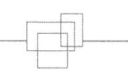

【对策建议】

1. 以身作则

我们总是说手机不好,是手机影响了孩子,却忘记了从自身找原因。孩子沉迷于手机,折射出淡漠的亲子关系,这才是真正的症结所在;孩子沉迷于手机的根源在于家长没有做好言传身教。一位五年级的小男孩在哭诉爸爸、妈妈冷落他时说:"我觉得手机才是爸爸、妈妈的孩子,因为他们总是盯着手机看。我很想知道,手机里到底有什么东西会比我还重要。"他还说:"我想让你们陪我讲话的时候,你们在干什么?你们在玩手机!我想让你们陪我走一走的时候,你们在干什么?也在玩手机!""养而不亲、陪而不伴"是为人父母不负责任的表现。家长在玩手机这件事情上,要以身作则,做到在孩子读书学习时不玩手机、不看电视;在孩子的闲暇时间里也尽量少玩手机,可以陪伴孩子做一些更有意义的事情,比如看书、聊天、运动等。营造良好的家庭氛围是降低孩子对手机的依赖,增强孩子心理抗干扰能力的重要因素。爸爸、妈妈为了给孩子做好榜样,可以一起制作一个"停机坪",即每天下班后,父母都把手机放到一个小盒子里,这个盒子就被称为"停机坪"。父母在"停机"的特殊时间段里可以与孩子开展亲子阅读、游戏和体育运动等活动,这不仅增进了亲子关系,使家庭成员之间更加关注现实生活中的情感需求,也减少了对于手机的依赖。

2. 遵守约定

家长可以和孩子一起沟通交流,制订具体而明确的手机使用规则。比如,明确规定孩子每天使用手机的时间不超过 30 分钟,这比要求"每天玩手机时间不能太长"的指向性更加明确而具体,孩子也可以更好地"执行"。前期可以通过手机闹铃、计时等方式进行约束提示,让孩子养成一个良好的习惯。规则明确,有针对性,孩子就更容易遵守。我们还可以把约定书面化,张贴在家里的"显眼处"。假如孩子不遵守约定,家长也要坚持原则,强制关机。如果孩子为此哭闹,家长也不能妥协,可以允许孩子情绪的发泄,待孩子情绪稳定后,再跟孩子好好谈一谈。

家长在管理和引导孩子使用电子产品的过程中,让孩子拥有足够的自控力和对这些"身外之物"的正确认识也很重要。孩子想要使用或拥有手机,需要提出理由,父母要先和孩子确认这个理由的合理性,并且约定与之相关的使用要求,以合约的形式进行确认,最后家长和孩子都要签字。这是一份很正式的承诺,有助于孩子认真对待这件事情。当孩子违约了,他们也会比较诚恳地接受惩罚。另外,我们可以把孩子们常用的"手机软件"设置成"青少年模式",以便屏蔽一些不利于孩子健康成长的内容等。

3. 培养自律

我们要想让孩子真正养成自律的习惯,仅靠家长的约束是不够的,还需要引导孩子树立自律意识,让他们从内心认识到过度使用手机的危害,从而主动控制自己的行为。首先,家长可以与孩子一起探讨过度使用手机的危害。例如,可以向孩子解释过度使用手机可能对视力和颈椎造成的伤害;也可能使他们在学习上分心,甚至可能影响他们的人际交往。这样能够帮助他们更深入地理解过度使用手机的潜在危害,从而主动实施限制措施。其次,家长可以与孩子一起制订使用手机的规则。例如,可以让孩子自己制订每天使用手机的时间表,并要求他们遵守自己的计划,这样可以培养孩子的自我管理能力,让他们学会自我约束和控制。

二、放下手机更美好

学生在学校使用手机会给学校的管理带来诸多的不利影响。2021年1月15日,教育部办公厅印发的《关于加强中小学生手机管理工作的通知》(以下简称《通知》)中要求,中小学生原则上不得将个人手机带入校园。确有需求的,须经家长同意,书面提出申请,进校后应将手机由学校统一保管,禁止带入课堂;《通知》强调,学校要将手机管理纳入学校日常管理,制定具体办法,明确统一保管的场所、方式、责任人,提供必要的保管装置。放下手机不仅有利于培养孩子们之间的人际交往能力,增进彼此的了解,还能锻炼孩子的表达能力。相较于手机屏幕上的文字,面对面的交流更能传递情感,能让孩子体会到真诚与关爱。所以,只有远离手机,积极参与社交活动,才能让孩子们的生活更加丰富多彩。

【情境案例】

许多学生"手不离机",浏览网页、聊天、打游戏、写微博、看电子书,俨然"人机一体"。上课时,有的学生低头偷笑,十之八九是在"玩手机";有时还会有同学忘记关手机,使得课堂上响起刺耳的手机铃声。学生使用手机确实给老师带来了不少烦恼。有媒体报道,有的学校甚至开除了违规带手机进校的学生。班主任宋老师也在班级里组织同学们开展大讨论,想设立一条禁止带手机进教室的班规,结果遭到很多学生的反对。有同学说,要与家人联络需要手机;还有同学说,"都什么时代了还管手机";甚至有同学搬出"法无禁止即可为"的法律用语……

【原因分析】

案例中的学生对于使用手机显然有了自己"独特"的见解。学生并没有意识到过度使用手机带来的危害,而是沉浸在手机带来的快乐和满足之中。中小学生正处在身心健康成长的关键时期,过度使用手机等电子产品危害巨大,容易产生沉迷游戏、视力下降、记忆力减退、睡眠失调、不理性消费等问题,严重影响学生的身心健康。家长应该引导孩子认识到手机使用不当可能产生的危害。

【家长有话说】

我家儿子跟手机"最亲",拿起手机就可以不吃饭、不出门、不说一句话。我经常看到他躲在被窝里玩手机,玩到半夜三更不睡觉。如果我们把手机藏起来,他就会立刻发火,情绪非常急躁,甚至大哭大闹,与我们争吵,直至我们将手机再次给他。班主任也反馈他白天上课经常打盹、睡觉。他的厌学情绪越来越严重,甚至不肯去上学。我们摔坏了他的两部手机,也没有得到任何改变。

我们成年人在工作生活中尚且难以做到主动放下手机,孩子就更无法抵挡手机的诱惑。他们无论是在手机的世界里玩游戏闯关,还是使用手机进行社交、购物,他们所投入的情感,所体验到的成功与挫败,可能比我们想象得要真实而深刻。

【对策建议】

1. 亲子陪伴

电子产品带来的很多诱惑,容易使孩子沉迷其中,进而缺乏与家长的交流和沟通,这是智能时代对我们提出的挑战。有时候孩子之所以很想玩手机,是因为除此之外没有更好的选择,没有发现比手机更有趣的事情。家长可以多抽出时间陪伴孩子,平时要帮孩子培养良好的兴趣爱好。比如:运动、阅读,鼓励孩子参加一些社交活动,带着孩子去逛公园、参观博物馆等。父母在培养孩子兴趣的同时,也会让其觉得自己得到了父母的关爱,这不仅融洽了亲子关系,还营造了温馨和谐的家庭氛围。我们在预防孩子对手机上瘾的同时,最重要的一点是帮助孩子培养广泛的兴趣爱好,多参加实践活动,提供给他们一些可以替代手机的选择,让他们感受到真实生活的种种乐趣。

2. 坚守底线

目前,各种手机游戏、短视频等娱乐方式层出不穷,对孩子的吸引力极大,使得爱好玩游戏的孩子根本停不下来。更有一些不良商家为谋取利益,推出含有不健康内容的手机游戏和视频,进一步加剧了孩子沉迷于"手机娱乐"的问题,这也是家长非常担心的事情。家长要想让孩子合理使用手机,需要坚守底线,当然这些底线是基于父母和孩子沟通后达成的共识。比如,不带手机到学校;严格控制手机使用时长。大多数手机都有使用时长统计功能,同样也有"青少年模式",家长要和孩子充分沟通后确定好使用时间,定期查看孩子的手机软件使用情况,帮助孩子进行未成年人实名认证。睡前和早上醒来是孩子的"手机依赖症"高发时段,父母要多关注这两个时间段,多同孩子进行亲子交流,或者做些其他事情来分散孩子对于手机的注意力。

3. 适当激励

家长要知道孩子并不是完全没有自我控制力,要相信孩子自己能够管理好手机。孩子们不能很好地使用手机,大都是因为自控能力不足,所以,提高孩子的自控能力是我们的责任,家长要和孩子达成如何使用手机的共识并严格执行。如果在这一

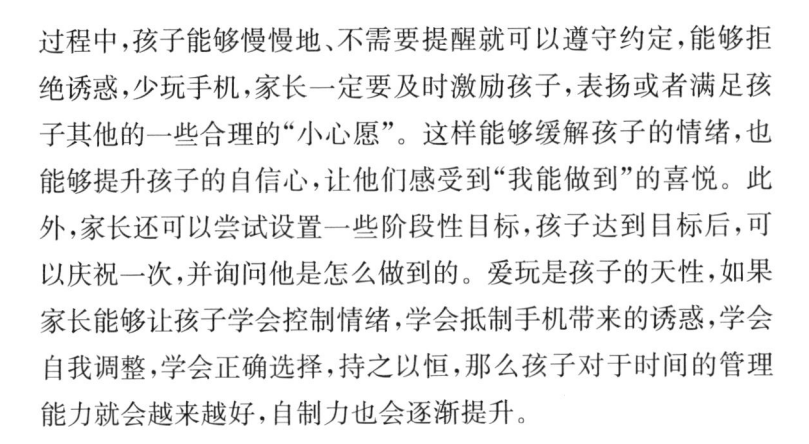

过程中,孩子能够慢慢地、不需要提醒就可以遵守约定,能够拒绝诱惑,少玩手机,家长一定要及时激励孩子,表扬或者满足孩子其他的一些合理的"小心愿"。这样能够缓解孩子的情绪,也能够提升孩子的自信心,让他们感受到"我能做到"的喜悦。此外,家长还可以尝试设置一些阶段性目标,孩子达到目标后,可以庆祝一次,并询问他是怎么做到的。爱玩是孩子的天性,如果家长能够让孩子学会控制情绪,学会抵制手机带来的诱惑,学会自我调整,学会正确选择,持之以恒,那么孩子对于时间的管理能力就会越来越好,自制力也会逐渐提升。

三、手机减压不可取

中学生的家长容易焦虑,不仅要时时牵挂着孩子的学习成绩,还要忧心青春期孩子的心理状态,再加上人到中年,一些来自工作和生活中的压力也都转变成对孩子未来前途的担忧。其实焦虑本身几乎没有积极意义,反而会不断加剧心理负担,甚至会使得我们为一点小事就和家人发生矛盾。这样既会影响孩子,也很容易破坏家庭的和谐氛围。高考是人生的一个转折点,作为父母,担心孩子是正常的,但是参加高考的毕竟是孩子,我们应该把主动权交给他们。有时父母的过度焦虑也会"传染"给孩子,这反而会影响他们的正常生活和学习。孩子能否考入一所重点大学,不能够成为衡量一个孩子优秀与否的标准。

【情境案例】

鹏宇是一名高三的学生,虽然学校不允许带手机进校园,但是只要他回到家里就拿起手机走进房间,关上房门,拒绝和父母交流。妈妈很着急,因为儿子现在因为玩手机导致生活作息不

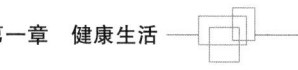

规律,睡眠时间严重不足,成绩逐渐下降,这将影响到他能否考上一所好的大学。鹏宇不耐烦地说:"我心里有数,平时学习压力太大,我只是打游戏,你真烦人!"可是妈妈根本听不进去,生气地说:"高三这一年中的每一天、每一刻都太重要了,你应该争分夺秒地学习,考上一所好的大学,如果考不上,以后你就和手机一起生活吧!"为此,母子两人的关系越来越差。

【原因分析】

我们从相关调查的数据了解到,学生使用手机的主要目的,其中有53.8%的学生是为了结交好友,40.6%的学生是为了休闲娱乐,只有4.5%的学生是为了学习[①]。透过案例中鹏宇和妈妈两人的对话,我们可以猜想到,母子俩日常很少沟通交流,遇到问题只会互相指责,双方的压力都会越来越大。尽管鹏宇的妈妈把手机视作"洪水猛兽",但是,随着鹏宇生理和心理的发育,虽然自我独立意识不断增强,但是自我控制力较差,思想认知上又有一定的片面性,一旦迷上某些事物就难以自拔,并且虚拟的网络所带来的满足感又容易进一步导致其"沉沦"下去。

【家长有话说】

我家孩子是一名高三的学生,我很能理解作为高三家长的心理,用脆弱来形容,一点也不夸张。我也知道家有高考生,家长的心态很重要。我平时都是以孩子为中心,不仅重视他日常的交友情况,还关注他情绪的变化,担心孩子压力太大,我们也会担心因为没有及时引导而后悔。以前,我们都会多开导、多鼓

---

① 安民兵.青少年网络成瘾问题与社会工作的介入——一个典型个案研究[J].青年探索,2007(2):19-21.

励,多跟孩子沟通,就像他读小学时的样子。可是现在我俩根本没法沟通,我好多次主动找孩子谈心,他压根儿不理我,嫌我烦,还说有跟我在这闲聊的时间,还不如玩手机减压呢。结果他只要玩手机就停不下来,然后,我们之间因为手机的问题不断地争吵……

高三是一个学业繁忙的阶段,孩子们需要我们更多的关爱和理解。家长可以从心理需求的角度出发,尝试理解孩子为什么会需要手机,甚至沉迷于手机。在孩子的成长过程中,虽然融洽的亲子关系可以很好地缓解学习带给孩子的压力,但是随着孩子年龄的增长,亲子关系反而变得疏远、淡漠。作为家长该如何应对呢?

【对策建议】

1. 辩证看待"手机解压"

小泉的爸爸曾经描绘过这样一个真实的场景:他在工厂里上班时不可以使用手机,一经发现会被直接扣钱,所以工友们都把手机锁在个人的储物柜中。中午有一个小时的休息时间,所有人吃完饭后一定是拿出手机,坐在墙角边开始看短视频或是玩游戏,他自己也是其中的一员。成年人尚且如此,更何况孩子。所以,当小泉表示玩手机可以缓解学习压力时,爸爸也给予了充分的理解。但是"手机解压"真的能达到目的吗?

现在的"大数据算法"把我们每个人计算得"明明白白",只要我们看了一两个感兴趣的内容,接下来就会源源不断地推送来与之相关的大量内容,让人"欲罢不能",越看越想看。游戏更是如此,开发游戏的商家早已把人的心理摸透了,他们知道应该在哪个关卡设置一个所谓的"兴奋点",也知道多长时间必须出现一个"新装备""新技能"等,以此来吸引"玩家"。初高中的孩子学习的科目越来越多,课程的难度系数也随之增高,学业负担越来越重。处在"高压"下的孩子,沉浸在手机给他们打造的"奇幻世界"里,拿起来就很难放下,也无法快速转换进入学习状态,于是就越发沉迷于手机,课业亏欠得也越来越多。当孩子们拿起手机开始玩的时候,有多少孩子是能够按照约定好的那样"就玩十分钟放松一下"去做呢,大都是在父母的提醒和催促下才心不甘、情不愿地放下的。这些道理我们都可以分析给孩子听,帮助他们了解自己与手机之间的关系,从而更加理智看待"手机解压"的问题,协商好使用手机的时间和要求。孩子休息的时候,还可以和他们一起交流新的软件、APP的新功能,让他们对手机的一些新功能不会产生太大的好奇心。家长不要简单粗暴地压制孩子,比如直接没收手机,视手机为"洪水猛兽",这很容易导致他们通过其他途径去达到自己目的,进而易误入歧途。

2. 释放压力

我们一定要及时、主动地了解孩子近期的压力来源,要认真、耐心地倾听孩子的心声。我们要了解孩子心理压力的实际情况,针对出现的问题要及时引导并帮助他们化解。比如,陪伴孩子散步谈心,以便了解孩子最近的心态;一起户外运动,增进亲子关系;相约看一场电影,适当放松心情等。我们要引导孩子正确面对人际的交往。孩子有时候会因为自己没有参与同学们的"集体活动",比如不跟着别人一起孤立某个同学,不跟着别人一起逃课等,担心自己会受到大家的嘲笑并被孤立。为此,他们的心理压力很大,甚至还会有恐惧心理……此时,父母要和孩子站在一起,及时引导孩子要坚持原则,父母的态度可以给孩子足够的安全感,让他们更加坚信正确的选择。高中阶段的学生更需要打开视野,丰富自己的文化知识,家长也需要引导孩子关心实事,鼓励他们做一个有思想、有主见的人。

3. 做支持性的后备力量

父母要成为孩子可靠的"后备军",为孩子提供丰富的精神和物质支持。首先,父母要为孩子做好三餐,创设适宜的家庭环境,对孩子进行健康管理,做好后勤工作才是家长对孩子的最大支持。其次,孩子面临高考,虽然家长的负担和责任也会随之加大,但是这时我们更要学会给孩子解压。比如,父母在孩子学习疲劳时,可以陪他们去散步,打羽毛球、乒乓球,让健康的运动替代对于手机的需求;在孩子感到烦躁时,家长可以与孩子一起聊天,以包容、接纳的心理对待孩子的负面情绪。只有这样,孩子才能以更好的心态迎接高考的挑战。一个稳定积极的家庭环境,可以为孩子提供强大的精神力量,让孩子在面对挫折和困难时拥有足够的勇气和自信。

【拓展延伸】

1. 手机使用家庭公约

(1) 小学生每天使用手机的时间不能超过 30 分钟,使用后用远眺或做眼保健操的方式保护眼睛。

(2) 学生遇到特殊情况,需临时使用电子产品的时候,经家长同意后,应在规定的时间内结束。日常应严格遵守手机使用"五个不":吃饭时不碰手机;写作业时不用手机;与父母、同伴交流时不看手机;走路时不拿着手机;睡觉前不玩手机。

(3) 使用电子产品不得浏览违规网页,不充值,不攀比,做到"绿色上网"。

(4) 注重网络安全,不在网上泄露任何个人及家庭的信息,遇到网络诈骗或没有把握的事情应立即告诉家长。

(5) 家长以身作则,严格管理自己在家里使用手机的时间,多进行有益身心健康的亲子活动。

（6）家长应当时常监督孩子的手机使用情况，加强与孩子的沟通交流，了解孩子在使用手机时做了哪些事情；教育孩子如何正确使用手机，避免接触不良信息。

2.手机的"好"与"坏"

步骤一：内容准备。手机给人们的生活、学习、工作带来的好处和坏处。

步骤二：交流分享。看看哪些内容是家长和孩子能够达成共识的。

步骤三：未能达成共识的内容可以继续探讨，还可以进行"辩论"。

步骤四：将分享交流的结果记录下来，或以其他形式保存下来，为后期因使用手机出现矛盾时做准备。

第六节　阅读滋养童心

阅读可以激发儿童的想象力和创造力，可以培养儿童的丰富情感，有助于儿童建立健康的人际关系，更好地融入社会。通过阅读，儿童可以接触各种各样的知识和信息，从而提升他们的认知能力和思维能力；通过阅读，儿童可以学会如何面对困难和挑战，保持积极向上的心态。阅读对于儿童的心灵成长至关重要，可以帮助他们养成坚韧不拔的性格和乐观向上的生活态度。家长和教师应该鼓励儿童多阅读优秀的文学作品，这些作品能够为他们的成长提供丰富的养分。

一、有规划:让孩子坚持阅读

孩子学好语文的方法不是去参加补习班,也不是多做练习,而是阅读、阅读、再阅读。阅读是对学习困难的学生进行智育的重要手段[1]。

小学阶段的孩子正处在阅读的"黄金期"。当孩子的语文学习成绩不够理想的时候,父母不要总是第一时间想着怎么给孩子"补课",而是要有计划、有方法地让孩子爱上阅读。

【情境案例】

轩轩三年级了,语文成绩一直提不上来,数学成绩也是"马马虎虎"。妈妈很着急,给他报了辅导班,可是轩轩一遇到阅读和习作就犯难。语文老师建议轩轩的父母多给孩子看课外书,可轩轩的妈妈表示,自己平日里经常对孩子说多看课外书对学习有帮助。也不知道怎么回事,每次考试,轩轩的阅读理解类题目总是失分严重,习作也只能写出寥寥几行字。

【原因分析】

案例中轩轩的妈妈的困惑,映射出当下孩子课外阅读中出现的一些问题。有一部分父母不重视孩子早期阅读习惯的培养,待孩子上学后,因为阅读能力差,导致学习上出现问题,然后又急忙想要补救。书店、超市、学校旁的文具店里,满眼都是诸如"满分阅读""优秀作文"这类图书,家长买回家后,孩子会主动

---

[1] (苏)B.A.苏霍姆林斯基.给教师的建议[M].于长霖,译.杭州:浙江人民出版社,2021:86.

看吗？还有很多家长希望老师给孩子布置阅读的任务，殊不知，当课外阅读变成了一种"任务"，也就偏离了阅读的轨道，效果也会大打折扣。

【家长有话说】

　　孩子小的时候都是爷爷、奶奶照顾，老年人也不懂如何教小孩，孩子幼儿园放学回来只是玩，我们也觉得孩子还小，不玩又能干什么呢？小孩也不识字，看不了书。现在正式入学了，老师说要给孩子多读课外书，学校推荐的那些必读书目，我们也给孩子买了，可是他只喜欢看一些漫画书。我们觉得漫画书对孩子也没什么帮助，我们不给他看，他要么玩手机，要么看电视。老师推荐的必读书目，他只是拿到手上翻一翻。他语文的阅读理解不好，作文也不会写，我们也"愁死了"。

　　部分家庭对孩子的课外阅读不够重视，家庭中用来买书的支出比重较小，对孩子的早期阅读也缺乏正确引导，因此孩子没有养成看书的习惯。还有些家长比较看重孩子的成绩，给孩子购买的主要是一些教辅读物，孩子并不感兴趣。有些孩子到了中高年级，由于缺乏阅读的积累，语文学习就会出现困难，于是家长又把孩子送去各种辅导班，孩子完成一天的学习任务回到家里已经很晚了，也就更没有时间阅读课外书了。

【对策建议】

　　1. 规划孩子的课外阅读

　　阅读在于熏陶和积累，并不能一蹴而就，只要孩子长期坚持，读得够多，阅读的底蕴便能够显现出来。

形形是省重点高中的孩子,她的语文成绩在年级中名列前茅。经常有家长向形形的妈妈"取经",形形的妈妈说,孩子从小到大,从来没有上过和语文有关的补习班,高中的语文学习也很轻松,这些完全得益于课外阅读。原来形形的妈妈对孩子的早期阅读很重视,在孩子牙牙学语的时候,便给孩子买些撕不破的图画书。拥有鲜艳色彩和可爱形象的图书,引起了孩子对阅读的兴趣,妈妈让孩子一边看,一边给她讲绘本故事。周末的时候,形形的妈妈还会带孩子去新华书店以及附近的一些图书馆看一些有趣的立体书。形形对书中的内容很感兴趣,遇到不认识的字就会主动问妈妈。就这样,形形在入学前就积累了一定的文字量,入学后已经可以独立看一些文字简单的书籍了。随着识字量的增加,加上课内的阅读训练,形形的阅读能力得到不断提升。形形的妈妈还办了借书证,每个月从图书馆借阅大量书籍,从一开始的绘本、童话再到社科、文学以及名著、名篇等,海量的书籍任由形形挑选,喜欢的就精读,不太喜欢的就泛读。形形升入初中以后,学业很繁重,父母和学校配合,帮助孩子制定好阅读计划,合理分配课外阅读时间,形形已经养成了长期阅读的习惯,并没有把课外阅读当作负担,反而是一种繁重学业中的休闲和娱乐,她一边阅读,一边用课内学到的方法坚持批注,课内外相辅相成,语文成绩一直都很优秀。

孩子的阅读习惯一定是从小形成的,父母不能指望孩子天生就爱阅读,对孩子的课外阅读要有长期规划,什么阶段读什么书,读多少,怎样读,都要根据孩子的阅读情况一点点推进并适时作出调整。

2. 培养快乐阅读的习惯

尹建莉在《好妈妈胜过好老师》一书中提到,持久的阅读兴趣也是来源于书籍的"有趣"而不是"有用"。① 这提醒我们家长在选书的时候不要总是把"有用"作为第一标准,要以孩子的阅读兴趣为核心。比如,很多孩子喜欢看动漫类的书籍,父母对此是比较反感的,总认为这不是"正经书"。其实孩子喜欢看动漫类的书籍是可以理解的,因为动漫符合孩子的阅读倾向,它有趣易懂,看着不累。这也是帮助孩子从图画书逐渐转向阅读纯文字作品的一个非常自然且有效的过渡方式。一些优秀的漫画作品,孩子读起来或捧腹大笑,或感同身受。父母也可以陪孩子一起阅读,一起分享阅读感受。兴趣是孩子最好的老师,孩子只有读自己感兴趣的书,才能感受到快乐。每个孩子的兴趣爱好都不一样,喜欢的书自然也不一样,父母给孩子挑选书籍的时候,可以参考网络、老师和其他家长的推荐,最主要的是要了解孩子的爱好,尊重孩子自己的需求,也可以去书店让孩子自己选购,父母对孩子挑选的书要做好内容上的把关,教孩子学会如何选出适合自己年龄、满足自己爱好的书籍。

3. 营造良好的读书环境

父母想要孩子爱上阅读,打造一个良好的读书环境也是不可忽视的因素。有条件的家庭,父母最好为孩子布置一个书房,有一个与孩子等高的小书柜,再有配套的小书桌、小椅子,可根据孩子的身体发育情况调整尺寸。书桌可以放在书柜旁边,方便孩子随时坐下来阅读。如果条件和空间有限,父母可以运用玄关、客厅以及家里的各个角落,放置一些孩子感兴趣的读物,目的就是让孩子触手可及,在不同的角落感受不同的读书乐趣,使看书这件事变得便捷且舒适。这样,读书自然而然就成了孩子生活中必不可少的习惯。

---

① 尹建莉.好妈妈胜过好老师[M].北京:作家出版社,2009:89.

二、有陪伴：让孩子喜爱阅读

苏联教育家苏霍姆林斯基指出，所有那些有教养、品行端正、值得信赖的年轻人，他们大多出自对书籍有着热忱的爱心的家庭。很多年轻的父母通过各种家长学堂、公益讲座等途径，都意识到了亲子阅读的重要性，可是一旦需要他们付之于实际行动，他们或因为工作的繁忙、家务的辛劳，或因为自身的怠惰，大都没有真正参与到孩子的阅读过程中去，让亲子阅读变成了一个理想化的口号。

【情境案例】

语文老师布置了课外阅读任务，鼓励孩子们回家跟家长共读一个故事并分享读书的感受，有几个孩子却"犯了难"。浩民说："我每次看到有趣的故事，想跟爸爸分享的时候，他要么躺在沙发上玩手机听不到，要么'嗯嗯嗯'地敷衍我，根本不认真听我说！"书敏说："我爸爸、妈妈每天下班已经很晚了，没有时间陪我看书。"逸心更是闷闷不乐地说："我只想自己安安静静地看书，我妈总是问这、问那的，很烦！"

【原因分析】

案例中，语文老师布置的任务，实际上是为了促进家长带着孩子进行亲子阅读。亲子阅读是让孩子爱上阅读的有效方式之一。妈妈或爸爸带着孩子一起看书，这种在阅读过程中一对一的模式，能够培养孩子的注意力，并且孩子最喜欢模仿家长的行为，有家长参与的活动都会让孩子兴趣盎然。

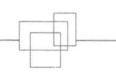

【家长有话说】

　　我们对于亲子阅读，一开始不以为然，总觉得孩子既然识字了，学校里也会推荐阅读书目，我们按要求给孩子准备好要看的书目就尽到责任了。后来，我们发现，家里的书是不少，可孩子还是没有养成每天读书的好习惯。后来通过家长学堂，还有一些公益性的阅读讲座的学习，我们意识到了亲子阅读的重要性，于是就商量好每天晚上抽出半小时陪孩子阅读。一开始，孩子十分高兴，一家人坐在沙发上看书，其乐融融。可没过多久，孩子突然生气地说："我不要你们陪了，我自己看吧！"我们问他为什么，孩子很委屈地说："提前说好陪我看书，爸爸总是偷偷玩手机，妈妈又总是出题目考我，你们好像不相信我真的在看书。我读到好玩的地方想跟你们聊一聊，你们又不懂我在说什么，一点意思都没有！我不想让你们陪我看书了！"

　　古人云："遗子千金，不如遗子一经。"同理，父母帮助孩子养成良好的读书习惯，能使孩子受益终身。在陪伴孩子读书的过程中，我们可以与孩子形成共同的成长记忆。家长每天都要为工作和家务耗费心力，给予孩子的时间并不是很多，其实在忙碌一天之后，睡前陪孩子阅读 15—30 分钟，并不会占用我们太多的时间。家长在平时少玩一点手机，少看一会儿电视，陪孩子看看书，聊一聊近期发生的事，持之以恒，一定会有所收获。在有家长参与阅读的过程中，孩子收获的不仅是阅读能力的提高，更可贵的还有和父母的情感交流。滋养孩子心灵的不仅是阅读，更是父母的陪伴与爱。

【对策建议】

1. 陪伴需要方法

我们想让孩子在亲子阅读中感受到读书的快乐,父母的陪伴也需要讲究方法。对于年纪比较小的孩子,父母在陪孩子看一些生动有趣的故事或者图画书时,可以采取角色扮演的方法,和孩子一起分别担任故事中的某一角色,读一读、演一演,这是低年级的孩子非常喜欢的一种阅读方式。父母在此过程中要积极一点,认真一点,不要敷衍孩子,引导孩子注意所扮演角色的语气、语调和动作,这对于训练孩子的语感非常有效。父母和孩子共读时,可以根据书中的内容与画面,提出一些值得讨论的问题,或者和孩子一起观察、猜测故事情节的发展脉络,启发、引导孩子在阅读中进行思考、分析和判断。其间,父母还可以"故意出错"让孩子来纠正,让孩子不断获得成功的喜悦感,增强孩子的阅读信心。当孩子有了一定的阅读积累,家长可以和孩子一起根据自己的理解,对书中原有的情节展开想象,一起讨论、改编故事的情节或结局。长此以往,孩子能够养成在阅读中思考、创新的习惯。当孩子步入高年级以后,父母的陪伴方式要注意调整,此时也可以和孩子共读一本书,但要给予孩子充分的阅读时间,培养孩子阅读整本书的能力,重视孩子独特的阅读体验。

2. 陪伴需要真诚

虽然孩子年纪小,但是他们的感觉是敏锐的,他们能感受到父母的敷衍。有的家长觉得,当孩子在读课外书时,自己在旁边用手机浏览新闻或者电子读物也是一种陪伴。殊不知,在孩子的眼里,父母只是在玩手机,因为父母此时的关注点并不在孩子身上,这会让孩子觉得手机比自己还重要。此时父母看似离孩子很近,实际上这种形式上的陪伴并不是孩子所期待的,甚至还会干扰到孩子。在亲子阅读时,父母要放下心中事、手中物,全

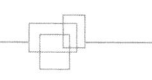

心全意地陪伴孩子，哪怕短短的一刻钟，也要和孩子一起进入书中的世界，这才能让孩子真正感受到亲子阅读的幸福与快乐。当孩子读到有同感的地方，兴冲冲地想和父母分享时，如果父母心不在焉，或者没有耐心倾听，只是象征性地"嗯嗯嗯"或者"不错、不错"，这无异于给孩子泼了一盆冷水，阅读中产生的"快乐的小火苗"一下子就被浇灭了。如此次数多了，孩子也就不愿意同家长分享了。所以，在和孩子共同阅读的过程中，家长要学会倾听，交流时也要专注，要尊重孩子的想法，从孩子的视角思考问题，尽量不要以成人的视角添加一些讲解，这可能会导致孩子思考能力的减弱。

3. 陪伴需要愉悦

有一部分孩子表示，自己只想一个人安安静静地看书，不想让家长在旁边陪伴。出现这种情况，其实是部分家长的陪伴方式出了问题。亲子阅读的本质是陪伴孩子享受轻松愉快的、没有负担的阅读体验，但是部分家长总想考查孩子有没有认真读书，会在孩子阅读后进行一些考核式的提问，或者要求孩子进行好词好句的摘抄，定期写读后感等。虽然从某种意义来说，这是有责任心的家长，但是从孩子的角度来看，原本轻松愉快的阅读时光变成了"硬性的任务"，这无异于是一种"惩罚"，这样的阅读他们还会喜欢吗？

湖北有个二年级的小男孩，沉迷游戏。父母想了个办法，让孩子"休学"打游戏，每天必须玩够 16 个小时，还要对自己的游戏战绩进行复盘总结。结果，进行到第三天的时候，孩子已经崩溃了四次。

可见，当孩子热爱的事情被强行"捆绑"了许多任务，孩子的

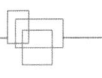

兴趣就会被磨灭;当孩子沉浸在阅读中时,家长不要轻易打扰孩子,要逐步养成孩子专注读书的习惯;当孩子主动和父母交流心得时,要多倾听、少提问,给予孩子自主思考和表达的空间。我们不要计较孩子"读懂了什么""记住了什么",重要的是和孩子一起享受阅读的美好时光。

三、有品味:让孩子优选阅读

人们阅读和获取信息的方式正在悄然发生改变,越来越普及的网络读物充斥在我们的日常生活之中,我们的手机上基本都自带阅读软件。相比传统的纸质读物,电子读物随处可见、随时可读的特点似乎更加适合碎片化的阅读时间,相比传统的纸质书,网络读物的传播方式更便捷,传播速度更快。当孩子们打开互联网的时候,网络读物就会通过阅读软件、广告弹窗、网络链接等方式出现在他们的眼前。

【情境案例】

心怡14岁了,从小是个乖巧听话的孩子,学习很主动,父母对她也比较放心。可最近一段时间,父母发现心怡写作业的时候,有时会停在那里半天不动,有时还会忍不住发出笑声,平时做事情有点磨蹭的孩子,这几天睡觉都很及时。晚上,妈妈悄悄来到心怡房间,搞了个"突击检查",发现心怡并没有睡着,而是躲在被子里偷偷看电子书。妈妈查看了电子书的内容,感到很震惊。这是一本言情小说,文笔粗俗,充斥着一些儿童不宜的描写。面对妈妈的质问,心怡表示,最近班级里都流行看这种网络小说,和老师要求读的名家名篇比起来,这类书通俗易懂,读起来很轻松,很多同学都在看。

【原因分析】

对于中学生来说,他们的学习压力比较大,课外阅读时间基本是"碎片化"的,事实上,他们内心渴望交流,也需要一个减压的途径。网络文学题材类型多元,包括言情、武侠、修仙、奇幻、穿越等超越现实的理想化情节,很容易让他们产生向往之情。他们在网络文学的世界里,可以暂时逃避现实中的苦闷,幻想自己就是作者笔下的男女主角,这使得他们很容易沉迷其中。家长都十分重视孩子的课外阅读,但大都不希望孩子沉迷于网络小说。因为网络文学中有相当一部分小说的内容拙劣、语言粗俗,甚至充斥着不健康的情节,并不适合青少年阅读。其实不单单是网络文学,甚至在小学生传看的读本中,也不乏一些语言粗俗、情节暴力的漫画和小说,这些读物对孩子的成长具有一定的危害性,需要我们指导孩子学会甄别与选择。

【家长有话说】

我们一直是支持孩子看课外书的。从孩子上小学开始,只要是学校、老师推荐的书目,我们都会买。像四大名著这样的经典,我们也早早地买好了让孩子去读。可是孩子说读不懂,勉强读了几页后就不再感兴趣,将书放置一边了。孩子升入高年级,有一定的阅读能力了,又觉得学习任务比以前重,没有时间看这些"大部头"的书。升入中学以后,孩子的学习压力陡然增大,只能用一些"碎片化"的时间进行课外阅读,除了老师布置的必读书目,很少主动去阅读经典名著,反而更愿意看一些"闲书、杂书"。名著再好,孩子不感兴趣,也只能放在书架上"落灰"。我们也很困惑,这些经典名著,是不是要等孩子长大以后再去看呢?孩子读自己爱看的书,总比玩手机要好吧!

家长都希望孩子能够多读好书,这就要求我们不仅要培养孩子的阅读兴趣,还要指导孩子学会选择书籍。有时一本好书可以"照亮"人的一生,反之,不良的读物对于孩子必然会产生负面的影响。那么,什么样的书才是好书呢?这个问题仁者见仁、智者见智,虽然没有明确的界定,但是对于成长中的孩子来说,弘扬优秀文化,能用语言文字表现美、创造美,能够提升思维能力,具备健康的审美意识的就是好书。孩子爱读书是好事,但不能什么书都看,要选择有品味的好书。

【对策建议】

1. 选择适龄读物

家长帮助孩子选书时,不仅要关注孩子的兴趣爱好,还要结合孩子的年龄特点,孩子在不同的年龄阶段,阅读的需求是不同的。阅读起始阶段,书的选择一定要从孩子的兴趣出发,选取孩子爱看的书;幼儿时,色彩浓厚的图画书、有趣的童谣和简短有意思的小故事,容易激发孩子看书的兴趣;小学低年级开始,孩子逐渐认识更多的汉字,可以开始自主阅读了,比较适合阅读情节较为丰富的故事,同时引导孩子阅读一些图文并茂的科普读物,帮助孩子更好地认识世界;中年级开始,孩子的阅读逐渐深入,渐渐具备独立思考的能力,家长可以让孩子自主选择自己爱看的书,找到孩子的兴趣方向,同时也可以给孩子推荐一些好书;高年段的孩子基本已经具备了读整本书的能力,可以让孩子看一些科幻小说、人物传记、历史故事等,不能总是集中于某一类书籍;进入中学以后,阅读的深度和广度已经突破了儿童文学的范畴,阅读书目的选择不能仅仅是求"趣",更要求"真"、求"美"。家长既要放手让孩子广泛阅读,又要指导孩子甄别阅读内容,特别是对于书中人生观、价值观的引导。

2. 选择有价值读物

孩子爱看"闲书""杂书"是不是坏事?"闲书""杂书"的共同特征是与"主业"没有直接联系,也不具有明显的功利性和目的性,有人把它们概括为"不具应急、不限范围、没有压力"的课外书。对于正值学龄时段的孩子们而言,博览群书、兼收并蓄,虽然能够帮助他们增长知识、开阔视野,但是"杂书""闲书",良莠不齐、鱼龙混杂的情况在所难免,这需要老师和家长帮助孩子甄别。书籍浩如烟海,家长如果不知道怎么选,可以参考学校和老师的推荐,也可以和阅读习惯好的孩子的家长沟通交流。如果不知道别人推荐的书是不是适合自己的孩子看,那么也可以在一些阅读网站、论坛或者手机 APP 上进行搜索,一般会有本书的读者非常详细的推荐理由。家长还可以有意识地浏览一些好书推荐的帖子,对课外的"闲书""杂书"多一些了解,引导孩子择优选读,多读健康的、有文化内涵的、适合孩子年龄段的书。

3. 选择经典名著

我们有一个丰富的文学宝库,那就是很多作家留下的杰作,它们教育我们,鼓励我们,要我们变得更好,更纯洁、更善良,对别人更有用。文学的目的就是要人变得更好。我们让孩子读名著,不是去买一套"四大名著"或"名家名作"丢给孩子那么简单。面对"大部头"的名著,孩子愿不愿意读,能不能读得懂,都要我们花心思去引导。首先,给孩子推荐名著时,家长要对书的内容和相关背景知识有所了解,可以自己先读一读片段,选准切入点,激发孩子的阅读兴趣。名著需要精读,家长要帮助孩子做好阅读计划,让孩子尽量按照计划阅读。家长定期安排时间和孩子一起讨论,关注阅读进展,引导孩子针对书中情节、人物形象、环境描写等提出自己的问题,还可以经常和孩子一起研讨并吸收与写作相关的营养,引导孩子树立正确的阅读价值观。对于

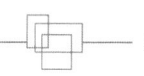

孩子感兴趣的经典名著,家长可以去找名家书评或者相似的内容、题材的书进行阅读延伸。这样,逐步提升孩子的阅读品味和审美能力,让孩子有意愿、有能力去读更多的"大部头"名著。

【拓展延伸】
  1. 制作阅读计划表

我的阅读计划

___月阅读书目:《   》   共___天看完

日期	阅读时间	页数	读书状态	交流分享
			☆☆☆☆☆	妈妈
			☆☆☆☆☆	爸爸
			☆☆☆☆☆	同学
			……	……

我认识的生字词:_____
我喜欢的句子:_____
我的感受:_____(人物、故事情节等)

第二章

多彩生活　玩转成长

目前,我们的家庭生活正经历着前所未有的变化:从传统的多代、多人口大家庭到小家庭生活,从传统的家庭角色分工到现代的家庭成员平等,从简单的温饱需求到追求有品质生活……这些转变的背后除了凸显时代的进步,也给我们带来了诸多挑战,这也是以往家庭生活中不曾有过或是不被重视的生活议题。唯有回应需求,调整家庭生活环境、生活内容和生活方式,才能构建一种舒适和谐的家庭生活场域。此外,有关家庭生活的指导内容也要适应时代变化,紧密结合教育方针政策、人才需求、实际生活等因素,通过典型性的案例,提供个性化、可操作的策略,助力构建亲子双方都能获得成长的家庭生活环境。

第一节　家庭生活也是教育

陶行知先生说,教育源于生活,教育需要生活,教育为了生活。[①] 我们也可以说,生活是教育的起点和源泉,生活是教育的重要形式,生活是教育的最终目的,好的生活便是好的教育,好的教育成就幸福的家庭。孩子教育的起点在家庭,家庭教育的

---

① 唐广勇.情感教育策略论[M].长春:吉林文史出版社,2017:94.

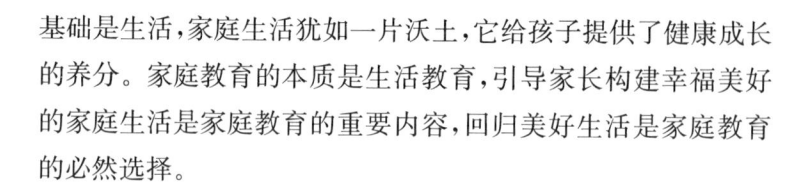

基础是生活,家庭生活犹如一片沃土,它给孩子提供了健康成长的养分。家庭教育的本质是生活教育,引导家长构建幸福美好的家庭生活是家庭教育的重要内容,回归美好生活是家庭教育的必然选择。

一、家庭结构及教育的多元

培养和谐的家庭关系,关注亲子教育的发展趋势,促进家庭成员间的情感交流,是当下中国家庭的普遍追求。因此,学习如何构建更为美满和谐的家庭生活,既是社会变迁和家庭结构变化的产物,也是教育观念转变和家庭问题凸显的必然结果。它对于提升家庭生活的质量和幸福感,促进孩子的全面发展以及维护社会的稳定和进步都具有重要意义。

随着社会经济的快速发展,人们的生活方式、价值观念和家庭结构都发生了深刻的变化。例如,家庭结构呈现出多元化的特点,除了传统家庭外,还有单亲家庭、重组家庭、多孩家庭等多种家庭类型。这些不同的家庭结构带来了不同的家庭教育需求和挑战,[1]多元化的家庭结构也呼唤个性化的家庭生活指导。教育观念的转变也对家庭生活内容产生了影响,传统的教育观念注重孩子的学业成绩,而现代教育观念则更加注重孩子的全面发展,包括身心健康、品德修养、社交能力等方面,这种转变使得家庭生活指导的内容也发生了变化。现代社会中,家庭问题日益突出,如亲子关系紧张、家庭暴力、青少年心理健康问题等。这些问题不仅影响了家庭成员的身心健康,也给整个社会的稳定和发展带来负面影响。

---

[1] 刘宇.明代家训德育思想的当代研究价值[D].哈尔滨:哈尔滨工程大学,2018:141.

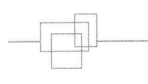

家庭教育研究领域中越来越多的人开始关注家庭氛围、亲子关系、家庭规则、孩子价值观的培养等方面的课题。随着社会的进步和家长教育观念的转变，家庭教育不再局限于孩子学习能力的培养，而是更加注重培养孩子的综合素质，包括品德修养、社交能力和创新思维等方面。[1] 同时，家庭生活中也更加注重亲子互动，为孩子提供良好的学习环境和资源以激发孩子的学习热情和创造力。在"协同育人"理念的指引下，有关家庭生活指导的研究也在不断探索新的方法和手段。例如，社区和学校都积极设立家长学校，并以此为载体，打通家、校、社边界，同时以专业化的指导厘清各自责任，为家庭提供更全面、个性化的指导服务。这些服务旨在帮助家庭成员更好地相互理解和沟通，解决家庭矛盾，促进家庭和谐。随着信息技术的快速发展，网络家庭教育指导也成为研究的热点。通过网络平台，家长可以享受更便捷、高效的家庭教育指导服务，包括在线讲座、线上家长学堂、专家咨询等。社会上也出现了商业服务机构，为家长提供家庭教育指导、亲子关系疏导等服务。线下的家庭生活指导普遍关注如何启发家长思考以及在家庭生活中应该关注什么，为什么要关注。虽然家长有一定的行动计划，但缺乏体系化的行动策略，因此当家长遇到了具体生活情境中的问题时，依旧会陷入"不知如何是好"的困境。

二、构建完整健康的家庭

家庭是孩子幸福的港湾，是孩子生命中最重要的情感归属

---

[1] 石新宇.对于高校人才培养模式构建的理性思考[J].中国校外教育·下旬，2012(11)：60-63.

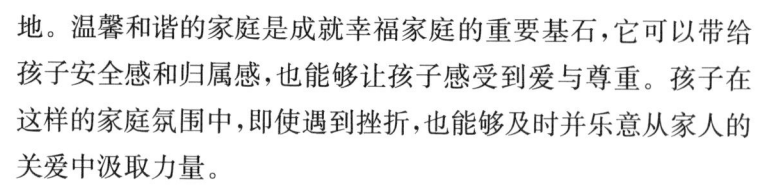

地。温馨和谐的家庭是成就幸福家庭的重要基石,它可以带给孩子安全感和归属感,也能够让孩子感受到爱与尊重。孩子在这样的家庭氛围中,即使遇到挫折,也能够及时并乐意从家人的关爱中汲取力量。

1. 良好的家庭关系是基础

家庭成员之间的关系对孩子的生活有着至关重要的影响。首先,夫妻关系是家庭关系中最重要的纽带,其次才是亲子关系,最后也包括和其他成员之间的关系。夫妻之间的感情越好,孩子越有安全感,反之,夫妻关系越糟糕,孩子越有危机感。一个整天生活在父母的吵架声、责骂声中的孩子,感受到的只能是焦虑和恐惧,而生活在夫妻和睦、其乐融融的家庭中的孩子,他们无形中就学会了独立、包容、理解和坚持。

2. 家长的以身作则是关键

父母作为孩子人生的第一任老师,他们的一言一行,一举一动,孩子都看在眼里,记在心里;父母对待生活的态度、价值观和为人处世的方式也在无形中影响着孩子。例如,父母喜欢运动并带着孩子共同参与,孩子就更容易感受到运动的乐趣;父母喜欢看书,家庭中有着浓厚的阅读氛围,孩子也会潜移默化受到影响并爱上阅读;父母工作认真负责,精益求精的态度也会鞭策孩子努力学习,积极向上,形成严于律己的习惯。

3. 家庭成员共同参与是保证

对于家庭生活中的大多数事情,家庭成员的共同参与是非常有必要的,尤其是家庭公共事务。例如,家务劳动、家庭公共财物支出、家庭运动管理计划、家庭娱乐活动、家庭旅行规划等。这些家庭公共事务需要家庭所有成员共同参与讨论、相互支持,共同完成。家庭会议也是家庭成员集体参与的最为常见的形式,它是一种以家庭为单位,围绕某项家庭生活主题,充满仪式

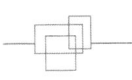

感的会议;它也是让所有家庭成员平等沟通交流,共同参与家庭生活,最终达成共识的有效组织形式。同时,家庭中也要发挥祖辈成员的优势。在家庭生活中,父母和孩子要继承和发扬祖辈留下的优良的家风、家训。祖辈也要发挥自己的特长,带着孩子共同学习传统生活技能,帮助孩子养成良好习惯,继承优秀品质。例如,祖辈可以带着孩子一起开展踢毽子、滚铁环、丢沙包等传统体育运动或游戏活动。孩子也可以教祖辈现代的运动项目,在隔代互学中继承、发展和创新家庭文化。这种全家成员的共同参与,既可以增强家庭凝聚力,又能提升家庭成员之间的互助、互信和互爱。

4. 父母要及时转变教育理念

家庭生活中蕴含着丰富的教育资源,家长应该构建一种完整而丰富的家庭生活环境,充分利用日常生活对孩子开展生活教育指导。家庭生活教育应是丰富多样的,它包括生活技能、生活习惯、行为习惯、文明礼貌、道德修养、价值判断等。如今,我们的家庭教育逐渐偏离了生活指导的重心,不少家长仍有"重智轻能"的思想。对家长来说,他们将孩子的学习指导当成"主业",却把生活指导当成"副业";对学生来说,学习成了家庭生活的主要内容,其他生活似乎是可有可无的。这些都不利于孩子完整人格的培养,对儿童健康全面的发展极为不利。

在家庭教育中,家长不能只看到孩子的学习成绩,家庭教育的重点不只有学习,而在于把孩子培养成为一个"健全"的人,在确保身心健康的基础上,着眼于孩子生活技能、生活习惯、行为习惯、文明礼貌、道德修养和价值观等的培养是非常重要的。我们一定要避免家庭教育出现"知识化""学校化"的错误倾向。

5. 父母要给予孩子体验丰富生活的机会

孩子是在丰富的生活体验中不断成长的,家庭教育的方式要比学校教育丰富得多,这更有助于孩子体验生活的乐趣。我们在家庭中为孩子提供丰富多彩的生活体验,激活他们的"生活力"和"生命力"是生活教育的主要任务。孩子通过对于生活的探索、经历和感悟,不断积累个人的生活经验,丰富个人生活阅历,这不仅让他们体验了生活的美好,还为未来的人生做了准备。例如,通过家务劳动不仅有助于孩子获得劳动知识与技能,养成劳动习惯,还培养正确的劳动价值观;通过体育运动不仅能增强体质、调节情绪、缓解过重的压力,还能改善大脑,促进成长;通过规划假期生活不仅能掌握科学的生活规划,增强自我管理和规划的能力,还能拓展生活边界、开阔眼界,丰盈精神世界;通过参加公益活动,也能增强社会责任感;通过理财体验不仅能正确认识金钱的作用,学会如何合理地使用金钱,如何提高防范意识,还能培育正确的金钱观和家庭的责任感。此外,在户外亲子旅行过程中,孩子与阳光、雨露、草地、河流、山川等亲密接触,可以更好地感悟生命的奥秘和自然的规律;在参观纪念馆、博物馆、人文古迹的过程中懂得历史的厚重和璀璨;在亲子阅读、音乐剧欣赏、观看演出等活动中,可以体验更美好的艺术世界,学会感受美、欣赏美、创造美。

三、创设积极有效的陪伴

父母的陪伴是最好的情感教育,但是陪伴并不等同于陪着。我们并不是说父母时刻都要陪在孩子身边,对其进行教育和指导。父母需要创设一种健康、积极的陪伴方式,在陪伴过程中要注重与孩子之间的互动和情感交流。父母双方,尤其是父亲不能缺位,要全身心地投入孩子的生活陪伴中来。

1. 重视情感陪伴的力量

家庭教育的情感性是家庭教育区别于学校教育和社会教育最大的地方,这也是家庭教育独具的魅力。当我们陪伴孩子时,要关注孩子的心理和情感需求,了解孩子在想些什么、关心什么,有什么情绪波动,这都是父母无条件的给予孩子的爱,它是一种耐心、理解和关怀的陪伴。家长与孩子可以利用家庭日常生活中的固定场所,彼此互相倾听、分享、交流感情。例如,我们可以利用每天的晚饭时间,全家人围坐在一起吃着美味的饭菜,聊着彼此有趣的见闻,传递着爱与关怀。这是一家人最踏实、最幸福的时刻,也是一个家庭应有的最美好的样子。

2. 重视父亲陪伴的力量

我们对于"高质量陪伴"这个词已经非常熟悉,家庭教育中爸爸的陪伴就是其中的应有之义。一个好爸爸胜过一百个好老师,可是很多家庭都在经历"丧偶式育儿",很多孩子身边都有一位"影子爸爸",家庭生活陪伴的缺位让很多父亲的形象在孩子的心里逐渐变淡了。相关研究表明,爸爸在家庭生活中的参与程度越高,孩子就越聪明,性格更加宽容,更富有责任心,适应力也更强。[1] 爸爸和妈妈在陪伴孩子的过程中应该是有所差异的,比如带有协作、冒险、运动、探索等性质的活动,可能更加适合爸爸带孩子去做。对男孩来说,父亲是孩子最早崇拜和模仿的对象,孩子长大后,身上或多或少都会有父亲的影子;而对女孩来说,父亲是女孩一生中第一位出现的男性,所以女孩对于男性最初的认识和了解就来自于父亲,可以说父亲是引领孩子走向社会的最重要的人。

---

[1] 周成刚.耶鲁大学:常有父亲陪伴的孩子智商更高[J].人生十六七,2016(27):13.

第二节　家庭劳动不可少

家庭劳动对于孩子的成长具有重要的价值，它不仅关乎孩子劳动习惯的养成，生活实践技能的培养，还会影响他们人生观的形成。因此，我们必须重新审视家庭劳动的重要价值，让其在孩子的成长过程中发挥应有的作用。通过参与家庭劳动，孩子可以掌握基本的生活技能，养成良好的劳动习惯。通过生活劳动实践，孩子可以学会生活自理和自立，有助于其全面成长。在家庭劳动中，家长还能通过培养孩子尊重劳动、热爱劳动、勤劳自律的品质，帮助其形成积极乐观的生活态度，为孩子未来的发展奠定坚实的基础。

一、培养劳动习惯

通过参与家庭劳动，孩子们能够学会基本的生活技能，如整理房间、洗衣做饭等。这些技能将帮助他们在未来的生活中更加独立，减少对父母的依赖，也更能锻炼他们的自我管理能力。孩子在劳动中还得合理安排时间，学会分配任务，这会使他们在未来的学习和工作中更加高效。劳动教育有助于孩子们认识到自己也是家庭的一员，有责任为家庭作出贡献。通过分担家务，孩子们能够体会到自己的付出对于家庭的重要性，从而增强他们的责任感。

【情境案例】

近期，班主任胡老师发现，经常有家长帮孩子值日。正当胡老师想着如何说服家长让孩子们自己参加劳动时,她接到了小轩的妈妈的信息:"胡老师,我们家长有个提议,一年级的孩子年龄太小,而且孩子在家里哪干过扫地的事情啊!我们想请一个阿姨专门负责班级的值日工作,隔壁班也是这样做的!"

【原因分析】

　　小学低年级阶段,家长进校帮忙打扫卫生,甚至请保洁阿姨进校打扫卫生的现象并不罕见。对于"家长该不该帮一年级的孩子值日"这个话题,家长们各有各的看法。有的家长认为一年级的孩子年纪太小了,提水、拖地这些事情他们可能都做不了,打扫卫生这种事晚一两年学也没有多大关系;有的家长认为孩子参加劳动的方式有很多种,在家也可以帮忙扫地、洗碗、叠衣服,不一定非得让他们打扫班级的卫生。现在的教室那么大,要想打扫干净也不容易,家长也都很忙,交给专业的保洁阿姨岂不是更好吗。有的家长认为去学校帮忙打扫班级卫生,隔一段时间就轮换一次,他们没有时间做这件事;还有家长认为孩子班上的大扫除一开始是几名热心家长参与的,后来就由家委会请保洁阿姨来打扫,费用大家一起平摊,这样的钱不该花销,应该由孩子自己打扫教室。

　　这些现象和观点背后的原因有很多。首先,这体现了"重智轻劳"的思想依然深入人心,依然有很多家长认为孩子只要把学习搞好就行了,其他事情并不重要。其次,家长对孩子过于溺爱。我们应该从小培养孩子养成爱劳动、讲卫生的习惯,一年级入学就是一个关键时期,无论是家长代劳,还是请阿姨帮忙打扫,都会让孩子失去劳动锻炼的机会,也不利于培养孩子的劳动习惯。

【家长有话说】

我们小的时候在学校里经常会参加一些劳动，比如拔草、擦玻璃、打扫教室卫生等。那时候，孩子在学校参加这些义务劳动是很正常的事情，父母几乎不会提出什么质疑，更不会有家长想去代劳；那时候，在父母的意识里，孩子从小做一些力所能及的事情没有什么大不了。现在，孩子的很多事情都是家长代劳，以至于他们的自理能力很差。一方面是家长比较溺爱孩子，都是把孩子"捧在手里，含在嘴里"；另一方面也是家长怕麻烦，想省事。

记得我们家女儿刚上小学的时候，总是忘记带东西，不是忘记带本子就是忘记带铅笔盒，老师经常发信息让我们送过去。我们也意识到孩子自己不会整理书包，于是就让她自己学着收拾书包。但是，有时候看她慢吞吞的样子就非常着急，最后干脆帮她收拾书包。现在回想起来，其实是我们自己怕麻烦，进而剥夺了孩子自主劳动的机会。

"家长代劳"似乎已经成为孩子认同、家长愿意、学校默许的一种行为。家庭是开展劳动教育的重要场所，作为家长，我们需要重新思考劳动对于孩子的重要性，在家庭中要帮助孩子养成良好的劳动习惯，获得必备的劳动能力。

【对策建议】

1. 不包办代替，爱亦有度

没有哪位父母不爱自己的孩子，但是家长要清醒地认识到，孩子终有一天会长大，家长必须要考虑孩子将来如何独立地参与社会生活。因此，相比"包办代替"为孩子"谋事"，更重要的是为孩子"谋力"，帮助孩子提高适应未来社会生活必备的劳动能力。现实中仍然有许多家长舍不得让孩子干活,哪怕是一些力所能及的事,家长都要全部代劳。也有家长认为让孩子少吃苦、少受罪、不让风吹、不让雨淋就是关爱孩子。殊不知,这样做只会剥夺孩子自主学习的机会,让他们缺少最基本的生活技能和生存能力,对孩子的全面发展和健康成长都是极其不利的。这些认知上的误区直接导致家庭劳动教育的缺失,使孩子动手能力、自理能力不足,阻碍孩子的成长。为了让孩子爱劳动、会劳动,家长首先要充分认识到劳动教育的重要性,并对劳动教育持正确的态度。

2022年,教育部的新课程方案把劳动单独设置为一门独立的课程。《中华人民共和国家庭教育促进法》在家庭教育的内容、方式和实施原则中也提到,父母要帮助孩子树立正确的劳动观,让孩子能独立从事一些力所能及的劳动,增强他们的生活自理能力,同时也有助于孩子形成劳动意识,提高劳动技能,养成良好的劳动习惯。在家庭教育中,家长要和学校共同做好孩子的劳动教育,不要因为年龄小而把孩子保护起来,家长要舍得放手,并持之以恒,孩子的劳动能力才会逐渐提高。

2. *教之以法,逐步放手*

孩子的劳动习惯和劳动能力都是需要后天培养的,家长需要在家庭生活中有意识地培养孩子。首先,要让孩子从小知道,家庭劳动是全家人的事情,每一位家庭成员都要贡献自己的力量,学会担当,参与家庭劳动。其次,如果孩子一开始不喜欢劳动,也不要直接强迫,我们可以召开家庭会议,和孩子一起列出家庭劳动清单,让孩子根据自己的兴趣和能力领取任务。最后,在孩子参加家庭劳动的过程中,我们不能只是下达指令,也要及时给予孩子具体的帮助和指导,告诉孩子劳动的具体步骤和方法。例如,打扫卫生的时候怎么拿扫帚更省力。家长通过示范

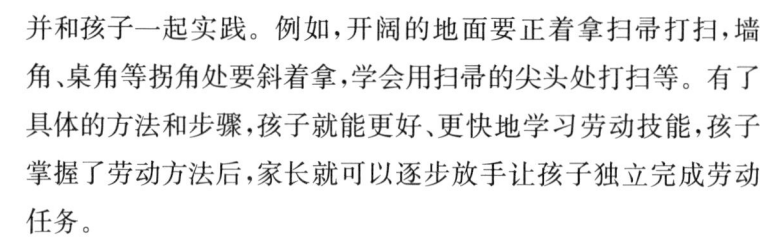

并和孩子一起实践。例如,开阔的地面要正着拿扫帚打扫,墙角、桌角等拐角处要斜着拿,学会用扫帚的尖头处打扫等。有了具体的方法和步骤,孩子就能更好、更快地学习劳动技能,孩子掌握了劳动方法后,家长就可以逐步放手让孩子独立完成劳动任务。

3. 多鼓励评价,养成习惯

首先,家长要对孩子保持足够的耐心,多鼓励孩子。孩子刚开始劳动自然不会做得那么好,家长不要急于求成,而应该给予孩子一些正面、积极的肯定,这会让他们更有动力。家长的夸赞不要只停留在"你真棒""真能干"等笼统的词汇上,可以具体夸一夸孩子哪里做得好。例如,"地面打扫得真仔细!连桌子下面、墙角都打扫干净了;碗洗得真干净,摆放得也很整齐;今天你都能主动做家务了,真是我们的小帮手"等。这些正面的鼓励会强化孩子劳动的意识和自信心。其次,父母的以身作则和榜样示范对孩子的影响也是非常大的,如果家长自己都不愿意劳动,那么孩子肯定也不愿意做家务;家长在孩子面前总是抱怨家务又脏又累,孩子肯定也不愿意做家务。如果父母总是把家庭打理得井井有条,并多传递积极的情绪给孩子,就会营造出良好的家庭劳动氛围,孩子自然也会像父母一样乐于劳动。最后,家长可以适当采用一些激励的方法,鼓励孩子多参加家务劳动。虽然孩子刚开始做家务时觉得比较新鲜,会比较积极,但是当孩子日复一日地重复做同样的事情时,难免会感到无聊。家长可以在不同阶段分配孩子一些新的任务,或者提出更高的要求,适当给予孩子一些奖励,以此来激发孩子对于劳动的热情。例如,除了物质奖励,也可以举行一次家庭聚会,邀请孩子的好朋友来家里做客,让孩子展示一下自己的劳动成果。

二、劳动实践促成长

我们的调查显示,多数家长不想让家务劳动占用孩子的学习时间。他们认为孩子的学习成绩要比家务劳动重要得多,大都以"为了孩子更好地学习"为理由给孩子"减负"。这样做带来的后果是,不但会让孩子变得懒惰、害怕困难,而且还会让他们失去学习的动力。家长这种形式上的"减负"和"激励",只会让孩子不想劳动、不会劳动,长此以往,他们还会认为父母为自己做事情是理所应当,这对孩子的成长极为不利。

【情境案例】

小吴每天早晨起床,经常会在卧室里大声地叫:"妈妈,我的袜子到哪里去了? 妈妈,你把我的衣服放哪儿了……"妈妈一边给他准备早餐,一边还要帮他收拾东西。虽然小吴已经上中学了,但是他仍然非常依赖妈妈。下午放学回家,小吴就把书包往沙发上一扔,一个人躺在那里开始吃妈妈准备的各种水果、零食。当全家人吃完晚饭,妈妈忙完厨房里的所有事情后,小吴在妈妈的催促下才开始写作业。可是,没写多长时间,小吴就开始磨蹭和抱怨。当小吴再一次嘟嘟囔囔生闷气时,妈妈终于"发火"了,"我什么都不要你做,只要你好好学习,为什么你连这个也做不到!"

【原因分析】

很多家长会有这样的疑问,为什么家里所有的事情都帮助孩子做好了,他还是不能好好学习? 原因恰恰就在这里,正是由于家长帮助孩子把所有的事情做好了,孩子不仅失去了最宝贵

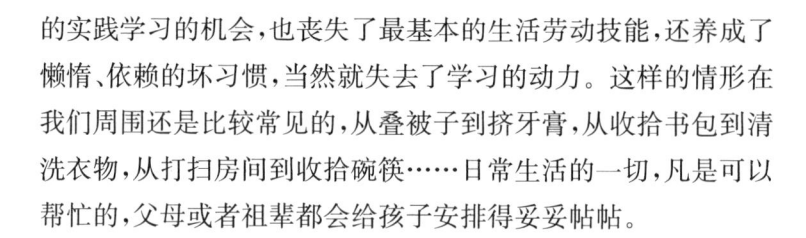

的实践学习的机会,也丧失了最基本的生活劳动技能,还养成了懒惰、依赖的坏习惯,当然就失去了学习的动力。这样的情形在我们周围还是比较常见的,从叠被子到挤牙膏,从收拾书包到清洗衣物,从打扫房间到收拾碗筷……日常生活的一切,凡是可以帮忙的,父母或者祖辈都会给孩子安排得妥妥帖帖。

【家长有话说】

我的孩子是男孩,在家里也会让他做家务,但有的时候他会向我抱怨:"能不能不要再让我做家务了?作业已经够多了,哪有时间再做家务啊?"我当时就对他说:"不可以!家务既是学习的一部分,也是生活的一部分,现在做家务也是为了你将来更好地生活啊!"他却说:"爸爸天天忙工作,也很少做家务啊,他现在不也过得挺好吗?"孩子的这番话竟让我无言以对。后来,我意识到问题可能出在我们自己身上,我和他爸爸之间没有达成很好的共识,给孩子造成了负面的影响。

孩子生活自理是自立的基础,家长任何时候都要让孩子懂得"照顾"自己,养成良好的生活自理习惯,家长不能因为孩子学习任务重而包办一切。对于那些缺乏劳动实践的孩子来说,他们往往难以自理、自立和健康的成长。

【对策建议】

1. 更新观念,劳动促学习

俗话说,"人有两个宝,双手和大脑",所谓心灵手巧说的就是这个道理。美国心理学家威兰特的一项长期跟踪调研表明,会做家务的孩子与不做家务的孩子长大后的就业率之比为15∶1,而且婚姻更幸福,更不容易患上心理疾病。为什么会做家务的孩子将来更优秀？英国社会学家弗兰克·富里迪曾做过一项研究表明,如果父母不重视孩子的家务劳动,就会让孩子缺乏必要的劳动锻炼,这会使得他们的脑前额叶发育迟缓。大脑的前额叶是与智力密切相关的重要区域,它的主要作用不仅负责思维及计算,还直接关联孩子的情绪和个性形成。如果一个孩子通过家务劳动获得足够的锻炼,就会促使其脑前额叶发育得更好,日后也会更容易养成专注、自律的好习惯。所以,家长要摒弃传统的错误观念,让孩子积极主动地参与劳动,这非但不会影响学习,反而还有利于孩子的大脑发育。

2. 回归生活,劳动促自立

陶行知先生说过,生活即教育,好生活就是好教育,坏生活就是坏教育,前进的生活就是前进的教育,倒退的生活就是倒退的教育。[①]所有脱离生活的养育,都无法让孩子真正自立起来。孩子除了要拥有最基本的生活自理能力,家长还要引导孩子参与更完整、更丰富的生活劳动,从小发现并培养孩子生活中的"一技之长",例如烹饪、缝纫、维修、种植等。家长可以先从孩子最感兴趣的事情出发,如果孩子对美食特别感兴趣,就可以开展亲子烹饪活动,培养孩子的厨艺,让孩子充当"小帮厨",做一些基础性的工作,如摘菜、配菜、搅拌、装盘、递调味品等。这使得孩子慢慢感受到下厨的乐趣,感受到自己也可以胜任这些工作。当孩子对烹饪逐渐产生了兴趣,家长就可以从一道孩子最喜爱的菜肴入手,和孩子共同完成美食的制作。例如,孩子特别喜欢吃鸡排,家长可以先和孩子共同研究最佳的制作方法和步骤,也可以向其他家人或朋友借鉴宝贵经验,然后根据食材和配料表

---

① 江苏省陶行知研究会,南京晓庄师范学校.陶行知文集(下)［M］.南京:江苏凤凰教育出版社,2008:588.

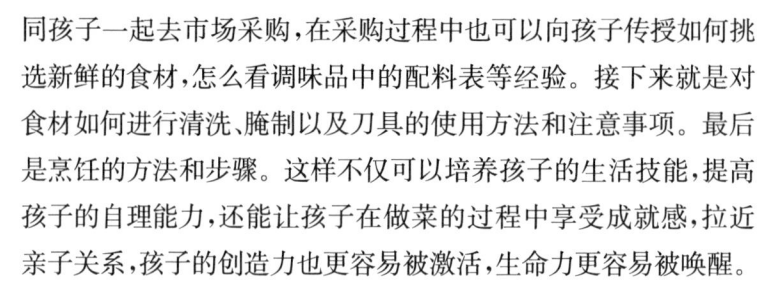

同孩子一起去市场采购,在采购过程中也可以向孩子传授如何挑选新鲜的食材,怎么看调味品中的配料表等经验。接下来就是对食材如何进行清洗、腌制以及刀具的使用方法和注意事项。最后是烹饪的方法和步骤。这样不仅可以培养孩子的生活技能,提高孩子的自理能力,还能让孩子在做菜的过程中享受成就感,拉近亲子关系,孩子的创造力也更容易被激活,生命力更容易被唤醒。

3. 互相支持,劳动促责任

现在确实还有不少家长在抱怨,"为什么我帮你做好了几乎所有的事,你却连学习这一件事都做不好!"家长的这种做法只是一厢情愿。要知道,孩子的责任感不是说有就有的,这需要父母营造一种互相支持、互相需要的家庭氛围。如果孩子从小生活在一个衣食无忧、家务包办的家庭环境中,那么他就很难体会到父母劳动的艰辛和生活的不易,也很难主动承担起家庭的责任。同样,如果家里的家务劳动都是妈妈做,而爸爸不闻不问,那么孩子很有可能会错误地认为,家务劳动就应该是女生的事情,男生不做家务理所应当,这也会影响孩子长大后的家庭劳动观。正确的做法应该是所有家庭成员都要根据自己的能力承担应有的家务劳动,并且在生活中互相支持,共同营造良好的家庭氛围。爸爸力气更大,可以主动承担家中的重体力劳动,例如搬运重物、更换电灯、维修家具家电等;妈妈更加心细,可以负责家中的缝纫修补、擦拭、整理房间等。爸爸和妈妈在家中也要经常夸一夸彼此,在这样的家庭氛围中,孩子更容易模仿爸爸、妈妈的做法,拥有家庭责任感。

三、树立正确劳动观

劳动不仅是谋生的手段,更是一种人生观、价值观的体现;

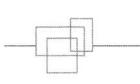

劳动不仅是为了生存,更是实现自我价值和社会价值的重要途径。我们应该从多方面入手,加强劳动价值观教育,让孩子们在实践中体验劳动、感悟劳动、尊重劳动,培养孩子们对劳动的热爱,让他们在实践中体验劳动的艰辛与快乐,感悟劳动的价值与意义,树立正确的劳动价值观。

【情境案例】

八年级(1)班的小明迷上了打游戏,并且能在游戏直播中赚到钱,据他自己说,一个月能赚到 7 000 元左右。他还劝说班级很多同学去观看其直播并打赏,很多男生跃跃欲试。因为大部分时间和精力都花在了游戏上,所以小明的学习成绩一落千丈。他上课睡觉,不做作业,爸爸、妈妈劝说他,他竟然说不读书也能养活自己。小明还在课间经常和同学聊游戏攻略,聊网游平台,聊直播赚钱,给班级带来了不好的影响。

【原因分析】

随着自媒体时代的来临,各种"网红"良莠不齐,"流量明星"博人眼球,这些人有高额的收入、光鲜的生活、较高的"知名度"等,吸引着越来越多的人趋之若鹜,尤其是对未成年人的影响巨大。有些孩子会觉得做"网红"、玩游戏、开直播既轻松又能赚到钱,而刻苦学习、辛勤劳动又苦又累,还不一定能赚到钱……这反映出当下儿童的劳动价值观、人生观出现了偏差,也是孩子"不劳而获、贪图享乐、投机取巧"的心理在作怪。更令人担忧的是,有这种想法的孩子并不在少数。据中国社科院发布的《青少年蓝皮书:中国未成年人互联网运用报告(2020)》显示,当代未成年人未来想从事的职业中,明星、游戏玩家、"网红"等排名靠前,甚至超过了科学家、医生和工程师。其实,孩子想选择什么

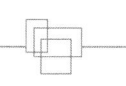

职业并没有太大问题,真正有问题的是这种想要"不劳而获、贪图享乐、投机取巧"的价值观。

【家长有话说】

我的女儿最近迷上看短视频,我们教育她不要沉迷网络,要好好学习,她却跟我们说:"你知道某某网红、某某明星吗?只要人长得漂亮,随便唱首歌或者跳支舞,就能赚很多钱。读大学没用,现在很多大学生,甚至研究生毕业了都找不到工作。"又过了一段时间,她居然跟我们说要去整容。面对我们苦口婆心的教育,女儿一点也听不进去,我们也非常着急。

我们要在学生中弘扬劳动精神,教育引导学生形成崇尚劳动、尊重劳动的价值观,懂得劳动最光荣、劳动最崇高、劳动最伟大、劳动最美丽的道理。

【对策建议】

1. 言传身教,传承家风

不论时代发生多大转变,不论生活格局发生多大变化,我们都要重视家庭建设,注重家教、家风。家是最小的国,国是千万个家,每一个家庭都会有不同的家风,每个人的言行举止也体现了自己家庭的家风。同样,劳动价值观也是通过长辈的言传身教和身体力行的方式传递给孩子的。每个孩子从出生就会用眼睛观察世界,学习父母的动作、语言。为了让孩子树立正确的劳动价值观,家长要在家庭中建立稳定且积极向上的成员关系。第一,家长对于自己的生活、工作和劳动的态度,无形之中都会对孩子的价值观产生巨大影响。因此,想要孩子三观正,父母就需要注意自己的一言一行,时刻做孩子身边的好榜样,要求孩子做到的事情，自己先要做到。第二，当孩子发现一些社会不良价值观与主流不符而对此提出质疑时，父母要及时帮助孩子分析现状，鼓励孩子坚持正确的价值观。面对日益错综复杂的社会，家长一定要有自己的立场和观点，对社会上错误的价值观要持批判的态度，要继承中华优秀传统文化，把优良家风一代代传承下去。

家长要顺应新时代赋予劳动的新内涵，立足于孩子成长的世界的新变化。随着物质生活的日益丰裕，孩子们已经不愁吃穿，家长不要再受"再苦不能苦孩子、再穷不能穷教育"的观念的影响，不仅要关心孩子的物质生活，还要关注孩子的精神需求。孩子想玩游戏、开直播、做"网红"，恰恰是反映了他们精神世界的贫乏。家长需要多关注孩子的精神需求，通过健康的劳动方式满足孩子的幸福追求。

2. 劳动实践，体验感悟

家长可以让孩子多参与家庭日常生活里的劳动、社会服务型劳动等实践活动。孩子在劳动实践的过程中，既获得了劳动知识与技能，又树立了正确的劳动价值观。例如，我们可以让孩子在家庭中养护绿植、照料小动物。孩子在养护、照料的过程中，不仅能够了解动植物的特点和生活习性，同时还体会到了生命的成长，感受到劳动的幸福成就感。另外，家长还可以带孩子多参加社会服务性活动。比如，社区志愿活动、服务行业的职业体验等，这不仅可以提高孩子的相关劳动技能，还能培养他们乐于助人、与人为善的良好品质，也能享受劳动助人带来的幸福体验。家长需要有目的、有意识地让孩子参加家庭劳动实践活动，通过劳动实践积累丰富的劳动经验，让孩子真正地有所收获，这样的劳动实践才具有教育意义。劳动教育并不是让孩子做家务劳动那么简单，要根据劳动的类型、孩子的身心特点，有目的、有计划地为孩子提供种类齐全、形式丰富的劳动实践活动机会。孩子参与劳动实践的同时,家长也要化身为示范者、指导者与合作伙伴,积极融入孩子的劳动过程中,和孩子一起体验并感悟劳动的快乐。

3. 劳动精神,培根铸魂

首先,我们要引导孩子崇尚劳动、尊重劳动,增加对劳动人民的感情。父母在教育孩子的过程中要注意自己的言行,劳动只有分工不同,没有贵贱之分。例如,"如果不好好学习,将来就只能扫大街",类似的话不要对孩子说。其次,家长可以带孩子实地参观劳模纪念馆,寻访劳模事迹,学习劳模精神。最后,家长可以通过书籍、影视作品、公益广告等多种媒介资源让孩子感悟劳动精神、工匠精神。例如,让孩子阅读与劳动相关的绘本,陪孩子一起观看《中国劳模》《大国工匠》等纪录片或者影视作品,这些作品同样可以帮助孩子直观地感受劳动的价值。

【拓展延伸】

1. 玻璃绘画家

家长可以尝试让喜欢绘画、涂鸦的孩子承担清洁浴室的玻璃门的任务。家长给他们准备好一把玻璃刷,一桶温热的肥皂水,让孩子尽情地在玻璃门上涂鸦,他们在清洁玻璃的同时,还创作了属于自己的"艺术品"。

2. 观看《大国工匠》

这部纪录片用一个个真实的故事,讲述了中国几代人追求卓越、争创一流、爱岗敬业、艰苦奋斗、勇于创新、淡泊名利、甘于奉献的伟大工匠精神。我们通过观看纪录片,学习和弘扬工匠身上的劳动品质,传承中华民族宝贵的精神财富。

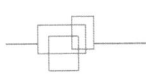

第三节　亲子运动欢乐多

我们对体育运动的认知通常是能帮助孩子"长身体",增强孩子的抵抗力。但是运动之于孩子的益处,已不单单停留于"身体健康"方面,还体现在"心理健康"方面。亲子运动作为一种独特的家庭互动方式,不仅给家庭带来了无尽的欢乐,还在潜移默化中促进了亲人之间的情感交流。在忙碌的现代生活中,越来越多的家庭开始认识到亲子运动的重要性,并将其作为增进家庭和谐关系,促进孩子全面发展的重要途径。

一、运动增强体质

父母都很关心孩子的身体健康,但如何正确看待"运动教育"让不少人感到困惑。有的家长认为自己的孩子吃得好、睡得好,也很少生病,整天蹦蹦跳跳,在学校一天的活动时间也很多,回家就不需要再花费专门时间锻炼身体了;有的家长认为只要孩子吃得饱饱的,营养全面,身体自然就不会差;还有的家长,特别是家里有老人帮忙带孩子的家庭,他们不敢让孩子尽情地运动,就算孩子自己想出去活动,家长也看得紧紧的,不让孩子玩太长的时间,生怕孩子跌倒、碰撞到、累到。由于家长这些错误的认知,孩子也逐渐失去了对运动的兴趣。

【情境案例】

阳光明媚的日子里,孩子们每天都盼望着到操场上运动,他们喜欢跑步、跳绳、玩游戏。可是文弱的小彤总是提不起精神,

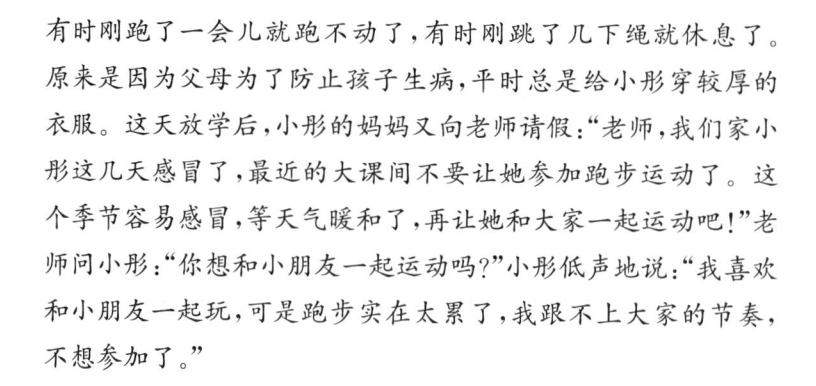

有时刚跑了一会儿就跑不动了,有时刚跳了几下绳就休息了。原来是因为父母为了防止孩子生病,平时总是给小彤穿较厚的衣服。这天放学后,小彤的妈妈又向老师请假:"老师,我们家小彤这几天感冒了,最近的大课间不要让她参加跑步运动了。这个季节容易感冒,等天气暖和了,再让她和大家一起运动吧!"老师问小彤:"你想和小朋友一起运动吗?"小彤低声地说:"我喜欢和小朋友一起玩,可是跑步实在太累了,我跟不上大家的节奏,不想参加了。"

【原因分析】

近年来,学生的身体健康问题越来越受到国家和社会的重视,我国中小学生的体质喜忧参半,喜的是青少年的身高有所增长,忧的是身体素质的一些指标持续下降,近视和肥胖的人数不断增加,"小眼镜"和"小胖墩"随处可见。另外一项针对中国城市儿童生活习惯的研究表明,在不喜欢运动的孩子中,他们的父母大多数也不喜欢运动。

【家长有话说】

我看别人家的孩子都挺健康活泼,而我们家的孩子总是生病。孩子上幼儿园时,三天两头感冒,一个学期请假的时间比上学的时间还多。现在上小学了,虽然孩子的身体素质稍微好了一些,但是和其他小朋友比起来差距还是很大,尤其在季节变换时,就更容易生病了,经常去医院,真的很头疼。自从孩子上次得了肺炎住院好长时间,爷爷、奶奶每次都会给他多穿几件衣服,生怕孩子"着凉"。周末我们想带他出去运动,爷爷、奶奶都会一再提醒不要玩得"太疯",容易感冒。现在,孩子每天回家还要读书、写作业,我们很少有时间带他出去运动。

孩子体弱多病,固然有先天的身体素质的原因,更多的原因可能来自后天的家庭教育。家长认为只要孩子不生病就是健康的,为了预防感冒把孩子裹得严严实实,不敢让孩子参加运动,甚至帮助孩子请病假。殊不知,"体育锻炼是增强少年儿童体质最有效的手段。现在生活条件好了,孩子们不是要吃得胖胖的,而是要长得壮壮的、练得棒棒的。体育锻炼要从小抓起,体育锻炼多一些,'小胖墩''小眼镜'就少一些。"[①]

【对策建议】

1. 更新观念,科学养育

生命在于运动。绝大多数父母都非常清楚运动与身体健康有着密切的关系。我国民众中广为流传着"每天锻炼一小时,健康工作五十年,幸福生活一辈子"的时髦话语;美国的孩子能入选学校体育队是家庭的荣耀;日本从幼儿园就开始"冬季耐寒训练";法国的体育测试成绩占高考成绩的1/10;新加坡初三的学生就要参加"荒岛求生"训练。2021年,教育部《关于进一步加强中小学生体质健康管理工作的通知》也明确提出,学生每天的校内和校外运动时间需要各达到一小时,在家庭里也要大力推广体育运动。家长不能因为孩子的身体素质差、经常生病等原因就不让孩子参加运动,这样不仅不能让孩子的身体素质得到提高,可能还会使孩子的抵抗力不断下降。

2. 坚持运动,鼓励陪伴

以身作则的父母是孩子最好的榜样,孩子有没有养成爱运动的习惯,在某种程度上取决于家长自身对体育运动的态度。调查显示,日常生活中缺乏体育运动的孩子,他们的父母大多数

---

① 争当德智体美劳全面发展的新时代好儿童[N].人民日报,2023-06-01.

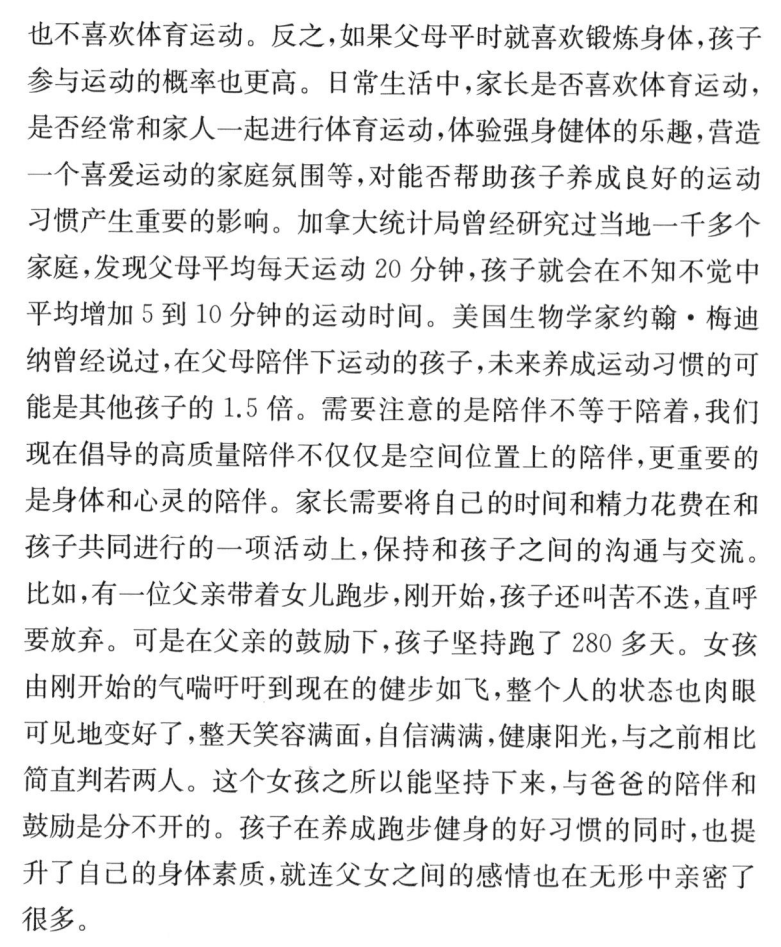

也不喜欢体育运动。反之，如果父母平时就喜欢锻炼身体，孩子参与运动的概率也更高。日常生活中，家长是否喜欢体育运动，是否经常和家人一起进行体育运动，体验强身健体的乐趣，营造一个喜爱运动的家庭氛围等，对能否帮助孩子养成良好的运动习惯产生重要的影响。加拿大统计局曾经研究过当地一千多个家庭，发现父母平均每天运动20分钟，孩子就会在不知不觉中平均增加5到10分钟的运动时间。美国生物学家约翰·梅迪纳曾经说过，在父母陪伴下运动的孩子，未来养成运动习惯的可能是其他孩子的1.5倍。需要注意的是陪伴不等于陪着，我们现在倡导的高质量陪伴不仅仅是空间位置上的陪伴，更重要的是身体和心灵的陪伴。家长需要将自己的时间和精力花费在和孩子共同进行的一项活动上，保持和孩子之间的沟通与交流。比如，有一位父亲带着女儿跑步，刚开始，孩子还叫苦不迭，直呼要放弃。可是在父亲的鼓励下，孩子坚持跑了280多天。女孩由刚开始的气喘吁吁到现在的健步如飞，整个人的状态也肉眼可见地变好了，整天笑容满面，自信满满，健康阳光，与之前相比简直判若两人。这个女孩之所以能坚持下来，与爸爸的陪伴和鼓励是分不开的。孩子在养成跑步健身的好习惯的同时，也提升了自己的身体素质，就连父女之间的感情也在无形中亲密了很多。

3. 隔代互学，共同成长

有很多父母由于工作忙碌，会把孩子交给祖辈照顾。老年人一般会担心孩子在体育运动中受伤，所以经常把孩子关在家里，不让他们出去玩。其实祖辈这一代人也有着他们自己的体育运动优势，我们要充分发挥祖辈的特长。首先，要充分信任祖辈，鼓励并放手让他们带孩子去运动；其次，还可以发挥祖辈的体育运动优势，让他们和孩子一起玩传统的体育项目，比如滚铁

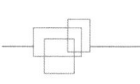

环、丢沙包、抖空竹、放风筝等；最后，我们还可以让孩子向祖辈展示或者教授一些在学校里学习的新兴体育运动项目。

二、运动调节情绪

孩子进入青春期后，就像一群精力充沛的"小野马"，有些孩子甚至会突然变得易怒、暴躁，这些变化的产生可能是由于家长忽视了孩子的心理需求。父母总喜欢把美好的希望寄托在子女身上，而很少关注孩子的实际需求和心理感受。孩子所面临的学业、人际交往、家长的高期望值等压力，都可能导致孩子心理负担过大。体育运动作为一种简单有效的解压方式，不仅能锻炼身体，还能调节情绪、缓解过重的精神压力。

【情境案例】

初一暑假过后，浩浩的爸爸发现孩子像变了一个人，脾气变得越来越大，越来越叛逆，成绩也是直线下降。现在的浩浩做什么事情都没有耐心，原本最喜欢的篮球运动也没法引起他的兴趣。周末或者放假，一直躲在自己的房间里看手机或者玩电脑。家长只要跟他提起学习，他就嫌烦，多说他一句就"抓狂"，看谁好像都不顺眼。周末，家长喊他出去跑跑步、散散心，他都不愿意。

【原因分析】

孩子成绩突然下降，做事情没有耐心，甚至像案例中的浩浩一样，原来喜欢的篮球运动都不愿意参加，很有可能是因为孩子在生活中感受到了压力、无助和孤独。此时的他们最需要得到他人，特别是父母的理解、支持和帮助，如果父母没有及时关注孩子的需求，仍然只关心学习成绩，并继续施加过多的压力，孩子就会产生抵触心理,进而越发叛逆。当孩子没有得到父母的理解和支持后,他们只能从手机等电子产品中寻求精神慰藉。我们应该思考,如何在尊重孩子的选择和需求的基础上,及时引导孩子选择更健康、更合适的运动方式来调节他们的情绪,缓解学习压力。

【家长有话说】

我们家儿子自从读了初二就变得有点叛逆。有一件事至今令我印象深刻。有一天,老师把他写的一封信发给我看,在信中他写了自己的叛逆和不懂事,还向我们道歉,并且说会做回自己,成为爸妈的骄傲。我看后非常感动,回到家就把这件事告诉了孩子的爸爸,他爸爸也非常欣慰,并且告诉儿子,从小到大,爸爸、妈妈也是以你为荣的,孩子听了爸爸的话有些激动。可是爸爸接下来的一句话让他立刻情绪崩溃。"你喜欢踢足球很好,但爸爸还是想跟你说一下,成绩是最主要的,你踢足球的时间应该要控制一下。"儿子哭着说:"踢球时能跟同学在一起,大家有说有笑,这是我最快乐的时候。你知道我在家里、在学校有多压抑吗?"当时,他爸爸很后悔说了这句话,我们瞬间也意识到孩子原来有这么大的心理压力。

科学研究发现,体育运动可以促进人体分泌内啡肽,它能有效提升情绪,减轻压力。同时,体育运动还可以刺激神经系统,释放血清素和多巴胺,这对于调节情绪、改善睡眠和提升精神状态具有积极的作用。中学阶段的孩子已经进入青春期,他们的精神世界更加丰富、敏感,同时也承受着比较大的心理压力。如果我们去观察一些爱运动的孩子,除了能够看到他们健康的体魄,同时还能感受到他们身上自然流淌的阳光与快乐。

【对策建议】

1. 运动缓解孩子的压力

研究表明,情绪不良和悲观抑郁是导致自杀倾向的重要因素,而经常参加体育运动可以有效抑制自杀行为的发生。英国斯诺克大师奥沙利文坚持长跑,该运动治好了他的中度抑郁。他说,跑步是他尝试过的最健康、最有效的治疗方法,通过坚持跑步,他比以前更加乐观,对自己的能力也更加有信心。一个不爱运动的孩子,一旦在生活中遇到不开心的事,再加上过重的学业压力,如果无法有效地进行排解,久而久之就会出现不爱与人交流的现象,严重的还可能会诱发心理疾病。根据不同孩子的心理特点,家长可以选择不同的运动方式:可以为内向的孩子选择充满竞争与团队合作精神的球类运动;攻击性强的孩子适合散步、太极、登山等缓解自我情绪的运动,它能让孩子浮躁的心安静下来。另外,家长还可以和孩子共同制订个性化的运动计划,并且做到定时、定量,有规律的运动比偶尔剧烈的运动更能有效减轻压力和焦虑。家长需要注意的是,开始新的运动计划时,务必确保运动的安全性,可以先从短时间、低强度的运动开始,然后再逐渐增加运动的时间和强度。

2. 运动磨炼孩子的意志

毛泽东在《体育之研究》中明确提出,"欲文明其精神,必先野蛮其体魄"的观点;北京大学原校长蔡元培说,"完全人格,首在体育"。现在很多中学生在学习生活中一旦对某件事情失去兴趣或者遇到困难,就会想尽各种办法逃避,这是缺乏意志力的表现。

现在,中学体能测试项目中就有1分钟跳绳、女生800米跑、男生1 000米跑,如果学生没有一定的耐力和毅力可能会坚持不下来。孩子的学习、生活以及未来的工作和体育运动一样,

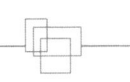

只有努力拼搏、奋勇向前、永不言弃,才能收获成功的喜悦。当孩子在学习和生活中出现懒散、没有耐心、缺乏意志力的时候,家长不妨尝试让孩子运动起来,通过运动磨炼孩子的意志,让他们快乐健康地成长。

3. 运动改善孩子的人际关系

体育运动,特别是团体性体育运动,是一种带有社会交往性质的活动方式。中学生身心飞速发展,他们更重视人际的交往,特别在意同伴对自己的评价。良好的人际关系不仅可以满足他们的社交需求,还能帮助他们找到归属感。特别是团体运动,孩子同他的队友或对手可以在合作与竞争中不断沟通和交流,分享成功的喜悦、失败的教训,从而收获美好的友谊。这些都可以很好地帮助孩子调节情绪,缓解压力。家长可以鼓励孩子多参加一些社区或者家庭之间的集体运动,例如,足球、篮球等。通过一次次的球赛,能够帮助孩子搭起沟通的桥梁。性格外向的孩子,可以通过运动满足其交往的需求;性格内向的孩子,则可通过运动敞开心扉,找到属于自己的朋友。

三、运动改善大脑

目前,虽然我国在体育强国建设方面已经取得了显著的成就,但是我们也发现体育运动与文化学习之间存在相互脱离的功利化倾向。一方面,受"应试教育"和"唯分数论"思想的影响,社会中还是存在"重智轻体"的现象。另一方面,在竞技运动人才的培养过程中,也存在着只重视体育训练,忽视文化学习的现象。这些不仅对青少年个体的健康和全面发展产生错误导向,同时也对国家竞技体育运动的高质量发展带来不利影响。

第二章　多彩生活　玩转成长

【情境案例】

　　小豪从小就是班级里的运动健将，跑步、篮球、足球样样"拿得出手"，他也经常活跃在校园的各种体育运动和比赛中，忙得不亦乐乎。高二下学期，他参加的篮球比赛获得了区一等奖。高三开学后不久，小豪参加的篮球队就被推荐到市里参加一项重要的比赛。这段时间，作为队长的他，每天放学后都要带领队友们进行训练。可是，小豪的妈妈不愿意让他继续参加比赛，因为她觉得现在小豪已经高三了，参加训练肯定会占用孩子的学习时间，作业也没时间写，这样下去肯定会影响孩子的考试成绩。于是小豪的妈妈直接找到班主任老师，强烈要求小豪退出本次比赛。

【原因分析】

　　案例中的孩子热爱体育运动，阳光健康。可是，在父母看来，这些运动爱好与考试成绩相比可有可无。小豪热爱篮球，而且即将代表学校参加比赛，这是一次很好的展示他个人能力和为学校争得荣誉的机会，但是妈妈在没有了解孩子意愿的前提下，单方面予以否定和回绝。虽然学生没有分数通过不了当前的高考，但如果只有分数，恐怕也赢不了未来的人生大考。分数不是教育的全部内容，更不是教育的根本目标。

【家长有话说】

　　我上学的时候非常喜欢体育运动。毕业后，参加工作，结婚生子，还是会时常冒出这样的想法：孩子学习时间宝贵，每天回来已经很晚了，如果再让他去运动，势必会影响他的学习。还记得孩子上小学的时候一度喜欢打乒乓球，每天放学后就和他的同学打乒乓球。我当时真的是很反对这件事，担心会分散他的注意力而影响学习,所以经常阻止他外出。现在,孩子上中学了,我也知道体育运动对于孩子的身心健康有很大好处,周末也想带孩子出去锻炼身体,但是当我看到孩子还有很多作业需要完成,也不想让他那么辛苦,就打消了这个念头。可能还是我对于体育运动的认识不够全面,认为体育运动可有可无,所以在家里也很少为孩子创造体育运动的环境与机会,也缺乏家庭运动的氛围。

体育运动不仅是我们保持身体健康的重要途径,更是促进大脑发育、实现全面发展的关键因素。体育运动可以激活我们大脑的神经元,增强大脑神经的连接,从而改善大脑、提升智力,促进孩子的全面发展。可是,在一些父母看来,体育运动与考试成绩相比可有可无,他们并不能正确地看待体育运动和学习之间的关系。家长既需要考虑现实情况,也需要重视孩子的全面发展,更需要倾听孩子自己的想法。

【对策建议】

1. 了解孩子的真实想法

有的孩子不爱体育运动,并不是因为体育运动本身,可能是因为其他原因。比如,童年的经历,学习的压力或者父母的不支持等。父母只有倾听孩子内心真实的想法,才能够帮助他们产生改变。父母对待孩子的体育运动,往往存在三种错误的态度:打压、嘲笑和否定。有的父母认为孩子的体育运动就是玩,一定会耽误学习。他们会对孩子说:"你天天出去打篮球有什么用?将来能靠这个吃饭吗?"有的父母如果自己有很好的运动能力,就会对孩子说:"我行,你怎么就不行?别人都可以,你怎么不可以?"还有一些父母,虽然自己不爱运动,但是对孩子要求很高,并简单粗暴地给孩子贴标签:"学习学不过别人,跑步也跑不过别人,你就是懒,没有一点毅力。"这样我们的孩子就会以逃避、拖延等消极的对抗方式来抵制父母对自己的伤害。父母的鼓励和支持才是孩子前进的动力,父母应该常鼓励和帮助孩子找到适合自己的运动方式,通过不断地鼓励和支持来强化他们的运动习惯。父母应该了解孩子的真实想法,尊重孩子的选择,当然也可以提出对于学习的建议,可以和孩子共同商量,寻求更好的办法,合理安排运动和学习的时间。

2. 正确处理运动和学习的关系

在很多家长的认知里,体育运动和学习是存在冲突的。他们认为,体育运动一定会挤占学习的时间,影响学习效率。国外一项关于奥运冠军的职业调查显示:女子赛艇冠军同时也是一名时装设计师;女子飞碟多项冠军从事的是农业保护工作;柔道冠军在大学学习的专业是文学。可见,体育运动并不妨碍个人的学业发展,体育运动和学习之间并不是"非此即彼、水火不容"的关系,而应该是"相辅相成、相互促进"。高中生面临升学,学业压力更大,家长需要帮助孩子正确处理体育运动和学习的关系。其实,体育运动既能锻炼身体,又能有效促进学习效率的提升。首先,家长应该把体育运动作为日常生活的重要组成部分,除了在学校参加大课间活动或者体育课,家长还要把体育运动纳入孩子的日常作息时间表。例如,家长可以利用工作日、周末或者假期的时间带着孩子进行有计划的体育运动,这样可以让孩子在紧张的学习之余得到充分的放松。其次,要注重培养孩子良好的生活习惯,只有保证孩子有充足的睡眠时间,第二天才有足够的精力投入学习。同时,家长还要确保孩子的合理膳食,保证营养均衡,这样既能保持身体健康,又能为学习提供充足的精力。

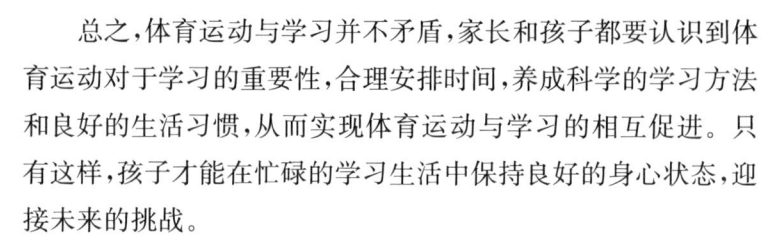

总之,体育运动与学习并不矛盾,家长和孩子都要认识到体育运动对于学习的重要性,合理安排时间,养成科学的学习方法和良好的生活习惯,从而实现体育运动与学习的相互促进。只有这样,孩子才能在忙碌的学习生活中保持良好的身心状态,迎接未来的挑战。

3. 运动提高学习专注度

哈佛大学著名医学专家约翰·瑞迪在《运动改造大脑》一书中提到这样一个经典案例:他对 120 万名 15 岁的男孩进行基本的素质测试,将有运动习惯的孩子和不运动的孩子分为两组,三年后再次进行相同的测试。研究结果发现了一个有意思的现象,坚持运动的那组男孩的智商明显要高于对照组。也就是说,体育锻炼带给孩子变化最大的其实并非只有体质,还有智力。他还发现,每天到校后先运动再上课的孩子,阅读理解的能力提高 17%[1]。可见,体育运动对记忆力、注意力和课堂行为都有积极的影响。所以,每天开始学习前,家长可以让孩子用半小时的时间去运动。这有助于孩子全神贯注地学习,使大脑也更容易处于最佳的学习状态。同样,对于一些活泼好动、精力旺盛的孩子来说,适当的体育运动也会帮助他们消耗过剩的精力,也能保持学习时的专注。

【拓展延伸】

1. 乾坤大挪移

一家人围成圈,每人手握一根直立的杆子。游戏开始时,每个人同时放开原本自己握住的杆子,并按顺时针或者逆时针方

---

[1] (美)约翰·瑞迪,(美)埃里克·哈格曼.运动改造大脑[M].浦溶,译.杭州:浙江人民出版社,2013:4.

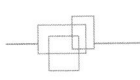

向快速移动位置,去接住旁边人的杆子。为了增强趣味性,可以播放背景音乐,听到音乐中的某个字(最好是出现频次比较多的字)时开始移动。

2.开展家庭运动

借助手机运动APP或者运动手表等现代技术手段,同孩子一起坚持跑步、跳绳、骑行等。家长可以帮助孩子制订运动计划,并根据记录的运动数据及时调整运动方案;还可以通过APP视频教程进行体能训练,如学习八段锦、武术等传统的体育运动项目。

第四节　假期陪伴有规划

假期是孩子们放松身心、培养兴趣爱好、提升综合素质的重要时间段,可是,很多家长在如何有效协助孩子利用好假期时间方面存在困惑。迫于升学的压力,孩子们在本该得到放松休息的假期却比上学还要累;本应该有大量时间可以自主安排的假期,孩子们却"一心躺平"只爱玩手机;本该可以增进亲子沟通的假期,家长和孩子却相看"两生厌"。因此,唯有科学规划,真情陪伴,才能提高孩子假期生活的质量和效率。

一、科学安排作息

合理的作息安排不仅可以帮助孩子养成良好的时间管理习惯,还能让孩子拥有一套有规律可循的生活方式。家长可以让他们在假期中做时间的主人,从而自觉地安排并完成自己的各项任务。

【情境案例】

　　今年暑假,浩浩的妈妈给孩子报了三门功课的辅导班。于是浩浩的暑假安排是:上午去辅导班,下午在家写作业。浩浩刚开始完成得不错,可听到其他小朋友在楼下的玩耍声,他总是会分神。每当这时,浩浩的妈妈都会板着脸说:"儿子,别发呆,专心写作业,你不比别人多学一点,成绩怎么能提高呢?"就这样,整个七月,浩浩在妈妈的安排下除了学习还是学习。然而,浩浩的状态越来越差,数学计算总出错,语文作业错字连篇,英语单词混淆不清。这一天,浩浩写作业时又发呆了,妈妈教训了他几句后,浩浩边流泪边喊:"别人放假了都能玩,成绩没我好的同学也能玩,只有我不能玩,我再也不想放假了。"

【原因分析】

　　浩浩出现的状况是由于过度学习而产生的压力导致的。尽管浩浩的妈妈希望孩子通过参加辅导班和大量练习来提高学习成绩的初衷是好的,但这种方法并不科学,也不符合孩子身心发展的规律。

　　首先,浩浩整个七月都在紧张的学习中度过,没有得到充分的休息和放松,这会使他的身心感到疲惫,从而影响学习效果。其次,过度的压力会对孩子的心理健康产生负面影响。浩浩的妈妈对儿子的期望和要求过高,忽视了孩子个体差异的重要性。每个孩子都有自己的学习节奏和兴趣,浩浩的妈妈却按照自己的想法来安排孩子的学习,没有考虑浩浩的实际需要,这会让浩浩感到自己无法自由发展,无处排解的压力会越来越大,这种压力不仅会影响他的学习,还可能导致他出现焦虑、抑郁等心理问题。孩子在成长的过程中需要与他人交流,而浩浩的整个暑假没有机会与同龄人一起玩耍和交流,这在一定程度上导致他心

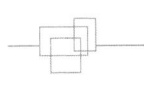

理状态的不佳。

浩浩的假期生活不是个案,它常见于中学生的假期生活中。严密的日程表,均衡各科的补习班、兴趣班,让孩子过上了比在学校还要紧张的生活,这看似丰富的假期生活,实际上只是家长脱离孩子身心发展规律的"一厢情愿",不合理的表象背后,反映出家长群体的焦虑。

【家长有话说】

我现在很后悔没有让孩子在一年级入学前多学点东西。幼儿园时,已经有很多同学在学英语、写字这些课程,我们觉得幼儿园时期不能给孩子太大压力,只让她学了自己一直感兴趣的舞蹈,日常听听故事,读读绘本。现在上了小学,我们感觉她落后别人一大截,孩子的识字量太少了,做题速度也慢,数学计算能力也差。一次家长开放日,老师上了一节数学课,提出的问题很多孩子不假思索就能说出答案,我女儿却一直坐在那里不愿意举手,事实上她在家背诵"分与合"的口诀时还是下了一番功夫的。我只好趁着假期里多给她补补课,做做题目,尽量少出去玩。

家长们的矛盾心情由来已久。"童话大王"郑渊洁在接受《人物》杂志采访时表示,孩子的压力都是父母造成的,如果某一个学校不给孩子留家庭作业,家长就不同意了,他们觉得如果别的学校留作业,升学的时候他们的孩子就会吃亏。家长把全部的希望都放在孩子的身上。随着2021年7月"双减"政策的落地,减轻学生过重作业和校外培训负担,也是减轻家庭教育支出和家长相应精力负担的有效途径。家长们应该转变思想,花费更多时间关注孩子的身心健康,注重孩子综合素质的提升。

【对策建议】

1. 正确认识劳逸结合

我们大脑的学习模式一般包括两种：专注或发散模式。专注模式就像激光笔，帮助我们内化新知识。当我们在解题的时候，它会在脑海中准确找到解题的思路。发散模式提供广阔的思维空间，有助于我们集思广益，创造性地解决问题。它就像是手电筒，照亮的范围更大，能让大脑在更广阔的范围搜索答案，发现盲点和新思路。假期中，针对孩子的学习安排，家长要能够结合大脑的这两种模式，将学习任务交叉安排。比如，数学和语文的交替进行，又或是在完成专注度要求较高的任务后，也要陪孩子下下棋、听听音乐等。这都能对大脑的工作模式进行有效调节，以便让孩子能够劳逸结合。另外，我们的大脑也有"回放"功能。人在休息和睡眠时，大脑有时仍在工作，如回顾以前的活动片段和学习内容。孩子有了充足的睡眠和休息后，他们的遗忘并没有家长想象的那么严重。这也解释了为什么有些学习弹奏钢琴的孩子，最初的反复练习也很难弹奏准和弦，待停止了一段时间的训练后，却在下一次练习中能准确地弹奏出来的原因。

这里需要强调的是，大脑的休息不仅仅是类似睡眠的静止修养活动，有时孩子的大脑感到疲累，是因为对目前正在进行的活动感到厌倦，此时他需要的是能够重新激发大脑兴奋的活动。俄罗斯著名心理生理学家谢切诺夫做过一个为了消除右手的疲劳的实验，他采取两种方式：一种是让两只手静止休息；另一种是在右手静止的同时让左手适当活动。然后在疲劳测量器上对右手的握力进行测试。结果表明，在左手活动的情况下，右手的疲劳消除得更快。这也从侧面证明，适当变换孩子的学习内容确实是一种积极的休息方式。例如，一个孩子星期五写了三个小时的习题，那么周末的时候最好让他去给盆栽剪枝或者打篮球，而不是睡懒觉。学习的疲惫主要来自"一成不变"的厌倦，所以最好的休息项目就是那些让孩子重新找到学习热情的活动。比如，孩子喜欢的运动、唱歌、旅行等，我们要用积极的休息取代消极的放纵。

2. 培养孩子自主探索

孩子进步的动力来自自我主动的探索和钻研。美国教育家西摩尔·派普特研究了孩子的学习方式以及如何更好地帮助他们。他将孩子与知识的关系分为三个阶段：第一阶段是孩子出生后的个人驱动学习，他们通过探索、触摸和玩耍来学习，不仅学习物与物的关系，也学习人与人的关系。此阶段父母的作用有限。第二阶段是孩子看到更广阔的世界后，从自主学习转向依赖他人的学习，从经验性学习转向符号学习。这个阶段的变化是创伤性的，很多孩子的学习能力在这个阶段受到阻碍，只有少数人"幸存"下来，因为他们学会了一些重要的技能，如阅读、使用图书馆和探索更广阔的世界。也就是说，他者在传授知识的过程中，往往忽视对于孩子学习方法的引导，只重视知识点的习得，这相当于我们所批判的"唯分数论"。家长让孩子去的补习班无非是对课本知识点的重复讲解或是提前讲解。对孩子而言，复现的确可以提高卷面分数，可是学习的能力并没有因此改善。第三阶段是"幸存"下来的孩子重新回到第一阶段，他们像第一阶段的孩子一样探索、实验，听从内心的驱动，依赖直觉和经验而不是符号。

我们通过对上述三个阶段的分析不难发现，好的学习模式最终会回归孩子的本心，唤醒他们对未知的持续探索。因此，我们不能仅是在假期给孩子塞满补习班，要先从孩子薄弱的知识点开始整理，巩固好基础，在基础过关的前提下，以学习活动的方式，串联一些假期的学习任务，可以将不同学科的任务融合起

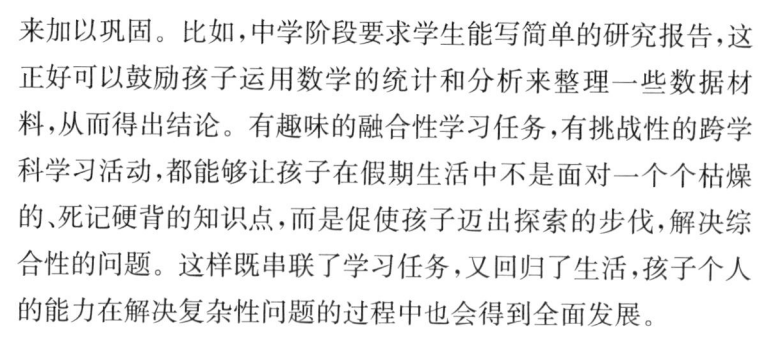

来加以巩固。比如，中学阶段要求学生能写简单的研究报告，这正好可以鼓励孩子运用数学的统计和分析来整理一些数据材料，从而得出结论。有趣味的融合性学习任务，有挑战性的跨学科学习活动，都能够让孩子在假期生活中不是面对一个个枯燥的、死记硬背的知识点，而是促使孩子迈出探索的步伐，解决综合性的问题。这样既串联了学习任务，又回归了生活，孩子个人的能力在解决复杂性问题的过程中也会得到全面发展。

3. 教会孩子科学安排

首先，需要家长深入了解孩子的兴趣爱好、特长以及学业水平。家长可以和孩子进行沟通，了解他们在假期里希望实现的目标，家长可以和孩子共同制订假期计划，将学习、娱乐、体育运动、休息等方面合理安排。家长要尊重孩子的意见，让孩子在假期生活中既能充实自己，又能享受快乐。我们需要注意引导孩子学会管理时间，通过设定合理的作息时间，使孩子的假期生活更加有序。如果假期的规划面临多种任务时，那么规划时切忌"一把乱抓"，想到什么就去做什么。孩子要先学会把所有的大任务都分解成小任务，精确到每天完成多少道题目，用多少分钟完成，专注眼前的小目标，这样做起来就容易多了。

其次，在假期生活中，要把学习和生活分隔开。孩子在家里之所以没有感受到学习氛围的原因，是因为潜意识里觉得家是休息的地方。家长可以把学习和生活分开，卧室只用来睡觉，学习时就去客厅或书房，学习的场所要避免一些干扰性的东西存在，比如零食、手机、玩具等。

二、开阔学习眼界

古人云，读万卷书，行万里路。"行万里路"放在现代教育的

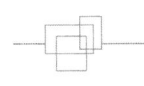

语境中，可以将其理解为形式丰富的社会实践。近年来，亲子游、假期研学愈发热门，在家长出钱、出力，花费诸多心思带孩子出门看世界的过程中，孩子并不是全都"买账"。我们经常会听到孩子的吐槽，"下次我再也不想出来了"。孩子宁愿在家里"躺平"，也不愿意出门。于是就出现了越来越多的"宅男""宅女"。

【情境案例】

期待已久的暑假终于到来了，一帆和同学们正在热聊自己的暑期计划。有的同学说："等我完成作业，我爸妈就要带我去桂林旅游。"一帆说："暑假出去玩气温很高，很多的景点都要排队，进去了就是拍两张照片，特别没意思，而且爸妈每次出去旅游都要冲我莫名其妙地发火，就连我说句好累，他们都很生气，还说下次再也不要带我出来了。说实话，我还真不想出去玩，'宅'在家写写作业，看看视频……比出去玩舒服多了。"

【原因分析】

我们认为带孩子出去玩，孩子一定都是很高兴的，实际上截然相反。一帆对待出去旅行的态度，显然是受到以往不太愉快的旅行经历的影响。这反映出父母虽是好意，但在规划旅行时忽视了孩子的情感体验需求。一帆说的"拍两张照片就走"的现象，也许没有那么夸张，但也说明"走马观花式"的旅游对孩子而言是没有吸引力的。初中阶段的孩子，大脑处在快速的变化和发展中，对新鲜事物的兴趣更加浓厚，丰富的实践活动或许更能够引起他们的兴趣。

孩子喜欢待在家里的休闲度假方式虽然和他们的性格有关，但是也反映了当前青少年业余生活的偏好。作为成长于移动互联网环境中的 代，他们可以通过手机等电子产品轻易地

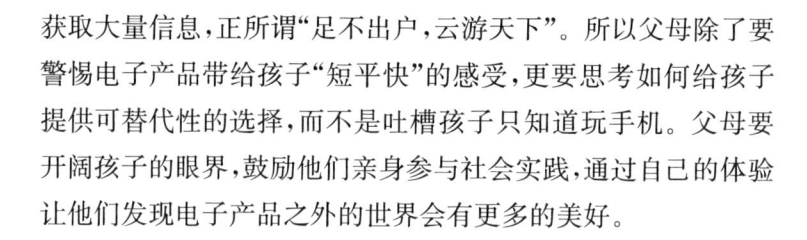

获取大量信息,正所谓"足不出户,云游天下"。所以父母除了要警惕电子产品带给孩子"短平快"的感受,更要思考如何给孩子提供可替代性的选择,而不是吐槽孩子只知道玩手机。父母要开阔孩子的眼界,鼓励他们亲身参与社会实践,通过自己的体验让他们发现电子产品之外的世界会有更多的美好。

【家长有话说】

我上周带孩子从西安旅游回来。出发前我就给自己做好了心理预设,心里想着这次出去一定不要吵架。我们坐上了高铁没多久,他开始玩手机,一会儿和同学聊天,一会儿听歌,忙个不停。第二天要开始赶行程了,他也在那边磨叽;我特地给同行的孩子找了讲解员,只有他听不进去;我问他学到了什么,他要么一问三不知,要么就说自己忘记了。我感觉自己的这些心血都付诸东流,再好的安排都不如他的手机。

家庭旅行是对亲子关系的一大考验。假期中父母和孩子相处的时间长,旅行时则更是形影不离,面对孩子的消极情绪,父母的引导能够影响后续的行程。如何正确调节消极的情绪,正是孩子要从生活实践中习得的技能,父母的言传身教,也恰好是孩子在书本上学不来的处世之道。当然,旅游并不完全等同于社会实践,孩子的喜好也会因人而异。我们帮助孩子开阔眼界的方法有很多,还需要家长和孩子一起去不断探讨。

【对策建议】

1. 提供给孩子选择机会

每到假期,各种各样的社会实践活动层出不穷,这都在提醒家长,除了学习还要开阔孩子的眼界。虽然每个孩子的性格不同,在假期中选择社会实践的方式也不一样,但是父母要了解孩子的喜好,激发孩子社会实践的动力,给予孩子选择的权利才是正确的做法。《中小学综合实践活动课程指导纲要》中明确指出,要注重引导学生在实践中学习,在探究、服务、制作、体验中学习、分析和解决现实问题。① 它具体包括以下四种方式:考察探究、社会服务、设计制作、职业体验。这些选择中,相信总有孩子感兴趣且适合他们的社会实践活动。

2. 拓展孩子的生活世界

当我们说到这个话题时,家长也许只会想到和孩子一起的长途旅行。事实上家长能够经常陪伴孩子拓展学习生活的时间很少,他们也有无法克服的困难,比如,没有这么长的假期等。如果父母能为孩子提供高质量的陪伴,那么孩子也可以拥有更宽广的生活边界,所以父母要在孩子的假期中放下手中的事情,陪伴孩子一起拥抱生活。特别是在当前"协同育人"的背景下,社区等公共场所会定期开展许多公益活动,涵盖的主题内容也十分丰富,一些博物馆也免费对外开放,家长和孩子一起探索世界的成本远没有我们想象的那样昂贵。如果是自行组织某项活动,父母就要精心安排活动的内容,要能带给孩子不一样的体验。活动结束后,也要针对活动的内容进行提炼和总结,重点关注孩子的体验和收获、突破与成长,让孩子通过总结,体验知行合一的快乐,为未来的发展提供更多的精神养料。

3. 共创孩子假期的"家庭圈"

假期是学生暂别学校的休整时间,除了和家人相处,孩子们也有交往和社会实践的需求。父母不妨和周围做得好的家庭携

---

① 刘博智.确保综合实践活动课程全面开设到位[J].小学教学(语文版),2017(12):17.

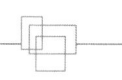

手,共同为孩子们创造一个和谐的成长环境。家长们可以互相分享育儿心得、教育理念,达到共同进步的目的。家长们除了带着孩子参与一些社会公益活动,也可以在"家庭圈"内自主组织实践活动,比如,户外运动、节日聚会、读书会等,共同度过一个充实而有意义的假期。这样的小团体活动不仅能够满足孩子们的社会实践需求,还能帮助他们建立良好的人际关系,培养团队合作精神。这种短期看不见效果的实践会指向孩子的全面发展和综合素养的提升,需要被家长们重视。小团体活动不仅能让孩子们度过一个充实、快乐的假期,也能让家长们在这个过程中得到成长与提升。

三、增强社会责任感

人们往往比较注重个人的利益,而忽视对于社会的贡献和责任。这种现象不仅存在于各行各业,也广泛存在于学生群体之中。现在的学生将是未来各行各业的从业者,假期是学生从学校暂时离开,投身于社会场域的绝佳时期,孩子只有充分地参与社会公益活动,才能获得更强烈的社会责任感,进而树立正确的价值观和人生观,所以家庭和学校要在其中发挥重要的引导作用。

【情境案例】

学校为了让学生能够度过一个丰富多彩的假期,除了学科的学习任务外,同时也策划了很多有趣、有意义的活动。文斌所在的中学和社区联动,推出了一些公益活动。比如,传承非遗文化、垃圾分类宣讲、社区公益清扫、传递温暖、关爱老人等。同学们的参与热情很高,纷纷在班级群内上传照片,留言感悟。文斌

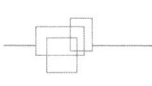

根据学校的推荐,也选择参与其中的几项活动。某个下午,他说要去社区参与公益清扫,父母以为至少需要半天时间才行,结果文斌半个小时后就回来了。父母询问其原因后才知道,文斌只是去服务点拍了张照片。文斌还说,这样做的不止他一个人,学校里很多同学都是为了完成任务,至于那些活动感悟,只要到网络上搜一搜就可以写出来。

【原因分析】

虽然文斌的行为存在问题,但是所反映出部分学生在参与学校和社会公益活动时的态度值得我们深思。学校策划这些活动的初衷是为了让学生在暑假期间的生活过得丰富多彩,并通过公益活动培养学生的社会责任感。像文斌这样的学生,未能真正理解和体悟这些活动的真正意义。

首先,文斌的行为反映出他对公益活动缺乏真正的理解。公益活动本应源自内心的热情和责任感,但文斌将其视为一种例行公事,甚至采取了敷衍的行为。这也使得他无法从活动中获得成长和收获,更无法树立正确的价值观。其次,文斌的行为也反映出他在面对任务和压力时的一种应对策略。作为高中生,学业压力和学科任务在假期中可能会更加繁重,他可能认为参与公益活动会占用他的时间,影响他做其他事情,因此选择了一种快捷的方式来完成任务。这种行为看似解决了问题,但从长期来看,不利于他的个人成长和发展。我们如何才能在保障学生学业的同时,引导他们正确看待公益活动,进而实现孩子的全面发展呢?

【家长有话说】

现在简直太夸张了,一到假期,孩子的学校里的任务"铺天盖地"，如果只是作业也就算了，关键是除了作业以外，还有各种各样、各层各级的活动任务。我的手机里给孩子下载的打卡平台和软件就有五个之多。而且孩子现在是中学生，学业任务本来就重，有限的假期时间再被这么多公益活动挤占，时间哪里够用呢？我们知道学校是为了素质教育，为了小孩成长，可是也要考虑实际情况吧！再说了，有些公益活动小孩根本不感兴趣，而且等到高考结束了，孩子再去参加这些公益活动也来得及，也同样是为社会做贡献了。

其实，大部分的家长有类似的言辞和态度，这可能与学校和社会对于公益活动的宣传和实施不足有关。如果学校和社会能够更加注重公益活动的宣教，让学生更加深入地了解公益活动的意义和价值，那么学生可能会更加积极地参与其中，而不是采取应付的态度。另外，学校在组织公益活动时也要考虑学校的评价机制和活动形式的创新，片面的评价方式和陈旧的组织形式也难以提起学生参与公益活动的兴趣，从而让大家容易忽视公益活动的意义。

【对策建议】

1. 理解公益活动的意义

孩子在参与公益活动的过程中，也获得了许多从书本中学不到的重要体验。孩子不仅能够深刻体会为他人、为社会作出贡献的意义，而且也会更加珍惜和尊重他人的劳动成果，愿意为社会进步和发展贡献自己的力量。当孩子能够在公益活动中发挥自己的作用时，他们也会感到自豪和满足。这种积极的情绪体验有助于提升他们的自信心和成就感，从而更加积极地面对学习和生活。父母可以通过分享自己参与过的公益活动，现身说法,用真情实感打动孩子。也可以和孩子一起观看公益纪录片,聆听、了解他人对公益活动的看法,了解公益活动对助人者和被帮扶对象的作用,同孩子一起认识公益活动对于他人和社会的重要意义,进而理解自己作为公民应该承担的社会责任,让孩子从内心深处产生对公益活动的认同感。

2. 寻求公益活动的机会

如果孩子平时对公益活动的内容不是特别了解,那么父母可以有意识地关注社区或学校的公益活动信息,并结合自家孩子的兴趣、特长,向孩子推荐一些公益活动项目。关于公益活动的信息搜集,我们除了被动等待社区和学校的通知,还可以主动利用网络平台多方面了解,比如,查询公益组织的官方公众号等。父母有必要深入了解不同项目活动的形式和要求,对照标准为孩子进一步筛选适合的公益活动,避免不切实际、流于表面的做法。父母在力所能及的范围内,给孩子提供可靠的保障,如交通、物资等,可以为孩子提供必要的支持和帮助,确保他们能够顺利参与活动。对孩子而言,精神鼓励会比物质保障更受欢迎,不管孩子是第几次参与公益活动,父母的鼓励和赞扬都会是他们持续前进的动力。如果能将参与公益活动纳入家庭公约的奖励项目并严格践行,那也是很好的激励手段。

3. 培养公益活动的习惯

如果家长具有社会责任心,那么孩子自然也会朝着这个方向发展。也就是说,家长能够通过自己的行动来影响和感染孩子。通过家长的示范和引领,孩子会更加理解和认同公益活动的意义,从而积极地参与其中。家长不妨将一些公益活动纳入孩子的假期计划,鼓励孩子积极参与。事实上很多的公益活动也面向家庭开放并鼓励家庭成员一起参与。公益活动的形式远比我们想象的丰富,比如,去超市购买物品时选择助农产品,捐寄家中闲置的书本、衣物……因此，家长将公益融入生活，更能潜移默化地培养孩子的公益习惯。此外，家长可以在参与中观察孩子的表现，并给予其及时的反馈，与孩子一起回顾活动的过程，分享彼此的收获，鼓励孩子继续努力。同时，家长也要对孩子在活动中的不足之处进行指导，帮助他们不断改进和提升自己的方法与能力，引导孩子关注社会热点，关心社区生活，关爱身边的弱势群体，甚至可以自主发起一些公益活动。

【拓展延伸】

1. 家庭出行计划表

日期		游玩	吃	住
	上午			
	下午			
	上午			
	下午			

类别	必备物品清单
重要	
服饰	
日用品	
天气情况	

2. 寻找家庭教育同盟

家长可以开展一些不同家庭间的活动，活动的内容既要适合孩子，也要适合家长，组织的活动要注意互动性。比如，亲子篮球赛、羽毛球赛等，这可以快速拉近不同家庭间的距离。家庭

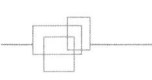

活动还可以常态化,比如每月一次的读书会,或是每月一次的公益活动,可以把计划落实到不同的假期中,坚持不懈地开展并争取系列化。

第五节　财商教育要趁早

我们应该帮助孩子建立正确的金钱观,而且是从小开始,不要因为孩子年龄小就给予过度的保护,剥夺他们的锻炼机会,因为这也许就错过了孩子启蒙财商的黄金阶段。德国教育家默克尔说,金钱教育是人生的必修课,是儿童教育的重心,就如同金钱是家庭的重心一样。孩子如何看待以及使用零花钱,这看似是件小事情,实际上却隐藏着大智慧。

一、明辨金钱的作用

什么是财商呢？它是指一个人在个人投资、理财方面的智慧和能力指数,也指个人认知、管理和创造财富的能力。财商也可以概括为两方面的能力:一是创造财富及认识财富规律的能力(即价值观);二是驾驭及应用财富的能力。

【情境案例】

媛媛从小备受呵护,爸爸、妈妈舍不得让她做家里的任何事情。渐渐地,媛媛变得娇气任性。爸爸、妈妈觉得媛媛已经上小学了,不能再这么娇惯下去,要学会关心父母,于是便和媛媛商量,自己的事情自己做,如果能帮大人做些事,还会得到奖励。比如,洗一次碗可以奖励十元钱。媛媛很乐意,并在接下来的日

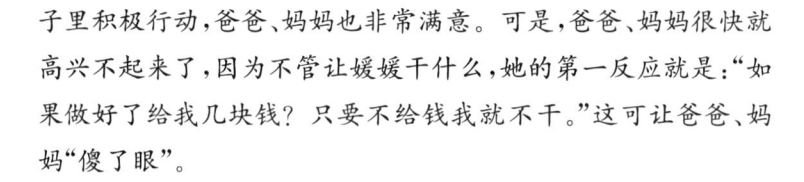

子里积极行动,爸爸、妈妈也非常满意。可是,爸爸、妈妈很快就高兴不起来了,因为不管让媛媛干什么,她的第一反应就是:"如果做好了给我几块钱?只要不给钱我就不干。"这可让爸爸、妈妈"傻了眼"。

【原因分析】

案例中家长的本意是想培养孩子的自理能力并让她学会关心他人,却将孩子的品德培养和金钱画上了等号,自然会出现问题。从心理学上来说,4—6岁的孩子会萌生对金钱最初的看法。他们可以使用金钱去换取自己喜欢的东西,这样会令自己高兴。

家长首先要认识到,不能因为怕出问题就不给孩子接触金钱的机会,要用科学的金钱观,从小培养孩子的财商。美国著名投资家罗伯特·清崎曾说过这样一段话,如果你不教孩子金钱的知识,将来会有其他人取代你教训孩子,这个人是谁?也许是债主,也许是奸商,也许是警察,也许是骗子。

【家长有话说】

我认为孩子的日常表现不应该用金钱来衡量。为了提高孩子的成绩,我曾经跟孩子允诺过一系列金钱奖励,比如期末考试,三门学科都考90分以上,就奖励100元。开始用这个办法确实可以提高孩子的积极性,学习成绩也有所提高,但是很快我就后悔了,因为孩子做什么事都来跟我讲条件,都要用钱来交换,没钱就不做。其实,孩子是家里的"一份子",很多事情本来就是他应该做的,由于我们教育不当,平时过于溺爱,导致孩子自理能力较低,还养成了惰性,因此就出现了用钱和孩子买劳动、买成绩的情况。用钱奖励只有短期效应,不可能长久。如果我们想要孩子自觉学习、自觉劳动,就应该从平时做起,才能培养孩子自理自立的好习惯。

英国教育家约翰·洛克的《教育漫画》里有这么一段话:"看到他念了书,就用美珠酬劳他;要他做一些小事,就允诺给他织镶有花边的领子和漂亮的衣服。你给予的这种报酬和奖励,不就是认为这些东西是好的,是他应该追求的,从而鼓励他去向往这些东西,使他习惯于把自己的快乐放在这些东西上面吗?"[1]洛克认为,父母不应该用儿童心爱的事物去奖励儿童,去讨取儿童的欢心。如果孩子所有的行为都用金钱来衡量,那么我们就相当于在无形中告诉孩子,他们应该花费大量的精力来追求自己想要的物质,从而忽略最为宝贵的知识。

【对策建议】

1. 明晰界限

虽然有些家长喜欢用金钱来作为孩子做家务的奖励,但是他们不会采用单纯的物质交换方式,他们会将家务分为"付费内容"和"非付费内容"。对于孩子个人力所能及的小事,家长是不会支付报酬的,而一些比较辛苦的,为所有家庭成员提供的服务,比如给院子除草、清洗汽车等,才会付给少量的零花钱作为奖励。所以,我们在用钱奖励孩子的时候,针对不同的情况也要区别对待。孩子作为家庭的一员,完成家里的一些小事,比如倒垃圾、晒鞋子、叠被子等,我们要告诉孩子,这是他们的责任,不应该和金钱挂钩。家长可以和孩子共同商议,结合年龄段,明晰

---

[1] (英)约翰·洛克.教育漫话[M].徐诚,杨汉麟,译.石家庄:河北人民出版社,1998:11.

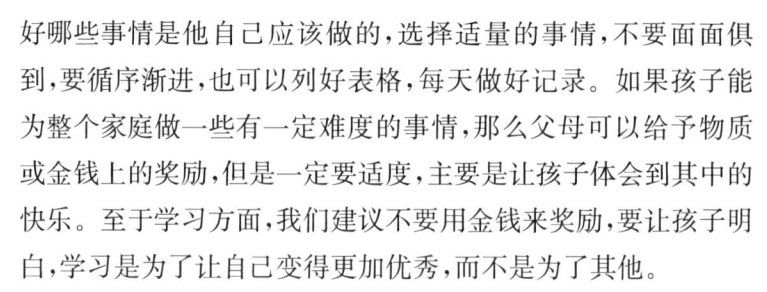

好哪些事情是他自己应该做的,选择适量的事情,不要面面俱到,要循序渐进,也可以列好表格,每天做好记录。如果孩子能为整个家庭做一些有一定难度的事情,那么父母可以给予物质或金钱上的奖励,但是一定要适度,主要是让孩子体会到其中的快乐。至于学习方面,我们建议不要用金钱来奖励,要让孩子明白,学习是为了让自己变得更加优秀,而不是为了其他。

2. 用心表扬

人生不仅是一场物质的盛宴,也是一场精神的淬炼。这样我们才会有心灵的满足与灵魂的归属,以及生命得以延续所带来的喜悦。家长给予孩子更多的可能是物质上的奖励,而来自精神的奖励似乎总不能很好地激发孩子的积极性,其实问题就出在"表扬"上。当孩子完成一件事情,我们经常只是一句简单的口头表扬,"你真棒!"久而久之,孩子对于这样的"空头表扬"肯定是不在乎的,孩子到底"棒"在什么地方需要我们讲清楚。我们可以说,你能主动收拾自己的书桌,说明你知道整洁的桌面可以帮助自己更好地投入学习;你能把袜子洗干净,看来你已经掌握了洗东西的诀窍……以此类推。所以,表扬孩子需要"用心"才行,孩子正是在家长用心的表扬中,才明白做这些事情的意义,自然就不会需要物质或金钱的奖励。用心表扬不仅培养了孩子的自信心,也让他们学会了如何才能养成认真学习和做事的习惯。

3. 善加引导

孩子在做事的过程中,可能会出现一些想放弃、谈条件、讨价还价的情况。当孩子产生这些畏难情绪时,家长不要生气发怒,更不用急于批评指责孩子。家长要学会不失时机地加以引导,平复孩子的情绪,使其回归到正确的轨道上来。有时候,家长与其绞尽脑汁地挖掘素材来教育孩子,还不如利用好身边的

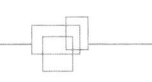

这些"麻烦事"。日常生活中,我们可以告诉孩子,坚持不懈是对一个人的韧性的考验,无论什么人要想取得成功都离不开自己的坚持;我们还可以告诉孩子赚钱是很辛苦的,不仅是体力、时间的问题,还需要学会忍耐,学会按要求完成工作,学会规划时间,学会克制欲望,学会和他人交流,学会珍惜他人的劳动成果……如果家长能关注到这些问题,并且施以耐心,对孩子的社会化成长无疑是很有帮助的。

二、管好自己的"钱袋子"

日常生活中,我们总会对孩子说,脑子是越用越聪明的,以此来告诫孩子凡事要多思考。在孩子使用零花钱的问题上,道理也是相通的。如果我们不曾给过孩子锻炼的机会,那么当他们第一次面对与金钱有关的问题时,不知道如何解决才是孩子正常的表现。

【情境案例】

寒假开学后,小李用自己的压岁钱偷偷买了一部苹果手机,为此和父母闹了好几天。父母认为,家境也不是非常富裕,使用苹果手机很浪费,而且又担心孩子玩手机会上瘾。小李振振有词地说:"压岁钱是给我的,我有支配的权利,想怎么花就怎么花,父母无权干涉。况且,原来的手机上网速度太慢,所以就换了手机。"

【原因分析】

现在的孩子显得更有主见,尤其是进入中学以后,自我意识逐渐增强。他们认为所有的事情理所当然应该由自己来决定,他们不仅不愿听取父母的建议，甚至会故意同父母作对。随着生活水平的不断提高，很多孩子对物质的需求也在提高。同时，很多中学生还会很在意自己的外形，希望得到同伴的羡慕与赞赏，他们觉得用钱来"提升"自己最便捷，也"显而易见"。他们不会去思考，钱是父母辛苦赚来的，更不会去思考由这种满足所带来的影响。

案例中的小李对金钱表达出强烈的"自我支配"意识，对压岁钱的使用"振振有词"，对于父母的"苦衷"不予理睬，值得我们深思。一方面，孩子拥有的钱是否来得太容易了。逢年过节时的压岁钱本是一种传统习俗，寄托长辈对晚辈的祝福，现在却成了孩子"赚钱"的大好时机，长辈们但凡给少了，还会招致孩子的不满；另一方面，对于"轻而易举"得来的钱，家长是否引导过孩子怎样管理好"钱袋子"。通常情况下，当孩子年龄较小时，他们的"收入"要么"上交"父母，要么存起来。可是一旦等孩子长大了，开始要求自己来支配压岁钱时，由于家长没有教过孩子如何正确使用金钱，出现案例中小李这样的做法就不足为奇了。类似小李这样的孩子还有很多，有的孩子甚至拿着父母的钱去买游戏装备、打赏主播……做出各种匪夷所思的事却完全不在乎。我们可以预想，这样的家庭在孩子的金钱使用方面是缺乏早期的教育引导的。

【家长有话说】

我家女儿是跟老人住在一起的，只要她需要什么，爷爷、奶奶就会买回来，她对钱也没什么概念。她升入五年级后，有一天回家突然跟我说，班里其他同学都有零花钱，只有她一个人没有，希望自己也可以有零花钱。我想着孩子大了，适当给一些零花钱也是可以的，就答应了她，并协商好每周给她10元钱，结果给过后的第二天她就花掉了。我问她钱是怎么花的,她支支吾吾,一会儿说买了笔,又说买了零食,还有一部分借给了同学,反正就是说不清钱花到哪里去了。我气不打一处来,把女儿教训了一顿。事后,我跟班主任做了沟通,希望班主任能帮我一起教育孩子,经过我和老师的一番谈话后才发现,我从来没有教过女儿如何花钱,她当然会弄得一团糟。该教她用筷子吃饭的时候,觉得用调羹也没什么不好,看到她拿不稳筷子就责怪她"不能干";该教她使用零花钱的时候,想着有爷爷、奶奶照顾很省事,看她乱花钱又责怪她"不听话"……想到我对女儿的恶劣态度,心里很不是滋味。

父母不能为了图省事,或是认为孩子大了自然会知道、会懂得、会明白,就不去引导孩子如何使用金钱,也不要因为怕孩子乱花钱,担心孩子上当受骗而错失了财商教育时机。树立正确的金钱观对孩子未来的人生发展将会产生深远的影响。

【对策建议】

1. 让零花钱走进孩子的生活

有的家长会问,什么时候可以开始给孩子零花钱?其实没有严格的规定在什么年龄段适合给孩子零花钱。一般在幼年阶段,孩子想要什么,家长认为合理的,就会直接买给孩子,孩子也不会有希望自己支配零花钱的要求。到了小学,孩子对于钱的概念会逐步清晰,在数学学科中就有专门的教学内容帮助孩子了解人民币。尤其到了中高年级,很多孩子开始期望有零花钱并会跟父母提出希望能够自己支配的愿望,这是很正常的。此时,我们可以就"零花钱"这件事跟孩子开展一次家庭会议,协商关于零花钱的获得方式、数额、用途等事宜,形成约定并严格执行。

2. 让孩子知道零花钱的去向

家长要教会孩子记录自己每一笔钱的收入和支出,这可以很好地帮助孩子明晰金钱的流向。他们会看到自己哪些支出是没必要的,哪些支出是必需的,学会合理地按需使用,就像家长要将收入合理分配是一样的道理。现在出现的那些"月光族",甚至是超前消费、透支消费、贷款消费等情况,大都存在不会合理分配金钱的问题。需要提醒的是,孩子刚开始记账时会有新鲜感,过了一段时间可能会嫌麻烦而不肯记录,这时家长需要跟孩子做好沟通,讲清楚记账的目的是什么,如果孩子已经能够规划好自己的零花钱,那就没有必要强迫其记账。另外,家长还可以带孩子一起去银行,以孩子的名字单独设立一个账户,让孩子自己管理钱款。家长只有帮助孩子把自己的零花钱管起来,明确知道金钱的"来龙去脉",才能培养孩子正确的消费观。

3. 让孩子了解家庭收支情况

美国作家罗恩·利伯讲过这样一个故事,他的朋友看到自己的孩子乱花钱后,就去了趟银行,把当月薪水全换成一美元纸币,装在一个大袋子里带回家。他把钱整齐地放在桌子上,再一摞摞拿起来讲解这些钱是怎么赚来的,将要用于家庭何种开销,如果滥用会给家庭成员的生活造成什么样的影响……孩子听得十分认真,从此再也不乱花钱了。很多家长不会将家庭的收支情况告诉孩子,他们一般会认为没必要,导致很多孩子并不了解自己家庭的收支情况。我们建议父母告诉孩子家里的收入都是怎么分配的,也让孩子适当参与家庭的支出规划,这样孩子自然不会无理取闹。比如,孩子看到自己喜欢的东西非要买,家长也不必因此呵斥或打骂孩子来制止他们的无理要求。我们不用担心孩子在了解家庭收支后,可能会因为家境不够富裕而自卑,让孩子知道父母赚钱的不易,养家、养育儿女的艰辛,才能更好地

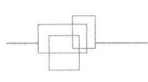

引导孩子学会理财,懂得量力而行,生活一样可以幸福美满。

三、树立正确金钱观

现在人民的生活水平越来越高,大家也都期盼更好的物质生活条件,这是人之常情。俗话说,君子爱财,取之有道。这说来轻松,做起来却并不容易。

【情境案例】

学校每年都会有"跳蚤市场",每个班级拥有一个摊位进行销售,义卖品都是学生自愿捐出的,通过义卖募集善款。今年,小吴同学成了同学们议论的对象。原来,他把买来的东西再加价卖给同学,以此赚取差价。一来二去,他不仅买到了几样东西,还赚了20元钱。有同学向班主任反映了这一情况,批评小吴没有爱心,还说小吴是在骗钱,建议小吴把"非法所得"全部捐出去。班主任很为难,因为小吴为此次义卖已经捐过玩具,而且他的"收入"完全是在双方自愿的情况下获得的。

【原因分析】

随着"财商教育"的深入人心,越来越多的家长开始有意识地关注孩子这方面的发展。近年来,时常会有学生把生意做到校园中的情况,这类事件一旦发生,也总是伴有截然不同的观点。赞同的一方表示,孩子早点接触这些事情能帮助他们更好地适应社会,这也说明孩子很聪明、有能力;反对的一方则表示,学校是孩子学习玩耍的地方,不该让孩子太早接触成人的世界。

我们很难评判校园中的"生意"的对与错,因为学生毕竟是未成年人,他们的价值观、是非观还未成熟。就案例中的小吴来

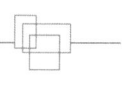

说,他懂得低价买入,再以高价卖出从中赚取差价,说明孩子能将数学知识运用到现实生活中来。但我们同时也需要引导孩子,指出学校开展的是"义卖"活动,是要将善款募集起来捐赠给需要帮助的人,这种赚钱的做法违背了活动的初衷。

【家长有话说】

女儿读高二时转入一所寄宿学校就读,周末回家时,我问她过得怎么样?她很开心地说,这周她挣了35块钱。我很好奇,便问她怎么回事。她告诉我说,学校食堂的饭卡要用现金才能充值,有的同学想把用不完的现金转到支付宝或微信里用于网购,于是她收取同学的现金,把自己手机上的钱转给同学,转一百赚5块钱,还表示后面"生意"一定会越来越好。我们从小就注重培养女儿管理好自己的零花钱的能力,她也确实从没出现过什么状况,听她跟我说完这事,我也觉得没什么关系,哪里有需求哪里就有市场,女儿从小就有生意头脑,将来走上社会也不会吃亏,我也没有说什么,只是提醒她不要主动招揽同学,双方自愿才行。这事过去两个多月后,麻烦就找上门了,不断有家长说我不教孩子学好,小小年纪竟然会诈骗,给孩子吃饭的钱让我女儿这么一转,都拿去网购了,饭也不能好好吃了……我竟然百口莫辩。

家长要想帮助孩子树立正确的"金钱观",就一定要关注钱款的来源,或者说赚钱的方式。如果是以牺牲他人的利益等方式从中获得利益,或是违反相关法规等,面对钱财的诱惑,经受不起考验,进而不择手段、铤而走险,那是要付出惨痛代价的。我们需要帮助孩子明白"君子爱财、取之有道"的道理,这是我们每一个人做人、做事的底线。如果认为孩子小,不懂其中的利害关系,更是需要家长引导孩子明白"勿以恶小而为之"的道理。

【对策建议】

1. 参与家庭理财

现在很多家长都会利用孩子的课余时间让他们完整地经历一次"挣钱"的过程,摆摊也好,流动叫卖也罢,不拘形式,这是一种很好的社会实践体验。值得关注的是,如果这种体验是一次性、走过场、跟风式的,那么我们很难想象孩子会通过这种实践就能树立起正确的金钱观。另外,脱离孩子生活实际的体验也会让效果大打折扣。最简单的方法就是让孩子参与家庭理财。比如,可以引导孩子思考,除去家庭成员正常的工作收入,还有哪些方法可以提高家庭整体收入?额外收入要从哪里来?这些问题可以很好地催生孩子的理财意识。不要认为孩子年龄小就不懂,他们往往可以打破常规思维,给出很好的建议。当然,理财要合法合规,学会明辨是非,这样能够很好地帮助孩子树立正确的金钱观。

2. 担当社会责任

小学二年级《语文》中有一篇课文叫《千人糕》,说的是爸爸给孩子讲述"千人糕"的制作过程,让孩子明白了一块平平常常的糕点也是要经过很多人的劳动才能走进千家万户的餐桌。我们也需要帮助孩子明白"取之于民、用之于民"的道理。我们管理孩子的零用钱,除了"零用、储蓄"外,还应该有一项内容,那就是"捐赠"。我们可以跟孩子共同选择一个援助对象,了解被捐赠方的需求,贡献自己可以提供的帮助,如果条件允许,还可以带着孩子将捐款亲自送到被捐赠方的手里。如果孩子从小就有对社会的责任担当,遇事自然就不会"唯利是图"。

3. 提高防范意识

近年来各种网络诈骗手段层出不穷,让大家防不胜防。犯罪分子为什么能够屡屡得手,这其中的原因比较复杂。但是不可否认的是,有很多损失是骗子利用我们贪图小便宜的心理,把"小恩小惠"当作诱饵。受骗者认为"天上掉下了馅饼",结果钱财被骗走还不自知,我们成年人尚且如此,更何况是缺乏生活阅历的未成年人。我们要怎样帮助孩子提高防范意识呢？首先,要告诉孩子不能有"贪便宜"的心理,多一点思考,多跟家长商议。其次,随着网络的普及,支付方式的转变,人们在手机端轻轻一点,就能完成一笔交易。这提醒我们,孩子在使用手机支付的时候需要有一定的限制,不要捆绑银行卡,设置好支付额度。最后,还要防范"网贷"这一类型的诈骗。很多犯罪分子利用未成年人防范意识薄弱、甄别能力不强的特点,用未成年人喜欢的诸如"购买游戏装备"这样的诱饵,诱骗他们"借贷",导致财产损失。这就要求家长关注孩子日常的生活是否存在"集中花销"的现象,或是经常有较大数额消费的欲望和习惯,家长要提醒孩子提高此类诈骗的防范意识。时代在进步,诈骗手段也在翻新,我们也需要与时俱进,了解各种诈骗手段的同时,也要跟孩子讲清楚其中的利害关系,告诉他们损人不利己、违法犯罪的事情绝对不能做。

【拓展延伸】

1. 设计记账本

记账本中要有记录收支明细的列表,包括时间、项目、数额。还可以按时间显示出阶段性收支总额并使用不同颜色的笔做记录,方便我们在查找时更加清晰明了。最后,添加一项"备注"栏,记录一些特殊情况。总之,可以根据自己的需求进行设计,但是不要过于复杂,能坚持记录最重要。家长不仅要督促孩子做好记录,还要跟孩子一起进行阶段性的分析、总结。

2. 参与家庭理财

初高中后,可以让孩子参与家庭理财计划。家长让孩子从了解理财项目开始,搜集资料并加以比对,思考哪些理财项目适合自己的家庭。与此同时,家长也需要将自己的理财计划和孩子分享,既要符合家庭实际情况,也不能违法违规。家长还可以将成功或失败的理财案例进行剖析,告诉孩子如何提高警惕,避免财产损失,这样可以很好地锻炼孩子的"财商"。

第三章
温馨家庭 助力成长

家庭是社会的基本"细胞",是国家发展、民族进步、社会和谐的重要基础。家庭对于孩子来说,就像土壤对于种子一样,是孩子"生根发芽、汲取养分"的地方,是孩子梦想起航的地方,也是培养时代新人的关键环节。温馨的家庭可以让孩子感受到安全和温暖,成为孩子心灵的避风港,助力孩子健康成长。亲子沟通,也是家庭生活中不可或缺的,其重要性不言而喻,它不仅是父母与孩子之间情感交流的桥梁,更是塑造孩子健康性格、培养良好习惯的基石。在这个日新月异、"信息爆炸"的时代,亲子沟通的功用愈发明显。

第一节 亲子互动有密码

家庭是人生的第一所学校,家长是孩子的第一任老师,家长和家庭在未成年人的健康成长过程中发挥着不可替代的作用。父母与子女之间通过情感的沟通与交流,可以增强彼此间的联系,有助于日常问题的解决。通过亲子沟通,父母与子女之间彼此了解,从而建立良好的亲子关系。亲子沟通是家庭生活的一项重要内容,父母教育子女的最基本形式就是与孩子进行沟通。亲子沟通是家庭教育的基础,也是实施家庭教育的重要途径,亲

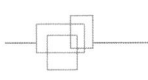

子沟通的质量直接影响家庭教育的效果。

一、亲子沟通的意义

首先,亲子沟通有助于增进父母与孩子之间的情感。在日常生活中,父母通过与孩子分享生活经历,倾听孩子的想法和感受,能够让孩子感受到家庭的温暖和关爱。这种情感的交流不仅让孩子在成长过程中充满安全感,还能够激发孩子的自信心和自尊心,帮助孩子形成健康的人格。

其次,亲子沟通有助于促进孩子的全面发展。通过与孩子的沟通,父母可以了解孩子的兴趣爱好、特长和潜能,从而有针对性地对孩子进行培养。此外,亲子沟通还能够激发孩子的求知欲和创造力,让孩子在轻松愉快的氛围中健康成长。

再次,亲子沟通有助于预防并化解家庭矛盾。在家庭生活中,难免会出现一些矛盾,父母通过有效的亲子沟通可以及时发现并了解孩子的困惑和不满,从而采取有效的措施进行化解。这样不仅能够避免矛盾的升级,还能够增进家庭成员之间的理解和信任,维护家庭的和谐稳定。

最后,亲子沟通有助于培养孩子的社交能力。在亲子沟通的过程中,孩子可以学会如何表达自己的观点,倾听他人的意见,尊重他人的感受,这些都是社交能力的重要体现。具备良好的社交能力,不仅有助于孩子在学校和社会中建立良好的人际关系,还能够让孩子在未来的生活中更加从容自信。

二、亲子沟通的现状

随着我国经济的快速发展,社会发生了巨大的变化,未成年人面对急剧的社会变化更容易产生心理困惑,加之国家放开独生子女政策,多孩家庭数量逐步上升,这都给家庭教育带来新的挑战。

其一,亲子沟通的时间和频次不够。很多家长有了沟通需求时才会进行亲子沟通,也存在有些家长忙于工作,几乎不与孩子进行沟通的现象,这会导致孩子与父母之间产生距离感和陌生感。

其二,亲子沟通缺乏情感共鸣。亲子之间的沟通主要聚焦在孩子的学业表现和行为规范上,孩子的心理情感层面的交流却相对匮乏。这样的沟通内容常常显得单调而缺乏深度,没有针对性,甚至有时孩子都觉得索然无味。父母在沟通方式上,由于受传统教育观念的影响,往往采取单向的沟通模式,即"父母说,孩子听"。在这种模式下,父母可能会以教育者的身份自居,将自己的观点强加给孩子,忽略孩子的真实感受。

其三,亲子沟通缺乏必要的方法。父母没有掌握亲子沟通的方法,亲子沟通缺乏科学性。家长在家庭教育中面临的最大困难就是不知道用什么方法教育孩子,而且缺乏有效的沟通技巧。我们通常把沟通分为语言沟通和非语言沟通。生活中的很多家长把语言沟通当作与孩子沟通的主要方式,他们一味说教,讲大道理,这会让孩子觉得过于唠叨。家长有时在亲子沟通中即使出现非语言沟通,如面部表情、肢体动作等,也处处体现出父母的不满情绪或权威形象。同时,孩子会觉得父母的沟通态度不够平等、真诚,这容易引发孩子的逆反心里,最终导致孩子不愿与父母沟通。

其四,亲子沟通中父亲角色的缺位。父母在教养孩子的过程中所扮演的角色不同,与孩子沟通的内容、方式也存在差异。现实生活中,母亲在亲子沟通中的频次、主动性等各方面均优于父亲。如果父亲与子女的沟通相对缺乏,那么这对孩子的成长极为不利。

其五,亲子沟通存在代沟。移动互联网的普及让家庭中的亲子关系发生了深刻变化,现在正处于网络时代的亲子关系转型期。父母的权威有所减弱,他们可能不太理解孩子的网络语言,不知道孩子的知识储备以及信息来源。此外,互联网也使得亲子间的面对面交流减少,孩子们更倾向于通过网络交流,这也导致亲子之间的沟通出现了障碍。

其六,多孩家庭中缺乏多边沟通机制。随着国家生育政策的全面放宽,多孩家庭的数量也越来越多,父母无意识中会将更多的精力放在幼儿身上,往往会忽略年龄大的孩子的情绪变化和行为感受,与其沟通交流的时间也越来越少,部分孩子因无法接受新的家庭成员的加入,与父母逐渐产生情感上的隔阂。此外,在多孩家庭中,由于父母的精力有限,常常需要"老人"帮助照顾孩子,"老人"的传统教育观念特别容易溺爱孩子,这往往导致隔代教育理念的冲突。

三、亲子沟通的理念

首先要树立正确的儿童观,家长要不断地学习并更新教育理念。在中国的传统观念中,儿童常被看作是家庭的"附属品"和父母的"私有物",缺乏对其独立人格的认同。我们必须认识到,儿童同样拥有独立的人格特质,他们的身心发展遵循一定的规律,蕴含着巨大的发展潜力。儿童不是被动的接受者,他们也具备主观能动性,每个儿童的发展都体现出独特的个体差异性。因此,家长在对待儿童时,应充分尊重他们的独立人格,避免过度干涉和控制,不应代替孩子去做他们本应完成的事情。我们应当给予孩子充分自由的空间，让他们按照自己的节奏和方式成长。同时，家长也需要认识到每个孩子都是独一无二的个体，不应盲目的将自己家的孩子与他人进行比较，以免增加不必要的焦虑。

其次，要树立"亲子关系是沟通的基础"的理念。高质量的沟通建立在稳固的亲子关系之上，它是教育孩子的基石。亲子关系就像是父母与孩子之间的一座桥梁，连接着彼此的心灵。只有建立良好的亲子关系，家庭教育才能真正发挥作用。良好的亲子关系是一种自由、和谐且彼此尊重的状态，父母应将孩子视为自由的、独立的个体，理解并尊重他们的想法和感受。只有这样，父母才能更有效的发挥他们的作用。因此，家长若想与孩子保持顺畅的沟通，必须建立稳固的亲子关系，如果缺少了这份关系，家庭教育就无从谈起。

家长是家庭教育的主要责任人与实施者，家长要落实家庭教育中的主体责任，积极提高自身素质，掌握亲子沟通的"密码"，增强亲子沟通的能力。

四、亲子沟通的方法

叶圣陶曾说过，"家庭教育有千谋万法，亲子沟通是第一法，此法不通，万法不灵。"即无论使用何种教育方法，如果缺乏有效的亲子沟通，那么这些方法的效果都将大打折扣。有效的亲子沟通，可以让我们更好的理解孩子，引导他们健康成长，同时也有利于建立起更加和谐亲密的家庭关系。

1. 让聆听映照平等的沟通

聆听既是改善亲子关系非常重要的方式，也是家庭成员之间共情能力的体现。聆听应该成为一扇窗，而非一堵墙。家长

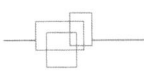

要专注于孩子的需求和感受,用聆听打开孩子心灵的窗户。魏书生先生曾说过,"聆听是表达爱意和支持的最佳方式。"缺少聆听的亲子沟通会让孩子与父母的关系渐行渐远,很容易导致一些家庭发生矛盾冲突。那么,如何在聆听中做好亲子沟通呢?

首先,请给予孩子充分的关注。家长要放下手中忙碌的事情,将视线集中在孩子身上。家长和孩子在沟通的过程中要掌握一些小技巧,学会通过肢体语言和面部表情,向孩子传达对于他们的尊重和关心。例如,当孩子讲到有趣的事情时,请给予他们一个微笑;当孩子讲到悲伤的遭遇时,请给予他们应有的安慰;当一场亲子沟通即将结束的时候,请务必保持耐心并避免戛然而止。孩子的年龄还小,他们可能需要一些时间体悟自身的感受,也可能不会完整表达自己的想法,所以请家长保持耐心,不要急于打断孩子的思维,应该给予适当引导,允许孩子充分表达自己的想法,这有助于建立他们的自信。一场以孩子的诉说作为结束的对话,远远胜过以父母的教条作为结尾的谈话。

其次,需要积极回应孩子的情感需求。当孩子分享他们的感受时,家长要积极回应并表达出相应的理解和同情。例如,当孩子感到难过或沮丧时,父母可以说,"我知道你现在感觉很难受,我也和你一样,无论怎样,我都会在这里支持你。"这样的回应有助于孩子感受父母的关心和支持。我们在聆听的过程中,可以通过提问深入了解孩子的想法和感受,尤其在大部分家庭中,孩子对于父母会有天生的惧怕,他们有时候不会完整表述自己的想法,或者通过一些方式掩盖自己的想法,因此这就需要家长的适时提问。例如,家长可以说,"你有什么想法要大胆说出来。""还有什么事情需要我们帮助吗?"当然,这些积极的回应和适当的提问都是建立在家长仔细聆听孩子的发言的基础之上,我们需要顺着孩子的发言思路进行引导。

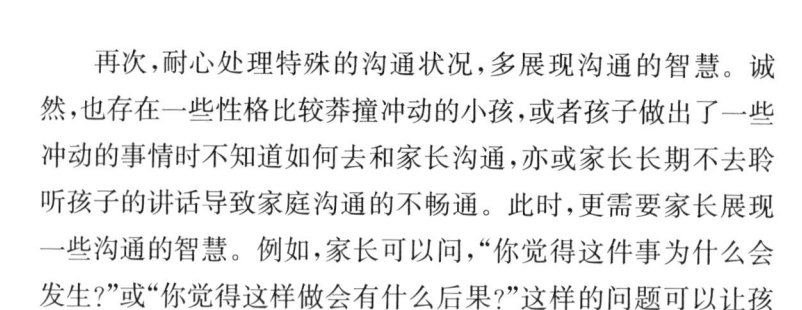

再次，耐心处理特殊的沟通状况，多展现沟通的智慧。诚然，也存在一些性格比较莽撞冲动的小孩，或者孩子做出了一些冲动的事情时不知道如何去和家长沟通，亦或家长长期不去聆听孩子的讲话导致家庭沟通的不畅通。此时，更需要家长展现一些沟通的智慧。例如，家长可以问，"你觉得这件事为什么会发生？"或"你觉得这样做会有什么后果？"这样的问题可以让孩子逐渐冷静下来，引导孩子更深入思考，并形成更和谐的对话氛围。

2. 让欣赏点亮正向的沟通

美国心理学博士马歇尔·卢森堡指出，"当语言倾向于忽视人的感受和需要，以致彼此的疏远和伤害时，这种沟通方式会让人难以体会到心中的爱。"在日常生活中，有些语言在父母看来可能没什么问题，但对于孩子而言，这样的沟通方式在亲子之间形成了一道鸿沟，疏远了父母和孩子的距离。比如，"你真是太笨了，教也教不会！""为什么别人能做到，你就做不到！""别哭了，烦死了！"孩子是非常期待父母的肯定和支持的，这样的言语伤害无形间疏远了我们和孩子间的距离。

首先，沟通时不要吝啬真诚的赞美。当孩子尝试新事物或提出独特的想法时，要给予积极的鼓励和支持。例如，"你的想法很有创意，我们可以一起试试看。"这样的鼓励能激发孩子的创造力和探索热情。孩子的想法有时候可能比较天真，假如在十几岁的年纪就构想和成人一样的现实问题，真的有利于孩子的成长吗？显然不是。如果在孩子十几岁的年纪我们不能及时给予一些赞赏、鼓励或支持，也许会在无形中扼杀了他们将来发展创新的机会。因此，父母要多给孩子一些赞赏，万一他们的想法真的能够实现呢。

其次，当孩子没能达到预期，经历失败时，家长要关注孩子的努力过程,引导孩子正确看待成败,避免直接批评。当孩子获得家长的鼓励并开始进行尝试正向发展时,父母需要注意的是,大部分孩子可能不会迅速取得理想的成绩,甚至会屡屡遭遇失败,这提醒我们家长在培养孩子时除了追求结果,更要关注孩子所付出的努力,即使结果并不理想,也要肯定孩子的付出。例如,"我看到你为了准备这次比赛付出了很多努力,这种精神非常值得赞赏。"当孩子面临失败或挫折时,要引导他们正确看待成败,并鼓励他们从中汲取教训。例如,"这次虽然没成功,但我们可以从中学习到很多经验,下次一定会做得更好。"很多家长的认知还处在唯结果论的阶段,相比于重视结果,不如好好关注孩子做事情的过程,孩子做事情得到的结果可以是不成功的,但是他们做事情的过程不能是不努力的。家长一定要减少指责,因为家庭教育是有感情和温度的。

3. 让关爱唤醒心灵的共鸣

家不是一个讲道理的地方,更不是一个展示权威的地方,而是一个有爱的地方。我们可以设身处地为孩子想一下,如果我们是孩子本人,也不希望回到家里感受到的是冷漠的、严苛的家庭氛围。一般来说,孩子放学后的时间是分享欲最强烈的时候,多给他们一些机会和时间去表达,多让他们感觉到父母的无条件的爱与理解。

首先,尊重孩子的个性和兴趣。每个孩子都有自己的独特性格和兴趣爱好。俗话说得好,"一龙生九子,九子各不同"。家里有多个小孩的家长也不难发现,同一个父母的孩子,兴趣爱好乃至性格的差异都很大,随着他们年龄增长和阅历的丰富,这种差距会愈来愈大。因此,在培养孩子的过程中,一定要尊重并欣赏孩子的个性,鼓励他们发展自己的兴趣。例如,"你对画画很有天赋,可以继续努力,我相信你会越来越出色。"家长要避免照搬网络上一些教育方法或者参照其他孩子的一些情况,更不要总是拿其他孩子与自己的孩子进行比较,与其统一化、格式化地要求孩子,不如先冷静下来分析一下自己的孩子到底具备哪些个性特点,拥有哪些特长,再"对症下药"地培养,这也是对孩子负责的体现。

其次,定期的家庭活动也是增进感情、促进沟通的好办法。周末或者假期一家人都闲暇的时光里,可以安排家庭成员共同参与活动,比如一起做饭、看电影或者户外游玩等。这些活动能够增进亲子之间的默契与亲密关系,也能够培养孩子生活的能力。在活动过程中,一定要让孩子参与其中,让他们去完成一些任务,这样在游乐的同时孩子的能力也得到了锻炼。总之,表达爱意的方式多种多样,关键是要真诚和用心。通过温柔的语言,友好的肢体接触,支持孩子的需求,举行和谐的家庭活动等方式,都可以让孩子感受到父母深深的爱意。

第二节 做智慧爸爸

我们国家的大多数家庭中,教育孩子的工作普遍呈现出爸爸缺位的现象,妈妈承担了更多养育和教育孩子的责任。事实上,爸爸在家庭生活中的参与度越高,孩子就越聪明,性格也更加宽容,更富有责任心,适应生活的能力更强。爸爸和妈妈在陪伴孩子的过程中其角色分工有所不同,例如带有冒险、运动、探索等性质的活动,更加适合爸爸的参与。父亲首先要正确认识到自己的不可替代性,还要持续学习其在孩子的成长道路上应如何发挥自己的作用,成为孩子生命中重要的伙伴。

一、让陪伴在场

近年来,"缺位式育儿"一直是网络上的热门词汇,描述的是家庭教育中某一位家长缺位的现象。具体来说,它指的是在孩子的成长过程中,父母二人中有一方在育儿方面所承担的责任非常有限,甚至完全缺失。在这种情况下,孩子可能无法获得父母双方的关爱和教育,从而对其成长产生不良影响。

【情境案例】

美术课上,老师让学生画自己的爸爸。欣欣画的是妈妈搂着自己睡着了,爸爸则拎着包刚进家门,时钟上显示的是深夜十二点多。欣欣告诉老师,自己的爸爸总是很晚才回家,为了多赚点钱,下班后还会出去开网约车,爸爸回家时她和妈妈已经睡觉了。第二天早上自己准备去上学了,爸爸还在休息,没办法和爸爸说话。妈妈告诉她,爸爸这么辛苦,就是为了多赚钱,可是欣欣并不乐意。星期六早上起床时,欣欣看到正准备出门的爸爸,大喊道,"爸爸,你怎么又要出门,你已经很久没有陪我和妈妈出去玩了。"爸爸看着手机上接到的订单,赶忙示意妈妈把孩子带走,然后头也不回地下楼了。

【原因分析】

案例中孩子的画和话触动了很多家长的心,也给我们呈现了家庭教育中较为普遍的现象——父亲的缺位,网络上将这一现象称之为"缺位式育儿",家庭教育活动的参与者以妈妈居多,妈妈们经常"吐槽"爸爸在育儿过程中的不参与行为,把育儿的压力全部转嫁到自己身上。但正如案例中的父亲一样,虽然不少爸爸也明白孩子对于父亲陪伴的渴望,但是自己辛苦工作也是为了孩子。

"缺位式育儿"的原因是多方面的,首先是受传统观念影响,即我国的传统观念中认为,男主外,女主内,男人主要负责赚钱养家,女人则负责家庭内务和孩子的教育。这种观念导致很多父亲将工作优先于孩子的教育,认为教育子女更多是母亲的责任,自己可以少参与,甚至不参与。其次,传统观念还认为男性更应该投身自己的事业,只有取得事业成功的男性才算成功人士,投身家庭生活的男性则会被指责为家庭和社会地位不高,这样的评判标准加剧了父亲在家庭教育中的缺位。另外,有些父亲缺乏育儿意识,认为自己的主要任务是赚钱养家,而不是照顾孩子。他们以不知道如何照顾孩子为由,认为自己的时间和精力有限,进而逃避育儿的责任。

【家长有话说】

我们家确实是孩子的妈妈付出的时间更多,我和孩子相处的时间不多。一是孩子和我本来就不太亲近;二是我平时工作比较忙,照顾家庭的时间少;再者说孩子的妈妈在教育上比我善长,孩子很听妈妈的话,和我在一起没什么话题可谈。孩子的妈妈为此和我聊过很多次,她也非常努力地去协调我们家庭的共处时间。比如,她会要求我必须空出周末的半天时间,一家人一起出门玩一玩,逛逛博物馆。事实上,即使我去了,一般也是给她们拎包、买东西、照看东西,或者只是在一旁玩手机等她们。还记得有一次班级活动,孩子的妈妈实在没时间去,我只好陪孩子去。当天一起去的还有其他家庭,一路上孩子和我没说什么话。老师现场组织了亲子活动,我虽然是个很内向的人,但是女儿说让我参加,我也只好硬着头皮参加了,我觉得玩得挺差的。

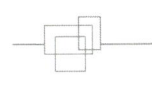

本来以为孩子会嫌弃我，没想到她把这件事写进了日记里，还说很开心爸爸能陪她一起参加活动，表扬我这次的表现很棒，这件事给我的触动还是挺大的。

孩子需要父母的共同关爱和陪伴，只有在健全的家庭环境中，他们才能获得全面的成长，缺失一方的教育和关爱可能会导致孩子在性格、情感、社交等方面出现问题。

【对策建议】

1. 合理分工，相互配合

家长在进行家庭教育角色分工前，要先懂得角色无轻重，只是分工不同的道理。由于男女性别的差异和个体的特质，父亲和母亲各自擅长做的事情一定是不同的。由于孩子身心发展的特点和需求不同，孩子在不同阶段对父母的需求也不同。婴幼儿时期，孩子会对母亲有天然的依赖，父亲除了要"搭把手"以外，还要给承担着哺乳重担的妈妈提供好的情绪价值。随着孩子不断长大，爸爸可以成为孩子的玩伴，比如趴在地上让孩子"骑马"玩，爸爸和孩子可以通过这种比较粗犷的游戏进行沟通和交流。当孩子进入学龄期后，父母二人结合各自的性格和工作内容，负责孩子生活学习的不同方面。传统的分工模式并不能满足现代家庭教育的需求，目前事业型的母亲也非常多，合理的分工有助于打破传统观念的束缚。

2. 提高质量，管好时间

爸爸在和孩子相处时，不仅要确保陪伴的时间，还要注重陪伴的质量。陪伴并不是简单地和孩子待在一起，陪伴是需要家长和孩子建立一种心与心的沟通、相互依恋的亲密关系。父母的有效陪伴强调陪伴中的互动性，表现为被孩子需要，获得对方认可,对孩子有帮助并能够使其获得成长和快乐。爸爸不能一边看视频、聊微信,一边心不在焉地陪着孩子,让本就不多的亲子时间被其他事情占据。父母要尽可能增加陪伴孩子的时间,一旦和孩子约定好就不要随意更改。同时,父母还要丰富陪伴孩子的内容,比如带孩子去做一些亲子双方都能够参与的运动、游戏;也可以带着孩子去一些像博物馆、美术馆这样的公共文化场所;还可以陪同孩子共读一本书,分享阅读体会。这都是美好的亲子时光。如果实在无法抽出更多时间陪伴孩子,那每日的电话、视频聊天,又或者是利用接送孩子放学、上学路上的时间和孩子沟通,这也是爸爸给予孩子的有效支持。

3. 以身作则,注重引领

英国国家统计局的一项有关教育的调查研究指出,父亲的受教育程度是孩子在校成绩、未来学习是否取得成功的重要影响因素,而母亲在这方面的影响力则低于父亲;父亲接受过高等教育的孩子,比那些父亲受教育程度较低的孩子在学校学习方面的成功概率要高7.5倍;母亲接受过高等教育的孩子比那些母亲没接受过高等教育的孩子的学习成功概率高3倍。可见,母亲的受教育程度对孩子学习成绩的影响没有父亲大。在一个家庭中,父亲是孩子的榜样,孩子通常会以父亲身上的优秀品质为傲,并以此来要求自己。首先,父亲要树立正确的价值观。父亲在生活中要积极向上,努力承担起自己的责任,关爱家庭、照顾孩子,成为家庭中可靠的成员;父亲要在工作中认真负责,不断充实自我,激发孩子学习和探索的兴趣。其次,父亲需要为孩子树立一个健康的形象。健康的生活方式不仅包括身体健康,还包括心理健康。父亲需要关注孩子的情绪变化,帮助他们调节情绪,培养他们积极乐观的心态。最后,父亲还需要注意自己的言谈举止,避免不良行为给孩子带来负面影响。父亲的"不缺位"不

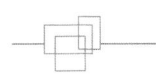

仅是身体力行的陪伴，还要发挥榜样的作用，给予孩子更多精神上的鼓励。

二、会欣赏孩子

在中国的传统家庭中，父亲通常被期望扮演成严厉、权威的角色，加之家庭里通常使用的是较为含蓄、间接的沟通方式，因此父亲更倾向于用行动来表达对孩子学业成绩和行为表现的评价，而不是直接说出自己的感受。不可否认，父亲直接表达的欣赏对孩子性格的养成至关重要，这能够塑造孩子积极的人格特质，为其健康的成长奠定基础。

【情境案例】

芸芸是个非常要强的孩子，她的学习成绩在年级中名列前茅。前段时间学校中期检测，她因为流感发烧，落下一些课程，加上考试当天状态不佳，因此，这次考试的年级排名后退了100名。她十分失落的和父母说了成绩下滑的事情，尽管妈妈说没关系，而芸芸的爸爸一言不发。接下来的一段时间里，芸芸重新调整了作息，积极主动的把落下的课程和作业都补齐，还额外做了配套练习，希望在下一次考试中取得进步。不久，学校再一次考试的排名出来了，芸芸在年级里进步了80多名。那天晚上，她迫不及待地回家和父母分享这个好消息。爸爸下班较晚，芸芸下跪多做了一些习题等爸爸下班，可当芸芸把这个好消息告诉爸爸时，听到的只是，"还可以，但你还有进步空间。"芸芸瞬间情绪崩溃而大哭。爸爸十分不解地说："我也没有打骂你，哭什么呢？"

【原因分析】

俗话说,"父爱如山,母爱如水。"传统的父亲的形象总是不苟言笑,伴随着威严和深沉。本案例中的芸芸十分希望得到父母的肯定,尤其是父亲的肯定。因此,当她取得一定的进步后会在第一时间想到和爸爸分享。可是父亲的反应并没有给孩子提供相应的情绪价值,反而让孩子觉得自己一直以来的努力无法得到爸爸的理解和欣赏。当失望累积到了一定限度,芸芸的情绪崩溃也在情理之中;爸爸却无法理解女儿,明明自己什么也没做,女儿为什么要哭。我们从中不难发现,平日里父女之间存在沟通较少、理解不足、鼓励不够等问题。

【家长有话说】

我的脾气不好,尤其是面对孩子的问题时,一旦火气上来就很难控制。每次老师给我反馈或者我自己发现小孩的问题后,虽然心里不停地告诉自己要和孩子好好沟通,但是当几句话说不通,又或者发现小孩在混淆视听的时候,气就不打一处来。有一次,老师告诉我他下课和同学玩,不小心打到了女同学的脸,手指甲还在对方脸上划了一道印子,幸好没有划破皮。回来后我就向孩子说明,虽然这件事是意外,但一不小心很可能就会导致严重的后果。我还问孩子如果对方在你的脸上划了一道印子会有什么想法。小孩居然说没有想法,我一冲动在孩子脸上也划了道印子,看到他脸上红红的印子,我又心疼又后悔,但又不知道该怎么办。

如果孩子在我们不断地打压和否定下,那么他们真的能顺利成长吗?这种粗暴的方式或许会使孩子变得"听话"很多,但是"听话"不等于成长,"听话"只是孩子在父母的威权下产生的

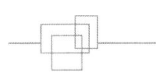

自我保护心理。长此以往,孩子容易形成自卑、懦弱、冷漠、消极的个性,可能还会产生恐惧、焦虑、敌意等心理。[1] 孩子到了青春期,会更加逆反、倔强,也更容易冲动。如果经常得不到父母的肯定,孩子就会逐渐失去自我,意识不到自己的权利;会在意别人对自己的看法,"活在别人的眼里",经常去讨好别人。最终,很可能导致他们失去前进的动力,模糊人生的目标。

【对策建议】

1. 改变教育观念,尊重孩子的独立性

父亲要主动地参与学校或社区组织的家长学校的活动,了解科学的育儿观,包括尊重孩子的独立性,培养孩子的自主性,鼓励孩子的探索和发现等。通过学习和了解这些理念,可以逐渐转变传统的教育理念,更加注重孩子的个性和需求。父母尊重孩子的独立性要先从构建亲子间良好的沟通方式做起。当孩子和父亲的想法不一致时,我们能否做到耐心听孩子讲完,并适时给出回应,最后再发表自己的想法和建议,给予孩子做事的选择权和决策权。涉及孩子自己就可以作出选择的问题时,我们不要强求,要尊重孩子的意愿。著名作家杨绛也曾面临过类似的抉择,她在老师建议选的理科和自己爱好的文科之间摇摆迷茫时,父亲的一句话点醒了她,"你最喜欢什么,就学什么!"杨绛的父亲虽身处旧社会,对子女要求十分严厉,却不专制。就这样,杨绛走上了文学之路。

2. 营造有爱、有规则的家庭氛围

权威的父亲最担心的就是自己放下身段后,孩子会不会不再听话?其实,平等相处不等于没有规则和边界,规则和边界恰

---

[1] 金至妍.父母对幼儿情绪的影响[J].考试周刊,2014(2):194.

恰是保证平等关系的前提。家长可以和孩子一起制订平等的家庭公约,在充分协商的前提下,建立起清晰的家庭规则,这样对双方才有效力。在制订家庭公约的过程中,父母很容易走入误区,将家庭公约变成对孩子的单方面束缚。在和谐、民主的家庭中,规则需要彼此制约,家长也要遵守,只有这样,孩子才能去遵守。父亲要做家庭规则的守护者、执行者、完善者,而不是只会对孩子发号施令,这样的父亲不用"怒目圆睁",也能不怒自威。有爱的家庭一定是成员之间能够相互欣赏和鼓励的。父亲不妨从对孩子说一句由衷的赞美之辞开始,这需要父亲在平时能够成为一位有心人,同孩子的妈妈、老师保持沟通,能够用心观察孩子的转变,记录孩子的成长。即便孩子有微小的转变,当被父亲多次提及后,正向反馈的作用也会愈加明显,这会对亲子双方的心理都能够产生积极的影响。

3. 有容错空间,建立正确的纠错机制

孩子的成长其实也是一个不断纠错的过程,每个孩子的成长都会与错误同行,只是他们所遇到的纠错方式不同。有些家长能够从错误中进行观察和分析,并善于将错误转化成教育的契机;有些家长的做法却会加重孩子的逃避、自责、撒谎等不良的行为的产生。在亲子相处的情境中,父亲的高大形象,本来就带有一定的威严,当处理孩子的问题时,声音的提高会给孩子带来非常强烈的心理压力。如果孩子出现低头、颤抖等肢体动作,那么这就是孩子在"逃避机制"下的本能反应。随着孩子的成长,如果父亲的粗暴行为没有改善,孩子就会出现越来越多的对抗。诚然,"对抗"或"逃避"都不利于我们纠正孩子的错误,无法帮助他们走出困境。因此,当父亲发现孩子犯错或陷入某种困境时,要特别注意自己的纠错方式。比起心理上的共情,态度上的转变、现身说法等引导方式会让孩子更有勇气面对自己的错误和困境。父亲也不要为了追求效率而包办孩子的事情,这会错失培养孩子责任心和独立解决问题能力的机会,要让孩子尝试自己解决问题,弥补错误,做出决策。最后,不管问题有没有得到顺利解决,父亲都需要给出正面、积极的反馈。

三、友爱的表达

父亲作为孩子的保护者,应当给孩子一个安全的家,孩子最大的安全感,是来自父母的彼此相爱,特别是爸爸对妈妈的偏爱。如果父亲用行动为孩子做出了爱的示范,那么孩子从小就可以在父母身上学习到什么是爱,应该怎样去爱。[1] 一个长期处于父母的争吵环境中的孩子,他的生活是充满惊恐的,这也会给孩子的情绪管理和人际交往带来负面的影响。

【情境案例】

童童的妈妈最近回娘家了,原因是和孩子的爸爸吵架并一直"冷战"。一天晚饭时间,童童的父亲匆匆忙忙赶到家,手忙脚乱地做了几个菜。饭桌上,童童忍不住对爸爸说:"天天吵架,你不害怕吗?你不害怕,我和哥哥害怕啊!"童童的爸爸说:"我和你妈妈吵架,又没对你们哥俩发脾气,你害怕什么?"童童说:"你就不能改一下吗?你不当好父亲,怎么会有好孩子呢?"童童继续说:"现在哥哥的脾气很暴躁,一生气就会掐自己。哥哥就是跟你学的!"最后,童童流着眼泪说道:"我的生日愿望不是要什么玩具,就希望爸爸、妈妈不再吵架,我想有个幸福的家。"

---

[1] 何贞发.最好的父爱就是爱孩子的妈妈[J].家长,2007(6):5.

【原因分析】

在孩子面前吵架的夫妻，不仅仅是成年人的两败俱伤，受伤最深的往往是看着父母吵架的孩子。某研究机构有一项针对 3 000 名学龄儿童开展的心理调查，其中有一个问题是，"你最害怕的事情是什么？"调查结果显示，孩子们回答最多的便是，"我害怕爸爸、妈妈吵架，他们吵架的时候我心里很难过！"

【家长有话说】

我是一位全职妈妈，以前的工作是做销售的，业绩也很好，后来为了孩子不得已放弃了。我这个人的计划性特别强，这和我的工作经历有关，所以在育儿上也是这样。当我看到孩子拖拖拉拉的时候就特别难受，尤其当他的拖拉影响到了睡眠时。你们也知道中学学科多，每科的作业汇聚起来就很多，我家的孩子动作慢，经常堆成"作业山"了。于是我不管他有多少作业，到了晚上十点就不会再让他继续写。有一次，孩子夜里悄悄起来写作业，孩子的爸爸正好看到了，第二天晚上他就不让我收作业了，说是收了作业，孩子夜里反而睡不踏实。后来我干脆把孩子的所有作业都收到我的床边去，让他断了念想。再比如说，我家的孩子体重超标了，我让他放学回来先跳绳 500 个，他和爸爸一起出去足足有半个小时都没有跳满 500 个。我觉得不对劲，于是就站在旁边监督，让孩子必须跳满 500 个再写作业，结果，孩子只用 5 分钟就跳完了。孩子的爸爸却说，"说好了运动放松的，孩子慢点就慢点，你还给他限时，一个劲儿的催，这根本就没放松啊！"类似这样的争执出现很多次，孩子的爸爸对我的做法似乎总是不理解，不满意。

如果父亲经常与母亲吵架，就会引起孩子情绪的不稳定，他

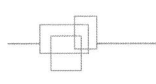

们开始怀疑曾经深信不疑的父母之爱,质疑自己是否值得被爱,这种不安全感会让孩子变得小心翼翼,生怕自己做错了事情,可能会导致家庭矛盾进一步恶化。长此以往,孩子就会容易出现心理失衡。此外,夫妻争吵,往往伴随着言辞激烈、情绪失控的现象。孩子在这样的环境中成长,不仅会对孩子的自我情绪管理产生负面影响,还可能让他们学会用暴力的方式解决问题。他们甚至会认为,这就是处理人际关系的常态,从而将其带入自己日后的生活。

【对策建议】

1. 关注不同性别

父母之间因为教育理念的分歧而引发的争执普遍存在,孩子往往在父母的争吵中受到连带影响,所以给孩子以安抚就显得至关重要。父母要能够第一时间考虑孩子可能受到的影响,关心孩子的情绪变化,不能将过错推给孩子,对男孩和女孩的心理疏导也要各有侧重点。有研究表明,青春期的男孩是否会叛逆,很大程度上跟父亲的陪伴有关。对于男孩子来说,父亲是一个高大的形象,男孩子容易崇拜父亲,父亲好像也有一股强大的力量束缚着儿子的行为,一位能够在矛盾中主动站出来的父亲,会让儿子更加具有责任心。父亲的形象也在很大程度上决定了女儿心中理想化的异性形象,女孩与父亲之间的关系和谐,也更能让女孩知道如何与异性相处。拥有一个情绪稳定、讲道理且能关爱他人的父亲,女孩也会有更加健康、正确的择偶观。

2. 共建暂停机制

美国著名教育学家杜威说,一切教育的最高目的是形成性格。在每个人的生命历程中,父母是最为重要的老师,好的家教是以父母相爱为前提。爸爸需要和妈妈保持良好的沟通,爸爸

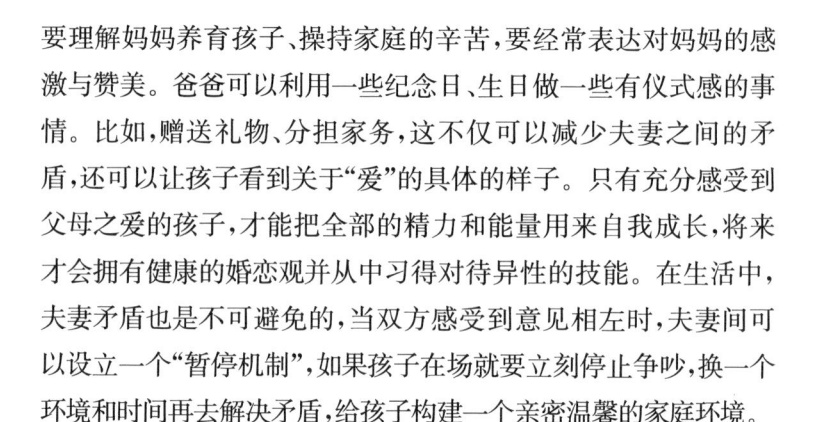

要理解妈妈养育孩子、操持家庭的辛苦,要经常表达对妈妈的感激与赞美。爸爸可以利用一些纪念日、生日做一些有仪式感的事情。比如,赠送礼物、分担家务,这不仅可以减少夫妻之间的矛盾,还可以让孩子看到关于"爱"的具体的样子。只有充分感受到父母之爱的孩子,才能把全部的精力和能量用来自我成长,将来才会拥有健康的婚恋观并从中习得对待异性的技能。在生活中,夫妻矛盾也是不可避免的,当双方感受到意见相左时,夫妻间可以设立一个"暂停机制",如果孩子在场就要立刻停止争吵,换一个环境和时间再去解决矛盾,给孩子构建一个亲密温馨的家庭环境。

3. 鼓励求同存异

妈妈也要肯定爸爸在育儿方面的成绩,多表扬爸爸,不抹杀爸爸在育儿过程中的付出。有时候爸爸的缺席和妈妈的挑剔、唠叨脱不了干系,甚至存在爸爸想要帮忙,由于细致的妈妈因为看不惯"粗线条"的爸爸,会出现一边抱怨,一边接过爸爸手里的事务的情况,从而形成了妈妈"一手包办"的局面,爸爸想帮忙也插不上手。所以,妈妈要放手让爸爸参与育儿的整个过程,这既提高了爸爸参与育儿活动的成就感,又锻炼了爸爸的育儿能力,让爸爸更有动力加入其中。同时,家庭成员之间要懂得求同存异,把双方意见相同的地方提取出来,形成共识,然后选出一个人来主导孩子的教育问题。总之,夫妻双方在面对家庭教育中的问题,要以营造和谐的家庭环境为前提,这样才能有利于孩子的健康成长。

【拓展延伸】

1. "爱的回音壁"

步骤一:选定一面墙壁作为家庭事务公示区。

步骤二:家庭成员提前在墙壁上展示本周的任务清单,一起

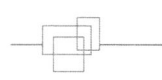

选定专属的"家庭日"。

步骤三:"家庭日"结束后,家庭成员可以在这块区域给各自的表现评价打分。

2. 书信往来

文字往往能传递说不出口的爱意,因此父母不妨和孩子试试书信的沟通方式,把说不出口的语言写在纸上,每周写一封,或是一个月写一封,这也是很好的沟通方式。

第三节　做贴心妈妈

妈妈从孩子呱呱坠地开始就已经为其规划好了,把全家的希望都寄托在孩子的身上,她们倾尽全力,就指望孩子将来考上好的大学,找一个好工作。我们且不说这样做能不能达成所愿,但可以肯定的是,这无形中会给孩子施加非常大的压力。

一、倾听孩子的心声

《中国妈妈"焦虑指数"》报告指出,中学生的妈妈已然成为最焦虑的群体。一位妈妈在朋友圈发了这样一条调侃的信息:

"亲爱的未来亲家,你好!我女儿有房、有保险,年满18岁会配车,结婚后过年随便去哪家,可以不要彩礼,嫁妆已经备好,送车送房,包办酒席,礼金都给孩子。唯一的要求是能不能立刻接走,帮忙辅导一下作业,谁家的媳妇谁养!"

该信息虽饱含戏谑,但从另一方面反映出妈妈的无奈。现实生活中，很多妈妈也纷纷表示，辅导孩子写作业是她们所面临的最痛苦的事情之一。

【情境案例】

一篇"斗妈大全"在微博和网络上迅速蹿红，作者是北京的两位四年级的女孩，文中记录了二十招"斗妈"的招式，引来众多网友关注。文中写道，这是我们专门为6—12岁经常被家长责骂的小孩编写的，当你被妈妈骂的时候，可以采取哪些"非暴力不合作"的招数呢？比如，妈妈骂你时，你可以心里想着别的事，不理不听，或者默默地唱歌，或者哭喊着离家出走等，可谓招招出奇。

【原因分析】

妈妈们除了辅导作业，还要操心孩子日常的吃喝拉撒、入学择校、成员相处……在重重压力包围下，妈妈们开始患上不同程度的"焦虑综合征"，她们会在不知不觉中将自己的焦虑转移到孩子身上。

案例中的"斗妈大全"显然是孩子们对妈妈抗议的一种表达方式，作为家长一定要读懂孩子的心声。"非暴力不合作"的方式透露出孩子无法和妈妈进行顺畅沟通的无奈。其实"斗妈大全"中的这些方式也无法真正解决孩子们的问题，有的甚至会让问题更加复杂。

【家长有话说】

我属于急脾气，家里一直是我主管女儿的学习和生活。刚开始我对她的教育和沟通没有方法，只能按照自己的感觉，遇到问题就大吼大叫，有时也会动手打孩子，打骂完又后悔。这使得女儿开始慢慢变得遇事、处事不自信，找借口、强调理由，有时候

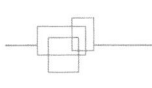

还会对我们发火,大喊大叫。其实,这都是我自己没有控制好情绪导致的。后来,我发现她不愿意和我说心里话。反观自己,我总是紧抓她的学习不放,否定女儿其他的优点,总想帮她安排好一切,少走弯路。我不稳定的情绪使得女儿对我不信任,不愿意和我分享她的事情。在这种情况下,我为女儿做得越多,她越反感。

妈妈的焦虑一旦投射到孩子身上,孩子要么会认为自己很糟糕,没有达到妈妈的要求,要么针尖对麦芒,不管遇到什么事都要"对着干"。久而久之,孩子要么变得冷漠、孤独,要么反叛、厌世。无论哪一种,我们都不希望出现在孩子的身上。

【对策建议】

1. 适当沉默,善于倾听

美国教育家戴尔·卡耐基有一次购买了一件有点褪色的衣服,他回到店里准备退货。正当他向售货员反馈问题时,却被售货员打断,并向他表明这件衣服已经卖出去很多件,只有他说其有问题,店里也不能退货,如果不喜欢可以换一件。卡耐基很不满意售货员的态度,于是双方开始争辩。这时,另一位售货员也走过来,表示所有黑色的衣服都会有点褪色,这种价钱只能买到这样的衣服,多洗洗就好了,这使得卡耐基更加恼火了。眼看着事情愈演愈烈,这时他们的经理过来了,他很快解决了此事,同时让卡耐基也很满意。经理是怎么做到的呢?其实他一开始什么都没说,也不做任何辩解,只是让卡耐基不停发泄,等到卡耐基说完了,他才表示愿意答应卡耐基提出的要求。结果卡耐基发泄完自己的不满情绪后怒火反而消失了,最终并没有退换那件衣服。这位经理的高明之处就在于他明白沉默和倾听的重要

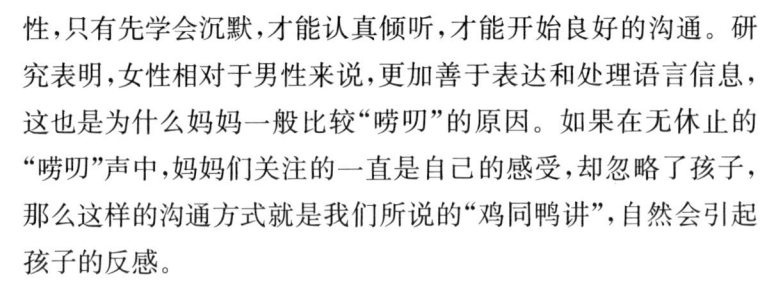

性,只有先学会沉默,才能认真倾听,才能开始良好的沟通。研究表明,女性相对于男性来说,更加善于表达和处理语言信息,这也是为什么妈妈一般比较"唠叨"的原因。如果在无休止的"唠叨"声中,妈妈们关注的一直是自己的感受,却忽略了孩子,那么这样的沟通方式就是我们所说的"鸡同鸭讲",自然会引起孩子的反感。

2. 减少指责,教授方法

当孩子出现状况时,妈妈们往往不够淡定,一番言语输出后,再看到孩子不说话,往往脾气就上来了,认为孩子已经犯了错,态度还不端正。我们建议妈妈们发现孩子的问题时,不要急于切入主题,让自己冷静下来后想一想孩子最近一些好的表现或者有进步的地方,也就是先表达肯定,再告诉孩子目前存在的问题。我们不要过多纠结于孩子的问题,更不要去追问孩子为什么会犯这样的错误,孩子有时候真的说不明白,尤其是年龄偏小的孩子。我们不教给孩子方法,只是一味要求他们改正,这不是强人所难吗?当然,妈妈们要根据不同事情的性质制定不同的方法来帮助孩子。比如,妈妈和孩子共同制订一些家庭公约,做好跟踪记录等,都是一些不错的方法。事后父母一定要向孩子表达自己的期待,对孩子充满信心,相信孩子一定会越来越好。俗话说"良言一句三冬暖,恶语伤人六月寒",妈妈们发火时说过的那些伤人的话,后来回想起来无不后悔自责。我们可以从日常的交流开始,选择合适的场所、合适的语言、合适的方法,跟孩子进行平等友好的沟通。

3. 转移注意,平复情绪

非洲草原上有一种吸血蝙蝠,靠吸取野马的血液为食,不管野马怎么暴怒、狂奔,可就是拿这些蝙蝠毫无办法。最后蝙蝠吸完血心满意足地离开,很多野马被折磨得筋疲力尽而死。后来

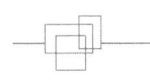

研究人员发现,吸血蝙蝠的吸血量极少,远不足以致死野马,野马真正的死因是自己的狂躁和剧烈运动,最后精疲力竭而死,这就是"野马效应"。"野马效应"是指生活中因一点小事而大动肝火,导致因别人的过失而伤害自己的现象。当我们发现孩子频出状况或是让我们感到不满意时,糟糕的做法就是将自己的情绪全部发泄出来,甚至"口不择言",最终酿成恶果。有时候,我们可以选择离开"现场",让我们暂时不要去想孩子的事情,可以看看窗外的风景,出门转一圈,找朋友聊聊天。总之,就是将我们的注意力转移到其他的事物上,这可以很好地缓解自己的情绪,待心情平复后再和孩子沟通的效果可能会更好,我们要让这种"等待"成为一种习惯。

二、不和别人家的孩子比

《青少年蓝皮书:中国未成年人互联网运用报告(2019)》[1]的一份调查报告显示,孩子们最不喜欢家长说的五句话,其中之一就是,"你看看别人……"每个孩子都是这个世界上独一无二的个体,他们有着不同的性格、爱好、特长,也正是因为这样,才构成了这个多姿多彩的世界。

【情境案例】

小帆从小很听话,无论学习还是生活都很自律,从不需要大人操心。但是自从上了初中,小帆对自己的学习成绩总是不满意,晚上经常要学习到12点,平时也不愿意参加任何户外活动,

---

[1] 季为民,沈杰.青少年蓝皮书:中国未成年人互联网运用报告(2019)[M].北京.社会科学文献出版社,2010.5.

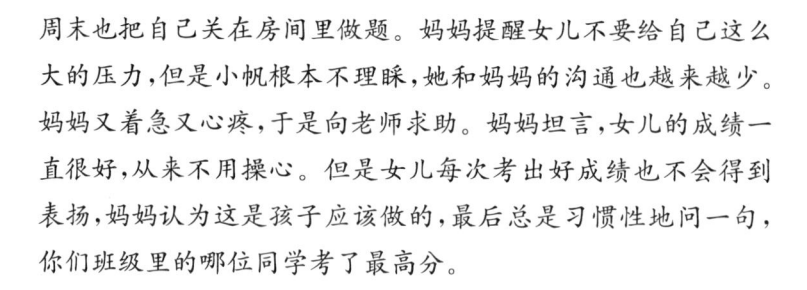

周末也把自己关在房间里做题。妈妈提醒女儿不要给自己这么大的压力,但是小帆根本不理睬,她和妈妈的沟通也越来越少。妈妈又着急又心疼,于是向老师求助。妈妈坦言,女儿的成绩一直很好,从来不用操心。但是女儿每次考出好成绩也不会得到表扬,妈妈认为这是孩子应该做的,最后总是习惯性地问一句,你们班级里的哪位同学考了最高分。

【原因分析】

案例中的妈妈显得和蔼可亲,不会对孩子大喊大叫。但是,妈妈看似和风细雨的言语,实际上已经给孩子造成了压力。这句"你们班级里哪位同学考了最高分"其实是对孩子取得的成绩的"不满意",一直在拿自家孩子和他人作比较。

家长要明白每个孩子都是独一无二的个体,即使是同一个家庭中的两个孩子,甚至是双胞胎,也各自会带有与生俱来的特质。每个家庭也各自有不同的教养方式,所以孩子的成长轨迹势必不能复制粘贴。家长之间可以相互学习,而且需要相互学习,把彼此学习到的方法结合自己家孩子的特点进行调整,完成对于自家孩子的"私人订制"。

【家长有话说】

我曾经看过一篇文章,说的是孩子的"玻璃心"是怎么来的。看完之后才恍然大悟,原来自己有时不经意的言语已经不知不觉地在影响孩子。以前的我总爱拿儿子和别人比较,不管是学习还是其他方面,我总会说,你看人家某某成绩多好呀,在家多听话呀,学习多认真啊……确实很少表扬自己家的孩子。儿子小的时候不懂什么,如今长大了,只要我开口说话,他要么把房门一关不理我,要么跟我顶嘴,把我气得"半死"。现在我开始明白,自己要接纳儿子的不完美,多关注他的感受和情绪,就算做得不好或者失败了,也要多给予鼓励,不要经常把"别人家孩子多么优秀"挂在嘴边,少一点攀比,多一点宽容。我很喜欢这句话,"每个孩子都有自己的花期,只是绽放的时间不同,也许你的种子不会开花,因为他是一棵参天大树。"

在主题为"悦纳自我"的班会课或是心理健康教育课中,会出现一种十分普遍的现象,当孩子们说到自己有哪些优点的时候总是"绞尽脑汁",说到自己的缺点时却"滔滔不绝"。这种现象令人深思,到底是什么原因导致孩子们无法很好地悦纳自我,这也许是因为从小接收到来自家长的正向引导、鼓励和肯定太少了。

【对策建议】

1. 站在孩子的视角看待问题

我们不妨来做个尝试,如果孩子经常对我们说,"你看某某的妈妈多温柔",我们的第一反应会是什么?我们多半会对孩子说,"那你去她家好了。"当孩子拿自己的父母和别人家的比较时,我们会认为孩子太不懂事,太不知道感恩了。我们反过来却认为自己的言行没问题,都是为了孩子好,这很显然缺少了换位思考。曾经,我们自己也是父母眼中"不听话的孩子",也是老师操心的对象,也有很多的不完美,也会反感来自大人的批评和指责。我们一旦成为家长,就把这些都忘了,总是对自己的孩子表达各种不满、进行各种比较,只有当你认为别人的感受和自己同样重要时,才会出现融洽的气氛。我们在认知客观世界时,总是选择性地把好的事物当成知觉的对象,而把不好的事物当成知觉的背景,以便更清晰地感知耳边的人与事。所以,我们对孩子要多一点鼓励和肯定,少一点批评与指责,学会用"放大镜"看孩子的优点和特长,要时刻谨记,他们还只是孩子。

2. 别让"等会儿"冷落了孩子

"这个世界上难度最高的职业是做妈妈",这句话道出了无数母亲的心声。妈妈们又要工作,又要承担家务,还要负责孩子的学习,如果孩子的学习状况不佳,可能还要遭受来自丈夫的指责,所有这一切让妈妈们苦不堪言。

当生活中孩子想跟我们说事情但又不方便时,我们可以先给孩子一个拥抱,让孩子的情绪先得到回应,再告诉孩子自己非常想听他们的分享,稍后一定会主动找孩子倾听其心声。妈妈更善于情感的表达,这一点需要我们善加利用,一个拥抱,一次击掌,都能很好地温暖孩子的心灵,拉近彼此的距离。

3. 别只盯着孩子的成绩看

如果现在的很多青少年正在成为一个个精致的利己主义者,没有大局观,没有集体意识,没有爱国情怀;正在成为一个个高分低能的"巨婴",缺乏最基本的生活能力,还特别容易"玻璃心",受不得挫折,甚至走向极端;正在成为一个个流水线上的"产品",没有创造性的思维,没有个人鲜明的特点,那么这些孩子都不是国家未来发展所需要的人才。一位母亲曾经向老师哭诉,不知道自己的教育哪里出了问题,一向听话懂事的儿子放学回家突然问她,"妈妈,我是不是个坏孩子?"经过了解后才知道,孩子说这话只是因为自己的作业没有被评上"优秀寒假作业"。由于孩子的妈妈经常在亲朋好友面前夸赞儿子学习成绩优秀,从不要人盯着,一个假期能独自在家做好几套题目。渐渐地,孩子认为只有自己学习好才是妈妈心目中的好孩子,只要在学习方面受挫,就开始怀疑自己。我们不要只盯着孩子的学习成绩,应多关注孩子的全面发展,让孩子去发现、感受生活的丰富多

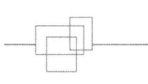

彩，从中了解生活的真谛，活出属于自己的精彩人生。

三、不做强势的妈妈

母亲是一个家庭的底色和灵魂，只有母亲的"三观"正，才是孩子最大的福气、最大的快乐。古今中外有所建树的名人家庭，很多都深受母亲的思想熏陶。比如，"孟母三迁"的故事就被广为传颂。孟母坚信环境会影响一个人的成长，为了儿子三度搬迁，最终使孟子成为一代儒学大家。爱因斯坦小时候不爱说话，常常提出一些奇怪的问题，好多人都以为他是个傻孩子，以至于爱因斯坦也开始怀疑自己。可是，母亲十分坚定地告诉儿子他没有任何毛病，将来一定是位了不起的大学教授。正是这份坚定与呵护，让小爱因斯坦的天赋得以发挥，最终成为一名伟大的物理学家。

【情境案例】

高考前夕，王进的妈妈向班主任赵老师求助。她希望平时成绩拔尖的儿子能考上一所名牌大学，王进却认为读名牌大学太累，只想考一所普通的大学，王妈妈觉得儿子这是自暴自弃，对不住自己对他含辛茹苦的培养，王进却认为妈妈这是在用爱对他进行绑架，他宁可不要这样的爱。

【原因分析】

我们往往以爱的名义"绑架"孩子，随口一句"我都是为你好"反而会让孩子感到"无法呼吸"。也有很多妈妈会跟孩子声泪俱下地诉苦，想以此来激励孩子努力学习。

"你知道我每天上班多辛苦？赚的钱都给你上学了！"

"你不好好学习,将来怎么找得到好工作?我也不想唠叨,还不都是为了你好!"

"选这个志愿好,以后找工作容易,我是为你着想。"

……………

类似这样的话不胜枚举。妈妈们总有操不完的心,总有说不完的"不许……""将来……"殊不知,这些"爱的名义"正在慢慢侵蚀孩子的成长空间,悄悄改变孩子的性格特点,渐渐影响了孩子的健康成长。

【家长有话说】

我以前对儿子说得最多的一句话就是,"妈妈这么做都是为了你好"。记得儿子上小学时,有一天放学回家,他突然对我说:"妈妈,如果没有我,我们家是不是比现在生活得好很多?"当时我整个人都懵了,不知道该怎么回答他,更加不知道一个孩子怎么会有这种想法。静下心来,我开始反思自己的言行。孩子之所以变得越来越自卑,非常重要的原因就是我平时对孩子的要求过高,只要孩子达不到要求,我就会批评和指责他。时间久了,孩子做事的时候就会下意识对自己做出否定的判断,从而变得自卑。后来,我开始尝试接受儿子的不完美,也不要求他将每件事情都做得完美,并留意孩子在做事的过程中一些值得肯定的方面给予及时鼓励。我也不断提醒自己,不要在儿子面前说"妈妈这么做都是为了你好",让他自己去尝试,即使出现问题也不会去打击他。随着儿子渐渐长大,他反而比小时候更愿意与我沟通了。

妈妈是孩子最早的启蒙老师,其一言一行、一举一动,都影响着孩子思想观念的形成。妈妈与孩子相处时表现出来的心

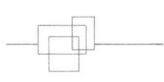

性、格局，会对孩子人生观、价值观的形成产生巨大的影响。

【对策建议】

1. 不要紧抓孩子不放手

作为家长，我们一定要明白这个道理：拳头握得越紧，能攥住的沙子越少，既然握不住所有的沙子，为什么不松开拳头，打开掌心，这样反而可以捧住更多沙子。

小宸的妈妈曾经因为紧抓孩子不放手，以至于无比焦虑。后来，她开始在社区学习剪纸，还参加比赛，将自己的工作、生活、家庭安排得妥妥当当。对于孩子的培养，她认为以身作则就是最好的教育方式。妈妈要关注孩子的全面发展，不能仅仅盯着成绩，孩子无论发生什么状况，她都能采取科学的方法进行沟通教育。小宸也坦言妈妈是他心目中的榜样，是世界上最好的妈妈。几年后，小宸的妈妈焦虑的状态也得到根本性的转变，充满了正能量，担任了班级家委会会长、学校家委会会长，还组织其他家庭成立了"班级流动图书馆"，配合老师关心班集体中的所有孩子，甚至是家长。

妈妈们可能不知道，如果长期和外界脱离联系，往往会将自己所有的注意力都放在孩子身上，这反而很容易导致和孩子之间关系的紧张，也会和家人、朋友没有共同语言，渐渐使自己"封闭"起来而不自知，夫妻关系还会因为猜忌而变得不稳定。一些全职妈妈要承担全部家务和管好孩子学习的重任，由于这些"不平等事务"压得妈妈们身心俱疲，透不过气来，甚至出现心理健康问题。妈妈们不要将所有的注意力都放在孩子的身上，工作之余一定要安排好自己的生活，也需要培养自己的兴趣爱好，这样才能得到爱人的尊重、孩子的爱戴、朋友的赞赏。

2. 不要在孩子面前总抱怨

据统计，超过20%的职场妈妈正在经历"丧偶式育儿"。一旦妈妈在家庭中承担了过多的任务，多半会变得"牢骚满腹"，这些抱怨也会不知不觉地转移到孩子的身上，于是看孩子哪儿都不顺眼。这样的抱怨一定会影响亲子关系，尤其是在孩子进入青春期之后，亲子矛盾还会升级。当孩子遇到麻烦或者出现问题时，妈妈不要开口就是指责或是嘲讽——"谁叫你不听我的"，而是改为"妈妈想帮你一起来复盘，看看哪里出了问题"。妈妈要告诉孩子任何事情都有一个过程，一蹴而就的结果势必没有稳固的根基，不需要刻意追求这样的结果，"最美的风景往往就在旅途中"，说的就是过程的重要性。妈妈也要告诉孩子，即使愿望是好的，付出了很多的努力，有时候结果也会不尽如人意，但是没关系，因为在这个过程中，我们已经收获了成长，让彼此成为更好的自己，这才是最重要的。

3. 不要在孩子面前摆权威

"虚假同感偏差"又叫虚假一致性偏差，指的是人们常常高估或夸大自己的信念、判断及行为的普遍性，它是人们坚持自己信念、判断正确性的一种方式。例如，妈妈看中一条裙子，觉得女儿一定也会喜欢；妈妈觉得孩子才十来岁，不需要什么隐私。妈妈在与孩子相处的过程中，早期会因为孩子无法独立判断是非就习惯性"越位代替"，但是随着孩子年龄的增长，他们绝不会一直接受家长的这种权威性，他们也需要"共情"。其实，生活中一些不经意的小事情，如果我们加以利用就能发挥大的作用。例如，周末出去吃饭要征求孩子的意见，让孩子做出选择，会增加他们对于自己的信心；尝试让孩子偶尔"当家"，了解家庭收支，为家庭一周的生活做安排；配合孩子制定一次家庭旅行计划,多听取他们的建议,让孩子尝试购票、安排住宿等事宜;适当向孩子示弱,遇到一些工作中的问题,可以征询孩子的建议,等等。其实无论哪种做法,都是为了表达对孩子的信任和鼓励,不怕孩子犯错,读懂孩子的心声,是妈妈们必须建立起来的信念。孩子的自信心正是在这一件件小事中慢慢建立起来的,亲子关系也只有在这个过程中才能够变得和谐而亲密。

【拓展延伸】

你抓我逃

步骤一:家庭所有成员(还可以再邀请其他家庭)围成一圈。

步骤二:每个人将右手掌心向下,左手食指垂直向上,把自己的食指放在相邻人的掌心下,食指必须与掌心接触。

步骤三:一个人读一段带有"小鸟"的文字。当听到"小鸟"的时候,所有人要迅速用右手抓住左侧人的食指,同时也要迅速将自己的左手食指缩回,不要被右侧的人抓住。

第四节　家有祖辈和多孩

多孩家庭中的亲子关系、兄弟姐妹间的互动以及隔代的教育理念冲突等,展现出多孩家庭独有的魅力和挑战。家长们需要更好地埋解多孩家庭的教育理念,掌握平衡孩子们的需求与期望的艺术,创造一个温馨且充满爱的家庭坏境,引导孩子们在相互尊重、关爱与支持的环境中共同成长,一同探索多孩家庭的无限可能,见证孩子们在爱的滋养下茁壮成长的美好时光。

一、相互学习巧沟通

因为年轻的父母们同时承受着工作和孩子带来的双重压力,所以很多家庭也需要依靠"老人"带孩子。祖辈们对孩子的关爱无微不至,可一些陈旧的育儿观念与年轻一代存在着很大的分歧,家庭矛盾也由此产生。

【情境案例】

小豪从小和父母一起生活,妈妈全职照顾小豪。读了小学后,妈妈觉得孩子长大了,自己也可以出去工作了,就把奶奶从老家接到城里帮忙照顾孩子。刚开始小豪还有点不习惯,可是很快就喜欢上了奶奶,因为奶奶溺爱他,经常趁儿子和媳妇不在家给小豪看电视、玩手机,小豪的妈妈为此有点不高兴,经常会提醒奶奶不要这样做。一学期过去了,孩子各方面表现都出现了问题,老师反馈小豪上课不专心听讲,做事比较拖拉。有一天下班回家,孩子的妈妈看到奶奶又偷偷给小豪玩手机,终于忍不住和老人大吵一架,孩子的奶奶也气得收拾东西回老家了。

【原因分析】

现在越来越多的妈妈不愿意成为家庭主妇,在条件允许的情况下,她们大多愿意选择回归职场;爸爸们大都忙于事业且承担了家庭中所需的大部分经济来源,没有太多的空闲时间去照顾孩子的饮食起居,如果再加上夫妻是双职工,照顾孩子就成了小家庭最困难的问题,所以通常需要祖辈帮助分担照顾孩子的压力。

家庭中每代人的生活方式、思维方式、文化水平等都存在差

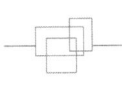

异。在育儿理念上,老年人也不太容易和年轻一代达成一致,再加上祖辈由于受到我们的传统观念——隔代亲的影响,对自己的孙辈往往是疼爱有加。祖辈的疼爱稍不留神就变成了溺爱,当父母辈在孩子身上培养的好习惯遇到祖辈的溺爱,一切将化为乌有,父母辈往往会因此和祖辈之间变得关系紧张。

【家长有话说】

我们也是没有办法。现在车贷、房贷,家中老人医疗费用等带来的经济压力越来越大,为了让全家人的生活有保障,我和丈夫也是想尽可能努力工作。为此,我们接来孩子的爷爷、奶奶帮我们接送一下孩子,但是,麻烦也就从此开始。孩子现在处于学习习惯的养成期,不能对手机成瘾,由于爷爷过于溺爱孩子,尽管我们三番五次地说学习期间不能给孩子玩手机,但老人经不住孙子的闹腾。看到孩子的学习习惯越来越差,成绩直线下降,再加上有时生气的时候我也口不择言,这样也伤害了老人的心。这一年来,有的时候紧张的家庭氛围压得我们喘不过气。

因育儿理念差异带来的家庭矛盾,父辈和祖辈各有各的难处。因此,我们更应该用合理的方法去解决问题,让祖辈的价值得到应有的体现。

【对策建议】

1. 情感上多理解

"隔代亲"是一种十分深厚、细腻而又难以言表的感情。有的祖辈年轻时只顾着忙于生计,在子女身上投入的精力较少,限于当时的条件,能让孩子吃饱、穿暖、有书念就已经很知足了。由于现在生活条件好了,自己也清闲了,于是就产生了补偿心理,要把对子女亏欠的爱在孙辈身上补偿回来,因此会格外地疼爱孩子。祖辈会在育儿问题上跟年轻的子女辈发生争执,这也说明他们对孩子很用心,如果他们的一番付出不被认可,还被加以指责,该是多么心寒啊!我们年轻的一代再因为祖辈教养孩子的方式不正确而指责他们,或者武断地要求按照自己的教养方式教育孩子,祖辈多半是难以接受。所以,不要只盯着祖辈的不好,也要看到他们的好,要心存感恩。如果祖辈有做得好的地方,不要吝啬我们的夸奖,当祖辈的付出得到应有的回报,他们会更加用心认可与体谅我们。

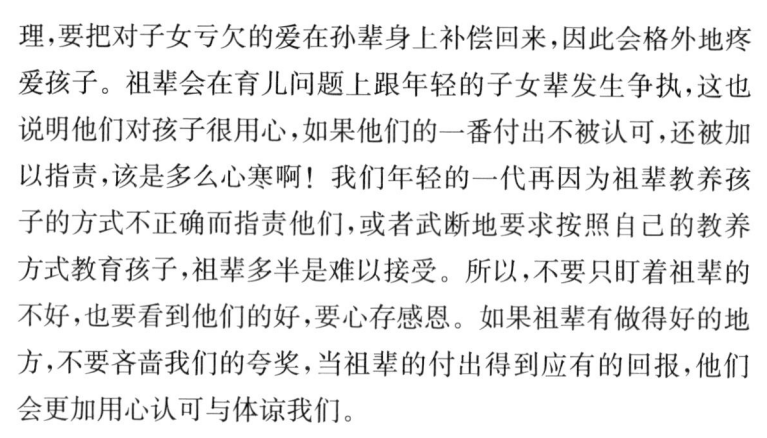

2. 语言上巧沟通

我们应该和家里的祖辈多沟通,多聊一些关于教育的方法,不仅要相互学习、取长补短,还要注意沟通的方式方法。首先,可以引用教育专家的观点。就算祖辈不同意这些观点,也能让他们从内心反思自己的问题,这样也能给祖辈一个思考的空间,避免不必要的冲突和矛盾。其次,千万不要用否定或者命令的语气进行沟通。比如,看到奶奶在给孙子吃糖果的时候,不要说:"妈,不要给孩子吃……"可以和祖辈说:"妈,我们之前也不注意,给孩子吃了太多糖果,有一次牙疼了一宿,最后还是去了医院,受了不少罪。"话语中没有一句否定,却处处告诉祖辈这样做的后果,从而产生情感的共鸣。我们还要学会慢慢形成统一战线,直至不再出现我们忙着管教,祖辈跟着拆台的现象。最后,我们在管教孩子的时候,要和祖辈协商一致,约法三章。祖辈最好不插手孩子的管教,也可以暂时离开,出门散散步,努力维护我们在孩子面前的威严,这样孩子就不会唯我独尊,明白要尊重长辈。即使和祖辈存在分歧,也不要当着孩子的面暴露出来,这样只会让孩子在犯错的时候抱有一丝侥幸心理,找"靠山"帮自己。

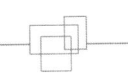

3. 教育上多担当

父母作为孩子的监护人,有着不可推脱的抚养和教育的责任。经验告诉我们,家长与孩子接触越多,越有利于孩子的身心健康成长。我们建议家长不到万不得已,尽量不要把孩子放在祖辈那里照看,特别是寒暑假,不能把所有的希望都寄托在祖辈身上。比较理想的状态是两辈人带孩子,各负其责——祖辈照顾、父辈教育。孩子的健康成长应该不断得到语言、行为上的各种正向刺激,要引导他们去探索外部世界、开阔视野,但是祖辈无法给予孩子这样的教育。我们要经常问问孩子今天有什么收获、有什么烦恼,跟孩子做一些交流,睡觉前给孩子讲讲故事、听听音乐、带孩子一起运动。父母只有在与孩子的有效沟通中,才能收获和谐的亲子关系。

二、合作共赢促成长

双胞胎从小共住一间卧室,这让他们有着较为亲密的情感联系,更容易理解彼此。有时,他们是彼此最亲密无间的合作伙伴,有时却又是最不可理喻的竞争对手。

【情境案例】

干干和安安是一对双胞胎兄弟,妈妈为了保持公平,从小给予兄弟俩的吃、穿、用都一样,但是两个孩子无论在哪个方面都要争个先后,也经常为了谁做得好或者坏争得面红耳赤,更是为了玩具、衣服、绘本等,你抢我夺,甚至父母一不留神,兄弟俩还会大打出手。兄弟俩上了小学以后,竞争意识愈发强烈,家里总是"鸡飞狗跳",父母也是心力交瘁。有一天,语文老师表扬了哥哥书写的作业工整漂亮,放学回家他就在妈妈面前炫耀,还说弟弟书写不认真,没有被老师表扬。哥哥的话还没说完,弟弟就嚷了起来,说哥哥只是语文作业认真,因为他怕班主任,数学作业写得比自己差远了……就这样,兄弟俩又吵了起来。妈妈见情况不妙,只好拿出她的"撒手锏"说道:"谁再吵就不要吃晚饭了。"妈妈虽然嘴上这样说,心里却急得要命,不知道该怎么办。

【原因分析】

　　双胞胎相互竞争的关键是对于父母注意力的争夺。家长在养育双胞胎的过程中,由于其注意力会不断地被分散,因而与单个孩子的互动会减少,对单个孩子的需求也更不敏感。父母同时应对每个孩子产生的困难和与每个孩子单独建立关系的挑战,这也可能会导致家庭关系的紧张。

　　孩子在4—6岁时会逐渐与异性更加亲密,与同性之间发生竞争。因此,如果是同性双胞胎,他们经常会争夺父母的爱,或者当父母明显偏心两个孩子的其中一个时,竞争通常就会更加激烈。有时这种竞争关系也是矛盾的,当需求无法被父母满足而沮丧时,两个孩子也会在彼此身上找到安慰,其中一个孩子也能提供一些情感补偿。虽然这和父母所能提供的有所不同,但是这种相互间的情感需求会更加长期和稳定。双胞胎孩子往往会在家庭中发展出相异或互补的性格特征,为自己在家庭中争取不同的地位,以努力获取所需的资源。我们对于孩子在家庭中的差异,可以采用区别对待孩子的特长和潜能的方式,促进双胞胎之间的合作,这也许能够让孩子从彼此的成长中获益。

【家长有话说】

　　我当初生了"龙凤胎",所有亲朋好友都羡慕不已,我内心的喜悦之情无以言表,幻想着温馨而又美好的日子。但是,现实打

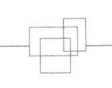

破了我所幻想的美好。姐姐更加安静,弟弟活泼好动,因此我会不经意间对姐弟俩进行比较。比如,"看看姐姐多听话懂事呀!""姐姐已经吃完饭了,速度多快呀!"这也因此激发了他们互相争斗的心理,给双方关系造成负面的影响。我对两个孩子的爱都是一样的,也不知道哪里出了问题。现在两个孩子上中学了,虽然不吵架了,但是姐弟俩的关系很紧张,回家后各自回各自的房间,彼此也不讲话。想想当初,我真不该总拿他俩作比较。

对于双胞胎或者是年龄差异较小的多孩家庭,父母在处理孩子日常的竞争与矛盾时所采取的方法尤为重要。处理得当,两个孩子就是"黄金搭档",处理不当,可能就会变成"天生冤家"。作为双胞胎的家长要尽力给每个孩子提供所需要的帮助和支持,而不是盲目进行比较,要努力成为他们坚强的后盾和温暖的港湾。

【对策建议】

1. 放平心态

孩子们日常发生冲突在所难免,他们争吵的源头大部分是一些琐事,比如抢玩具,抢电视……如果父母每次都在第一时间插手做调解员,孩子们的注意力就会从事情的本身转移到争夺父母的爱上。孩子也会觉得爸爸、妈妈帮谁,就是偏爱谁,这反而增加了孩子间的心里不平衡。所以,当孩子们争吵时,父母可以多做"旁观者",要学会沉默,学会等待,学会忍耐孩子们争吵的嘈杂声,保持中立的态度,不管是神情、语言、动作都不要偏袒任何一个孩子,要相信孩子管理自己情绪的能力。我们慢慢地就会发现,没有了父母的介入,大多数争吵很快就会自行化解。当孩子学会了以沟通的方式解决矛盾时,家长可以及时给予他

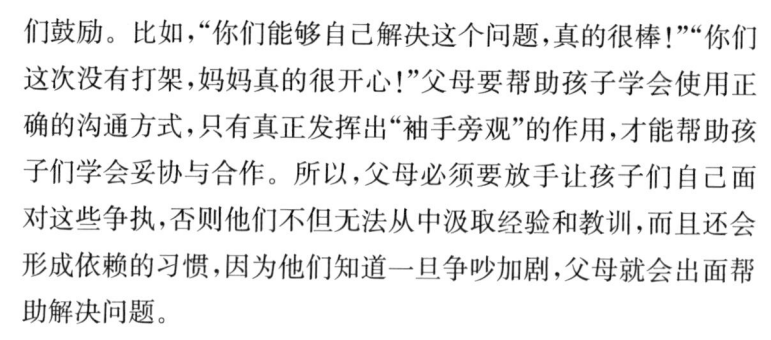

们鼓励。比如,"你们能够自己解决这个问题,真的很棒!""你们这次没有打架,妈妈真的很开心!"父母要帮助孩子学会使用正确的沟通方式,只有真正发挥出"袖手旁观"的作用,才能帮助孩子们学会妥协与合作。所以,父母必须要放手让孩子们自己面对这些争执,否则他们不但无法从中汲取经验和教训,而且还会形成依赖的习惯,因为他们知道一旦争吵加剧,父母就会出面帮助解决问题。

2. 公平处理

日常生活中要让孩子感受到父母是公平的。孩子年纪小的时候,买玩具要人人有份,不能任何东西都要平分;犯错了一起受罚,不苛责,不袒护,让每个孩子都有平等的机会解释他们为什么犯错,都有机会表达自己的观点。无论孩子们之间发生冲突的原因是什么,父母都不要直接充当裁判的角色,而且孩子们之间出现冲突未必都是坏事情,它也许为孩子们提供了一个相互理解和增强责任心的机会。孩子的冲突往往涉及物品的分享、分配,又或是相互的不满和指责等问题。父母应正确引导,帮助他们逐渐了解自己的行为标准,提高理解他人的能力。父母如果能够在调解冲突的过程中正确评价和纠正孩子过去的错误行为,孩子就会更愿意听从父母的建议,更加理解对方,从而减少矛盾的发生。

3. 鼓励合作者

我们要注重培养孩子之间的合作而不是竞争的关系。比如,做家务的时候,让一个孩子拖地,另一个孩子叠被子,学会合作才应该是一家人的模样。当两个孩子都在吃饭的时候,我们不建议说,"宝宝们快吃饭,谁先吃完,谁就可以去看电视。"父母可以这样说,"你们两个都快点吃,一起吃完饭,我带你们一起去看电视。"这样孩子们就会慢慢意识到,两个人一起又快又好地完成任务才重要，而不是谁比谁更好。父母不要拿两个孩子进行比较，这样很容易对孩子造成伤害，孩子会通过比较来判断家长更喜欢谁。父母要学会寻找每个孩子身上的"闪光点"，比如，肯定哥哥在学习上的优势，也别忘了表扬弟弟在运动上的长处，引导两个孩子互相以对方为榜样，鼓励他们在完成薄弱项目时，也要努力发挥各自在擅长项目上的拼劲，让他们知道自己都有比别人更优秀的地方。

三、树立榜样共承担

每个父母可能都渴望过姐姐带弟弟或哥哥带妹妹的美好生活。但是现实中，大宝可能"没有缘由"地讨厌着小宝，而小宝也并不愿意总有个"外人"和他分享一切。这些问题不仅关乎家庭的和谐氛围，也影响孩子们的健康成长。

【情境案例】

小禾从小就很懂事，生活和学习都很少让父母操心。升入高中后，小禾家有了小妹妹，原本父母和老师眼中的好学生开始出现顶撞老师、不写作业、偷玩手机等行为，言谈举止像换了个人似的，并屡次被叫家长。班主任直言，"学生进入高中，竞争激烈，如果不能及时调整，很难取得理想的成绩。"一天，小禾的妈妈的手机上收到老师发来的短信，内容是小禾上课偷偷玩手机。妈妈准备跟小禾聊聊，可是当言语中不经意提到，"你妹妹……"小禾瞬间暴跳如雷，"你们眼里只有她，难道我不是你们的孩子吗？"

【原因分析】

自2016年"全面放开二胎"政策实施以来，很多家庭选择了生育二孩,希望大宝以后不孤独,有年龄相仿的亲人陪伴。但是不同的年龄差异导致了不同的问题,不同的孩子会产生不同的嫉妒心和占有欲,这就需要父母解决孩子之间的很多矛盾。本案例中的孩子恰好处在青春期和婴幼儿期两个比较特殊的时段。处于婴幼儿期的孩子,需要耗费妈妈很大的精力,此时就很容易忽视大宝。青春期的孩子,随着身体的变化,他们的情感也逐渐丰富,很少愿意表露真实的内心,会渐渐地将自己的内心封闭起来。同时,他们又会经常感到非常孤独和寂寞,希望能有人来关心和理解自己。如果此时父母关注不到他们的变化,那么孩子们便会去寻求其他的排遣方式,再加上他们的社会阅历浅,知识水平有限,判断能力不强,也就很容易误入歧途。

【家长有话说】

我们家有三个孩子,两个哥哥分别读高中和小学,妹妹还不满周岁。老大一直很懂事,现在读寄宿制高中,我们很少操心。老二相对活泼一点,因为当时是家里最小的孩子,所以我们的精力更多放在他的身上,上下学接送,有想要的文具、玩具、书籍也尽量满足,他在学校里发生什么有趣的事情,回家也愿意跟我们分享。可自从去年有了妹妹,我们的时间就很难完全集中在老二的身上了,除了晚饭时间,其他时间很少交流。他说的事情,我们也是听的少漏的多,接不上茬。时间久了,他就很少主动跟我们聊天了。我刚开始没觉得有什么不妥,直到老师和我谈了孩子近期的表现,才发现孩子成绩下滑厉害,还有一些上课说话、做小抄、跟同学打架的不良行为表现。此时,我们才觉察到对予他的忽视。

青春期的孩子特别需要父母、老师及社会其他教育力量予以悉心指导，尤其是多孩家庭中，家长应该更加关注大宝的学习和生活，给予他们正确的引导和支持，培养他们正确的人生观和价值观。家长可以采用积极的肯定式教育，引导大宝带着小宝一起成长，这样才能够同时促进两个孩子的健康发展。

【对策建议】

1. 给予孩子足够的关爱

每一个孩子都渴望得到父母的爱，父母在对孩子表达爱意时也要一视同仁。当然，不同的年龄阶段的孩子对于父母陪伴的需求也不一样的，父母有效陪伴对于亲子关系很重要，对于多孩家庭，家长要合理分配给予孩子的陪伴时间。随着孩子们的成长，父母可以规划出一段不受打扰的时间，单独与其中一个孩子相处。例如，讲个故事，玩一会游戏，分享美食等。父母陪伴的时间最好是每天固定下来，以方便孩子知悉这是他们的专属时间，而在其他时间，爸爸、妈妈需要照顾自己和其他家人，做其他的事情。父母让每个孩子拥有"特殊时光"，这对于帮助孩子感受到爱，培养每个孩子的情感是至关重要的。家长忙碌的时候，可以和孩子说，"我现在很忙，但我很期待咱们俩的特殊时光。"这也能让孩子更好理解父母的辛苦。

2. 发掘大宝榜样的力量

家长要邀请孩子参与家务劳动中来，并且要感谢他们的帮助和付出。孩子感受到自己被需要、被尊重的同时，也会获得价值感和归属感。首先，让孩子能够体会到自己能力的存在，这更能给他们带来满足感。例如，帮下班的爸爸准备好拖鞋，给小宝递送奶瓶，饭后帮助妈妈收拾碗筷等。家长要记得感谢孩子，让他们意识到自己的努力能够被父母看到和尊重。这些日常琐事有助于增强孩子们在成长过程中的参与感及责任感，孩子也能

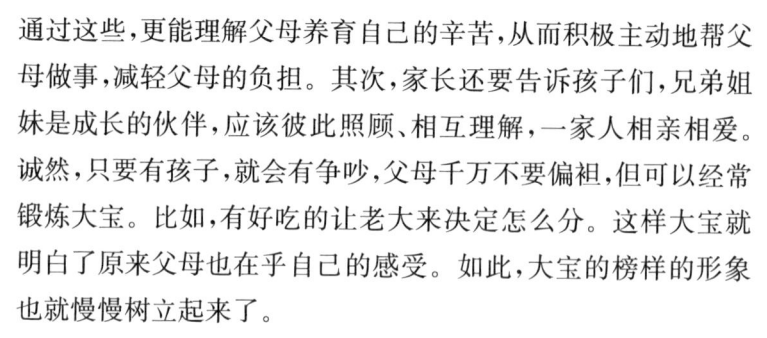

通过这些,更能理解父母养育自己的辛苦,从而积极主动地帮父母做事,减轻父母的负担。其次,家长还要告诉孩子们,兄弟姐妹是成长的伙伴,应该彼此照顾、相互理解,一家人相亲相爱。诚然,只要有孩子,就会有争吵,父母千万不要偏袒,但可以经常锻炼大宝。比如,有好吃的让老大来决定怎么分。这样大宝就明白了原来父母也在乎自己的感受。如此,大宝的榜样的形象也就慢慢树立起来了。

3. 放大孩子的"闪光点"

在多孩家庭中,每个孩子都是独特的个体,他们各自拥有不同的"闪光点"。家长发现并放大这些"闪光点",不仅有助于培养孩子的个性,还能增强家庭成员之间的互动与亲密关系。父母要深入了解每一个孩子,观察他们的兴趣爱好、性格特点以及所擅长的领域,并为此提供坚实的基础。例如,大宝喜欢拉小提琴,父母除了提供相应的学习资源和培训机会,也可以鼓励他分享自己的学习成果,定期举行"大宝小提琴家庭独奏音乐会",带着二宝、小宝一起成为"迷妹""迷弟",享受美好的音乐。此时,二宝可以为大家准备一些美食,同时也可以给小宝一个"加油棒",为哥哥、姐姐加油。一件小事,就可以成为多孩分工合作,分别展示自己才能的平台,让孩子们在轻松愉快的家庭氛围中施展自己的才华。家长用心去观察、鼓励和引导孩子,这有助于他们在成长过程中充分发挥自己的潜能,逐渐成长为自信、独立、有才华的人。

【拓展延伸】

家庭清洁

第一,制订大扫除计划,明确需要清理的区域和任务。比如,打扫客厅、厨房、卧室、卫生间等。根据每个孩子的年龄和能力,分配适合他们的任务,年龄较小的孩子可以负责整理玩具、擦桌子等简单的劳务,而年龄较大的孩子可以承担扫地、拖地等较重的工作。

第二,准备好大扫除所需的工具,如扫帚、拖把、清洁剂、抹布等,确保每个孩子都有足够的工具来完成自己的任务。

第三,家长可以带头示范,指导孩子们如何正确使用清洁工具,如何有效地清理不同区域。同时,要注意安全,确保孩子们在大扫除的过程中不会受伤。

第四,家长要适时给予孩子鼓励和表扬,激发他们的积极性。同时,也要关注孩子们的劳动进展,及时调整分工和任务,确保大扫除顺利进行。

第五,完成大扫除后,组织全家人一起检查清理的成果,父母要对孩子们的努力给予肯定。同时,也要引导孩子们认识到保持家庭整洁的重要性,培养他们的良好生活习惯。

第五节　有效沟通讲方法

沟通是父母和孩子分享经验、增进理解的桥梁。有效的亲子沟通,贯穿于孩子成长的每个阶段。它不仅是建立亲子纽带,提高孩子情绪管理能力,促进学习和认知发展的关键,也是培养孩子自主性和责任感,为家庭和睦创造条件,传承爱与关怀,为孩子的未来奠定坚实基础的有效方式。

一、保护孩子的好奇心

父母的责任之一就是不要磨灭孩子的好奇心。小学阶段的

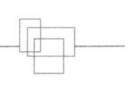

孩子往往充满好奇,喜欢模仿,需要家长更多的引导和陪伴。当孩子提问题时,父母要认真倾听,积极回应。父母要对孩子善于发现问题并提出问题的行为给予及时表扬和鼓励,这会让孩子更积极主动的观察生活和思考问题,同时也有利于孩子好奇心的培养。因此,对于复杂的问题,我们要耐心地引导孩子自己寻找答案,父母也可以引领孩子共同探究,这样在收获更多的乐趣的同时,孩子的能力也能得到锻炼。

【情境案例】

小琪是一个热爱科学的小学生。一天,他手里拿着一个自制的简易电路,很开心地说:"爸爸、妈妈,你们看,我用电池和电线做了一个会亮的小灯泡!"此时的父亲正沉浸在工作中,只是匆匆看了一眼说:"哦,那挺好的,你自己玩吧,一会儿快去写作业。"母亲一边打电话一边应和道:"真棒,你真聪明。"父母都没有停下自己的事情,认真看一眼小琪的电路。于是,小琪默默地走回自己的房间。

【原因分析】

孩子在小学阶段对周围的事物充满了好奇,渴望探索未知的世界。9—11岁是儿童成长的关键期,孩子的大脑处于快速发育的阶段,遇事喜欢刨根问底。但在生活中,很多父母当孩子提问题时常常做出错误的回应,要么忽视孩子的问题,要么表现出很不耐烦。这些行为不仅打击了孩子提出问题的积极性,而且也会导致孩子的好奇心逐渐消失,更会破坏亲子关系。好奇心是孩子智慧的体现,它会驱使孩子不断去研究、探索、发现新事物。因此,家长首先要学会的就是保护孩子的好奇心。

案例中,虽然小琪的父母在言语上给予肯定,但在行为上是一种敷衍,这样的回应对一位充满好奇心的孩子而言,显然是无效的。当父母敷衍孩子提出的问题时,既阻断了一次绝佳的亲子沟通机会,也有可能扼杀孩子的求知欲。

【家长有话说】

我家儿子读五年级,我有一次出差回来,给他带了一个礼物——小西瓜形蓝牙音箱,他非常喜欢,晚上把它放在自己的枕边。第二天下班回家,我惊讶地发现音箱被"大卸八块",于是我心中的怒火一下子就蹿上来了。儿子回到家看到桌子上的零件,耷拉着脑袋等着挨批,我忍着怒火问他为什么这么做,他说:"我想知道声音是怎么发出来的,就拆开看看,可是拆下来就装不回去了。"还没等儿子说完,我就大喊道:"既然装不回去,干嘛要乱拆,你当自己能干得很呢!好好的东西拆成这个样子,看我下次还给不给你买礼物?"儿子当时就被我吓住了,立刻向我道歉。晚上,我越想越觉得自己不该这样对待儿子,毕竟他不是在干坏事。第二天一早,我赶紧来到儿子的房间,告诉他昨晚是我的态度不对,应该好好讲话,并表示下次遇到类似的事情可以叫上妈妈一起探讨。儿子听我说完,眼睛立刻有了神,对着我直点头。

孩子喜欢拆东西,从家长的角度来看可能是恶作剧或是一种破坏行为,这种行为实则是孩子受到好奇心的驱使,是孩子探究未知世界的一种方式。孩子通过拆卸的方式来了解事物的构成原理,这是获得知识的重要途径。著名教育家陶行知先生也曾碰到一位母亲对他抱怨说,她的孩子把一块贵重的金表拆得七零八落,她把孩子狠狠地揍了一顿。陶先生却幽默地说,恐怕一个"中国的牛顿"就这么被你消灭了。现代家庭里有很多父母都像这位母亲一样,在不知不觉中用错误的言行扼杀了孩子的好奇心。

【对策建议】

1. 积极回应孩子的问题

低年级的孩子充满好奇心，喜欢模仿，需要家长给予更多的引导和陪伴。当孩子提问题时，父母首先要认真地倾听，认真对待孩子的每一个问题，让孩子感受到父母对于其的重视。父母要知道孩子的每一个"为什么"都是打开未知世界的金钥匙。无论在我们看来孩子的问题多么不可思议，父母都应该停下手中的事务认真对待，切不可流露出厌烦的表情或表现出无所谓的态度。其次，我们要给予孩子及时的反馈。可以对孩子说，"小小年纪能发现这个问题，说明你善于观察和思考！"随后要耐心解答其中的原因，或者引导孩子自己寻找答案。此外，家长还可以有目的的为孩子创设情境，激发孩子的求知欲。比如，当我们打开冰箱时可以问孩子，为什么会有"白汽"冒出来呢？这样的启发式提问，可以帮助孩子注意到这些现象，这样家长就把握住了引导孩子从好奇走向学习的契机。

2. 激发孩子的求知欲

好奇心是孩子与生俱来的宝贵品质，家长要适时引导。由于孩子认知有限，他们面对很多事物会有各种天马行空的想法。面对孩子的连环发问，有的家长会训斥孩子，要求孩子以后不要再问这些"傻问题"了！这种态度会让孩子觉得自己的行为是幼稚可笑的，以后就不敢再提问，进而失去了思考问题的动力。另外，家长盲目否定孩子的行为，既限制了孩子提问的胆量，也削减了孩子探索未知事物的热情。聪明的父母会珍视并保护孩子的好奇心，适时表扬孩子善于思考的行为。其实，爱提问是孩子爱动脑筋的表现，家长也可以向孩子多提问，提升他们的思维能力。例如，家长顺应孩子的兴趣，可以主动提问，为什么雨后会出现彩虹呢？当孩子说出他们的发现时，即使我们知道答案，也可以表现出不知道的样子,我们可以对孩子说,"这个连爸爸都没发现呢!""妈妈怎么没想到呢!"以此激发他们的探索欲望,孩子的好奇心也会被慢慢培养起来了。我们只有鼓励孩子相信自己的能力,才能树立孩子的自信心,让孩子有勇气和胆量去探索未知的世界。

3. 探索孩子的未知领域

首先,当孩子提问时,如果家长作出积极有效的回应,就可以刺激孩子好奇心的发展,孩子也会更主动地思考探究。当孩子提问时,父母一般不要对孩子说"等一等"。假如有一天,妈妈正在做饭,孩子突然兴致勃勃地跑过来问,"妈妈,天为什么是蓝色的?"妈妈没有犹豫,而是第一时间把火关掉,并回应孩子,"问得真好,让我们一起去寻找答案吧!"父母的及时回应,不仅保护了孩子可贵的好奇心,也让孩子被安全感包围,能够感受到家长的关爱。其次,对于孩子提出的复杂问题,父母可以和孩子共同去探索。父母可以对孩子说,"这个问题好难呀,我们一起学习吧!"父母和孩子一起查阅资料,一起做实验的过程中,会增进彼此间的情感,收获更多的乐趣。这要求家长们平时多阅读、多思考,以身作则,树立榜样。另外,如果父母实在有事情,无法及时陪伴孩子,可以在第一时间与孩子说明原因,约定一起探究的时间,也可以让孩子先行思考,带着自己的想法再和家长一起探究。家长给予孩子的有效回应,有利于提升孩子发现问题、解决问题的能力,保护孩子的好奇心,锻炼孩子的思维能力,文化素养也会得到同步提升。

二、尊重孩子的兴趣爱好

孩子进入初中后,身体各项机能趋于完善,自我意识开始觉

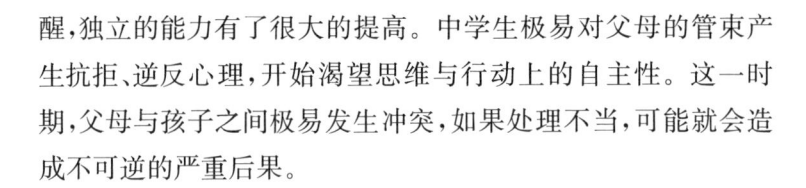

醒,独立的能力有了很大的提高。中学生极易对父母的管束产生抗拒、逆反心理,开始渴望思维与行动上的自主性。这一时期,父母与孩子之间极易发生冲突,如果处理不当,可能就会造成不可逆的严重后果。

【情境案例】

娟娟从小喜欢看书,读了中学后,即使学业负担增加了很多,她也是手不释卷,只要有空就会捧起一本书来看。最近,娟娟迷上了网络小说,也开始尝试写作,写完后就发布在网络上,居然还收获了不少"粉丝",并不断被读者催着更新内容,娟娟非常高兴。可是为了写小说,娟娟开始出现完不成作业的情况,上课也不能专心听讲,总是在若有所思。老师发现她的问题后跟家长取得了联系,妈妈知道后非常生气,认为这是不务正业,要求娟娟立刻停止写小说,把心思都放在学习上。可是娟娟根本不听,还和妈妈大吵了一架。

【原因分析】

父母常常用"没前途、耽误学习、别做了"这些话来否定孩子,武断评价孩子的兴趣爱好。很多家长认为,只有学习成绩才是孩子需要关注的,其余的兴趣都是在占用学习的时间。家长只考虑兴趣爱好是否能够帮助孩子提高学习成绩,是否能为孩子的学习创造更大的价值,这样的想法未免过于功利。其实,兴趣爱好对孩子的性格、品德乃至未来的人生选择都有着巨大的影响力。面对处于叛逆期的中学生,如果家长一味干预和指责孩子,反而会激起孩子更严重的逆反心理。父母应正确看待学习与兴趣爱好之间的关系,对孩子进行合理引导。

【家长有话说】

我家女儿是一个活泼开朗的女孩,可最近总是闷闷不乐,甚至发展到每天不能按时到学校上课。她喜欢画画,但我们感觉进入初三后,每天画画会浪费很多时间,而且会耽误学习,我们和她谈了几次,她仍然偷偷画。爸爸很生气,趁她不在家时,就把她的画笔等工具全部扔掉了。女儿回家后与爸爸大吵一架,把自己关在房间里,态度恶劣,拒绝沟通,我也很担心孩子的心理状态。

父母不能以"他们还是孩子"为由而忽略孩子的需求;不能以"他们还是孩子"为由,决定孩子的一切,对他们发号施令,并要求他们服从……如果父母不尊重孩子,不能够与孩子积极沟通,孩子就会渐渐失去对于事物的兴趣,越来越没有自信,甚至造成更严重的后果。

良好的兴趣爱好,能够助力孩子的成长,激励孩子的成长,让孩子在人生的起跑线上多一面风帆,多一份力量。如果孩子有自己的兴趣爱好,不仅可以愉悦身心,还会从中获得成就感,学习效率也会有所提高,孩子会更加自信的对待自己感兴趣并擅长的东西。因此,我们要尊重孩子的兴趣爱好。

【对策建议】

1. 发现孩子的兴趣爱好

首先,家长对孩子要细心观察。家长从观察孩子生活的细节开始,然后多给孩子提供能够培养自身兴趣爱好的机会,让他们接触不同的知识,这样才能让孩子有机会展现出自己潜在的能力。父母发现孩子的兴趣爱好后,要尝试为孩子提供尽可能多的学习机会和学习资源,满足孩子的好奇心和求知欲。其次,家长要呵护并鼓励孩子坚持自己的兴趣爱好。孩子在学习中会不可避免地遇到各种困难,有时甚至产生放弃的念头。这时候,家长要发挥自己的桥梁作用。家长要与孩子沟通,询问其原因,一起想办法克服困难,并且要不断给予他们鼓励。家长要让孩子知道,人的一生一定会经历各种各样的困难,在追求自己喜欢的东西的过程中更是如此,战胜困难后的自己会变得更加强大。最后,父母要尊重孩子的兴趣爱好。孩子的兴趣爱好本身没有高低贵贱之分,父母也不能戴着"有色眼镜"去评价孩子的兴趣爱好。如果孩子专注于自己的兴趣爱好,那么他们的创造力和潜力都会得到最大限度的发挥,知识体系得到拓展,他们的意志品质也会得到锻炼,这更有利于孩子身心的健康发展。

2. 关注孩子"最近发展区"

苏联心理学家维果茨基认为,学生的发展有两种水平:一种是学生现有的水平,指独立活动时所达到的解决问题的水平;另一种是学生可能的发展水平,也就是通过学习所获得的潜力。[1]这两者之间的差异就是"最近发展区"。家长首先要明确孩子的"最近发展区",通过识别个体的"最近发展区",家长可以为其提供适当的支持,促进其发展和成长,这样就可以进一步激发他们的潜能。其次,为孩子制订个性化的学习计划。家长根据孩子的兴趣和发展需求,为他们提供个性化的教育资源和学习机会。例如,孩子对科学感兴趣,家长可以为孩子提供到实验室实践的机会,帮助他们深入了解科学知识并培养其实验能力。在此过程中,家长要允许孩子在兴趣爱好上的探索和尝试,调整自己对于孩子的期望值。家长的期望值过高可能会给孩子带来压力,

---

[1] (苏联)维果茨基.思维和语言[M].李维,译.北京:北京大学出版社,2010:127.

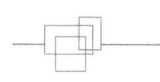

影响他们的心理健康。最后,要利用孩子的"最近发展区",发挥孩子的潜力。家长要根据孩子的实际水平,循序渐进,千万不可揠苗助长,要确定孩子"跳一跳"便能达到的高度,找到适当的进步方式。如果家长着眼孩子的"最近发展区",就可以发挥其潜能,让孩子超越现有的水平。

3. 平衡学习与兴趣爱好的关系

孩子的兴趣爱好与学习之间是相辅相成的,家长首先要认清兴趣爱好与学习之间的关系。兴趣爱好可以为学习提供动力,而学习能深化和拓展兴趣爱好。当孩子对某个领域有浓厚的兴趣时,便会更加投入的去学习,这种内在的驱动力往往比外在的压力更能推动孩子取得进步。如果我们只追求成绩,不看重其他方面的发展,那么孩子的自信心和思考能力就会受挫,最终导致创造力的丧失和思维的僵化。其次,寻找兴趣爱好与学习之间的连接点。良好的爱好有助于提高孩子的学习积极性,增强学习效果。父母要懂得学习与爱好不是相互矛盾的,而是相互促进的。我们应该鼓励孩子发展自己的个性,要尊重他们的选择,为孩子提供多元化的课程,让他们在自己擅长的领域得到充分发展。家长应以开放与接纳的心态来看待孩子的兴趣爱好,加强与孩子的沟通,走进孩子的内心世界,为他们提供成长的空间和必要的支持。

三、表达对孩子的关爱

高中生有相对独立的思想以及对世界的认识和判断。他们需要家长以对待成年人的方式来倾听他们的诉求,了解他们对世界的看法,认同他们的人生理念,尊重他们的人生规划。他们对于来自外界的过度干涉和指责非常反感,不喜欢被别人居高

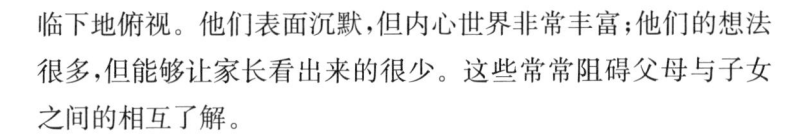

临下地俯视。他们表面沉默,但内心世界非常丰富;他们的想法很多,但能够让家长看出来的很少。这些常常阻碍父母与子女之间的相互了解。

【情境案例】

小翠是一个多愁善感的女孩,遇事爱"钻牛角尖"。她的父母希望她能考上一所重点大学,因此在学习上对她要求十分苛刻。我看她闷闷不乐便找她来询问原因,还没等我开口,她却哭着说:"老师,我不想活了,活着就是别人的负担。"我惊讶不已,小小年纪竟想轻生,一定另有隐情。于是我说:"你若信得过老师,就把心里的苦闷写下来,我一定尽力帮助你。"她点点头,转身离开了。第二天,小翠把一封长达两千字的信交给了我。她在信中袒露了内心的苦闷,"因成绩没达到父母的要求而屡遭批评;自己是父母的累赘;自己是在为别人活着,不能实现自己的理想"。为此,她心中十分郁闷,不想上学,甚至想到了轻生。

【原因分析】

自从学生步入高中后,他们的生活无论从哪方面来说,都可以用"紧张"两个字来概括。随着孩子学习压力的增大,在校时间增长,他们放学回到家已经很累了,如果家长还不停地询问学习的事情,比如成绩、排名、知识点,这会让孩子更不愿意交流,进而导致恶性循环。

父母要学会爱的表达。在一项有关"在父母那里得到关爱的孩子成年后会更快乐"的研究中,有超过600名成年人接受了调查。结果显示在童年时期受到父母更多关爱的人,较少表现出抑郁和焦虑,并且情感上更快乐,更富有同情心。

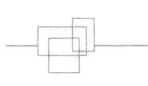

【家长有话说】

我家的孩子是住宿生,每周只回家一两天,见面后我们总是急于关心他的成绩,却没有发现他变得越来越沉默和情绪化。平时我们对他的要求很严格,从小时候开始,一旦犯错,就要挨打、挨批评。不知不觉,孩子已经长大了,现在我们每次的批评不再能换来他的改变。有时想坐下和他好好说说话,他也用"烦死了""没什么好说的"来敷衍我们,根本不愿意和我们交流!我和他爸爸无论说什么,在他看来都是些说教的"大道理",真是打也打不得,说也说不得。有一天,我看到儿子又在看他喜爱的足球明星,我不经意间提了几位球星,儿子突然来了兴趣,说了好多足球方面的知识,这让我很惊讶,原来孩子也有自己的精神世界。从此以后,我尝试改变成年人的审视目光,寻找和孩子的共同话题,希望以此来改善我们的关系。

生活中有很多父母认为爱是不需要用语言表达的,其实父母的爱的表达更有利于创造积极、健康的家庭环境。家庭成员之间通过相互表达爱意,可以建立起牢固的情感纽带,会让家庭成员间感受到被爱和被重视,会感到安全和自信,有助于营造积极和谐的家庭氛围。如果所有家庭成员都相互支持,努力实现共同的目标,建立牢固的家庭关系,那么在这种家庭氛围里成长的孩子,其心态、性格等各个方面都会得到正向的发展,这对于孩子的一生都会产生积极的影响。

【对策建议】

1. 多用肯定的言辞

高中阶段对于中学生来说无疑是一个至关重要的时期。孩子们不仅要承担繁重的学习任务,还要面对家长的期望和焦虑。

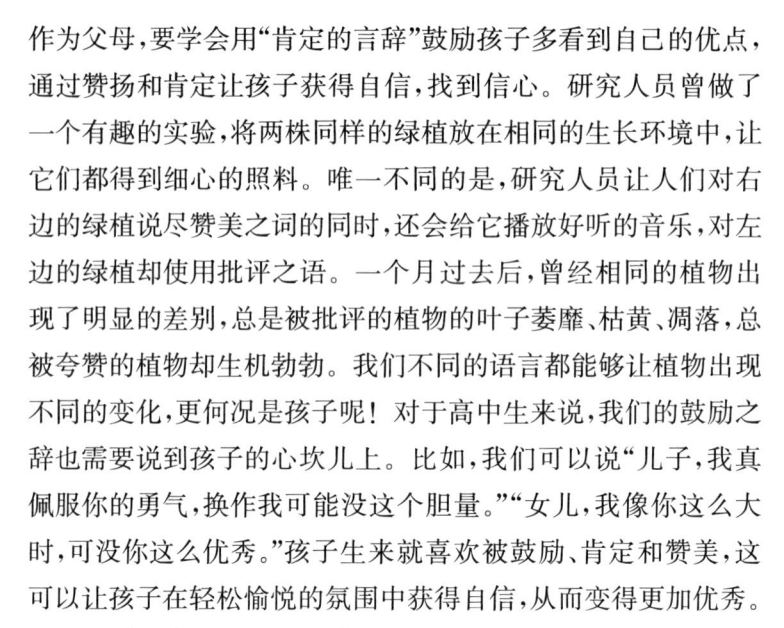

作为父母,要学会用"肯定的言辞"鼓励孩子多看到自己的优点,通过赞扬和肯定让孩子获得自信,找到信心。研究人员曾做了一个有趣的实验,将两株同样的绿植放在相同的生长环境中,让它们都得到细心的照料。唯一不同的是,研究人员让人们对右边的绿植说尽赞美之词的同时,还会给它播放好听的音乐,对左边的绿植却使用批评之语。一个月过去后,曾经相同的植物出现了明显的差别,总是被批评的植物的叶子萎靡、枯黄、凋落,总被夸赞的植物却生机勃勃。我们不同的语言都能够让植物出现不同的变化,更何况是孩子呢!对于高中生来说,我们的鼓励之辞也需要说到孩子的心坎儿上。比如,我们可以说"儿子,我真佩服你的勇气,换作我可能没这个胆量。""女儿,我像你这么大时,可没你这么优秀。"孩子生来就喜欢被鼓励、肯定和赞美,这可以让孩子在轻松愉悦的氛围中获得自信,从而变得更加优秀。

2. 勇于表达对孩子的爱

大部分高中生的家长都认为,孩子长大了,父母和孩子之间应该保持一定的距离。其实,人和人之间的沟通只有7%是语言沟通,通过非语言进行的沟通占比高达93%,这其中有55%靠的是肢体语言。在孩子遇到挫折的时候,拥抱会给予他们勇气;在孩子受到赞誉的时候,拥抱会给予他们肯定。家长勇敢地表达对孩子的关爱,就是要让孩子清楚地知道,父母很爱他们。另外,父母要给予孩子高质量的陪伴!如果父母总是借口工作太忙,而忽视对于孩子的陪伴,忽视孩子的情感需求,那么缺少父母陪伴的孩子,其情感发育是不完整的。他们会认为父母不陪伴自己是因为不爱自己,从而缺乏安全感,甚至感到自卑。他们很容易对爱产生执念,在青春期的时候,容易出现早恋的情况,过早陷入感情的漩涡。父母要陪孩子一起读书,陪孩子聊天交流,甚至可以陪孩子一起"疯闹",让孩子体会到来自父母

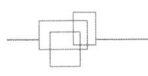

的爱。

3. 创建特殊仪式感

父母要在孩子特殊的时期设计一些仪式感,给孩子的日常生活增添一些色彩。比如,10 岁成长礼,14 岁青春礼,18 岁的成人礼以及孩子每年的生日等。父母给孩子写一封信,用心购买一个小礼物,安排一次难忘的旅行,过生日时的一个小小的朋友聚会……都能让孩子知道这个独一无二的仪式是给予他们的。这种仪式也不必复杂或昂贵,目的是让孩子感受到浓浓的爱意,感受到自己在父母心里的重要性。在爱中成长的孩子,不仅会拥有强大的内心,还会拥有对美好生活的期待和向往;体会到家庭温暖的孩子,会对生活充满激情,即使将来处于人生的低谷,也不会忘记生活的美好。总之,一个善于表达和传递爱的家庭,一定有和谐友爱的氛围,家庭成员之间的关系也会更融洽。我们要学会表达爱,这是每个父母的必修课。

【拓展延伸】

1. 眉目传情

步骤一:两个人轮流使用肢体语言猜词。一个人先想好一个词汇,然后用表情表达这个词汇的意思,必要时可辅助一些肢体动作,另一个人猜词。

步骤二:两个人互换。

步骤三:分享感受。

2. 自我表达

两个人轮流说出以下用"你"和"我"开头的两句话,体会不同的表达方式带来的不同感受。

A:你一边做作业,一边听故事,你这样不专心,你让我很生气。

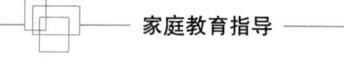

B:我看到你一边做作业,一边听故事,我感觉你这样很不专心,我感到很生气。

A:你这样不专心,学习效率很差。

B:我认为,不专心学习,效率会很差。

A:你马上关掉故事机,专心写作业。

B:我希望你马上关掉故事机,专心写作业。

第四章

美好青春　收获成长

孩子进入青春期后,随着生理、心理、认知等方面的不断成熟,会出现各种令家长意想不到的状况。家长能否使用合适的方式应对青春期的孩子是一个需要正视和学习的重要课题。如果家长面对青春期的孩子有力不从心之感,那么说明我们的教育方式已经不太适应孩子的成长需求。这需要我们及时更新家庭教育方式,深入了解青春期孩子内心真正的需求,陪伴孩子平稳度过青春期。近年来,有关青春期家庭教育的研究与实践也在不断深入和发展,越来越多的学者开始关注这一领域的理论构建和实践探索,以期更好地指导家长和教育工作者开展有效的青春期家庭教育。

第一节　青春期家庭教育

青春期是一个人成长的关键阶段,处于这个阶段的孩子面临着身体和心理的诸多变化,需要家长的支持和引导。青春期不仅是孩子生理发育的关键期,也是心理、情感和社会认知发生显著变化的重要时期。在这一时期,家庭教育对于孩子的作用尤为重要,它可以直接影响青少年的健康成长。

一、青春期家庭教育的现状

青春期家庭教育是指在孩子进入青春期后,家长或教育工作者根据孩子的生理、心理需求,帮助他们健康、平稳地度过这一阶段,并为未来的健康成长奠定坚实的基础。

首先是生理变化。青春期是青少年身体发育的重要阶段。个体会经历身高、体重的快速增长,出现第二性征。如男生出现喉结、腋毛,女生的乳房开始发育,生殖器官的成熟,男生出现遗精,女生经历月经初潮等。

其次是心理变化。青春期的心理变化复杂而深刻。青少年开始形成独立的自我意识,对自我、他人和社会有了更深入的认知。同时他们的情绪波动也较大,容易出现焦虑、抑郁等情绪问题。此外,他们对未来充满憧憬和期待,渴望实现自我价值。

再次是社交变化。青春期是社交能力发展的重要时期。青少年会与同龄人建立更紧密的关系,形成自己的社交圈。同时,他们也开始关注与异性的交往,并尝试建立恋爱关系。

最后是认知变化。青春期的认知发展也经历了重要的转变。他们的抽象思维能力不断发展,逐渐学会运用综合分析、分类比较等抽象思维方法,能够理解和处理更复杂的信息。此外,他们的注意力、记忆力和学习能力也得到了显著提高。

家长对于青春期的孩子需要关注以下几个方面。

第一,尊重与理解。青春期是孩子成长的重要阶段,家长要尊重青少年的独立性和个性差异,理解他们的需求和困惑。父母不要使用威权压制的方式,而要以平等、开放的态度与他们交流。

第二,引导与支持。父母要引导青少年正确面对青春期的

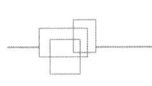

生理和心理变化，提供必要的支持和帮助，帮助他们建立正确的价值观、世界观和人生观，培养他们的责任感和自律意识。

第三，关注与倾听。父母要关注青少年的情感变化，倾听他们的心声，给予他们足够的关爱和支持，帮助他们形成积极、健康的心态。

第四，鼓励与肯定。青春期的青少年渴望实现自我价值，父母要鼓励他们勇于尝试、敢于创新。父母对于他们的努力与成就给予肯定和鼓励，培养他们的自信心，激发他们前进的动力。

第五，教育与培养。青春期是实施综合教育的关键时期，要注重培养青少年的综合素质。家长除了传授知识外，还应注重培养他们的思维能力、创新能力、沟通能力和团队协作能力等。

第六，性教育与健康教育。家长要重视青春期的性教育和健康教育。帮助青少年了解性知识、性道德和性法律，培养他们的自我保护意识和能力。同时，关注他们的身体健康和心理健康，为他们提供必要的帮助和指导。

二、青春期家庭教育的方法

青春期是孩子成长过程中的重要阶段。这一时期的孩子身体发育迅速，心理变化明显。家长需要了解这一时期孩子的特点，如情绪波动、自我意识增强、对异性充满好奇等，以便更好地与孩子沟通。我们需要以平等的态度与孩子交流，尊重孩子的想法和感受，倾听他们的声音，让他们感受到被理解、被支持。我们需要关注孩子的心理健康，及时发现并解决问题；需要培养孩子的自律意识，帮助他们养成良好的生活习惯和时间管理能力。家长在了解青年少青春期特点，建立信任关系，关注青少年心理健康和培养自律意识的基础上，还需要给予孩子适当的指导建议。

1. 尊重并理解是前提

尊重并理解是教育青春期孩子不可或缺的前提条件。青春期是孩子从儿童向成年人过渡的重要阶段，他们在这个阶段会经历许多生理和心理的变化，也会遇到各种困惑和挑战。因此，家长需要以尊重和理解的心态对待他们，为他们提供一个安全的成长环境。

青春期的孩子会逐渐形成自己独立思考的能力和价值观，他们会有自己的见解和选择。家长应该尊重孩子的选择，不要强行将自己的意愿强加给他们，不要轻视或忽视他们的情绪表达，只有这样才能建立良好的亲子关系。青春期孩子的身体和心理都在发生巨大的变化，他们可能会感到不安、焦虑或困惑。家长需要理解孩子在这个阶段所面临的挑战和压力，为他们提供具有针对性的支持和引导。我们要避免使用过于简单粗暴或过于严厉的方式教育孩子，这样只会让孩子感到压抑和束缚，还可能加剧孩子的抵触心理，导致亲子关系疏远，甚至让孩子产生逆反心理。家长的尊重和理解并不意味着对于孩子的放任和溺爱，而是要在尊重和理解的基础上，引导孩子学会独立思考、自主决策，并培养他们解决问题的能力。

另外，学会倾听是一项至关重要的技能，也是家长尊重孩子的表现。倾听意味着我们需要全身心地投入与孩子的对话中。当孩子与我们分享他们的想法和感受时，我们要尽量保持耐心和专注，不要急于打断他们的讲话或过早给出自己的判断。我们需要给予孩子足够的时间，让他们能够充分表达自己的想法和感受，这样才能更好地理解他们的内心世界。倾听也意味着我们需要保持开放的心态，我们不应该预设立场或带有偏见，即使我们对孩子的某些观点持有不同意见，也要学会控制自己的情绪和反应,避免过早地给予孩子批评或指责。倾听还需要我们运用一些有效的沟通技巧。例如,我们可以通过点头、微笑或简单的肢体语言来表达对于孩子的理解和关注,也可以用温和的语气来鼓励孩子继续表达自己的观点,还可以适时地提问或引导,帮助孩子更深入地思考以及表达自己的想法和感受。

2. 鼓励与肯定是关键

在青少年青春期的成长旅程中,家长鼓励孩子表达自己的情感和想法是至关重要的。这个阶段的孩子正经历着身心的巨大变化,他们可能面临着种种困惑、挑战和压力。因此,家长需要为他们创造一个安全的环境,让他们敢于敞开心扉,表达内心的真实感受。

我们要让孩子明白,表达情感并不是脆弱的表现。许多孩子害怕暴露自己的弱点,担心被嘲笑或被指责。我们要用耐心和同理心来告诉他们,每个人都有脆弱的时候,而敢于面对和表达这些情感,是他们成长过程中的必经之路。我们要让孩子知道,他们并不孤单。在成长的道路上,每个人都会遇到各种各样的困难和挑战,他们可以向家人、朋友和老师分享困惑,并寻求支持和帮助,一起寻找解决问题的方法。我们要鼓励他们主动寻求建立健康的人际关系,以便在面对困难时能够互相扶持、共同成长。我们要让孩子相信,每一次的表达都是一次成长的机会。孩子通过表达情感和想法,也可以更加深入地了解自己,发现自己的优点和不足。同时,孩子还可以从他人的反馈和建议中汲取智慧,不断完善自己。我们还要鼓励孩子勇敢地面对自己的情感问题,不断挑战自我、超越自我。

家长的鼓励对于孩子的健康成长有着举足轻重的作用。这些积极的反馈不仅能够增强孩子的自信心和自尊心,更能帮助他们更好地面对生活中的挑战和困难。青春期是孩子性格养成

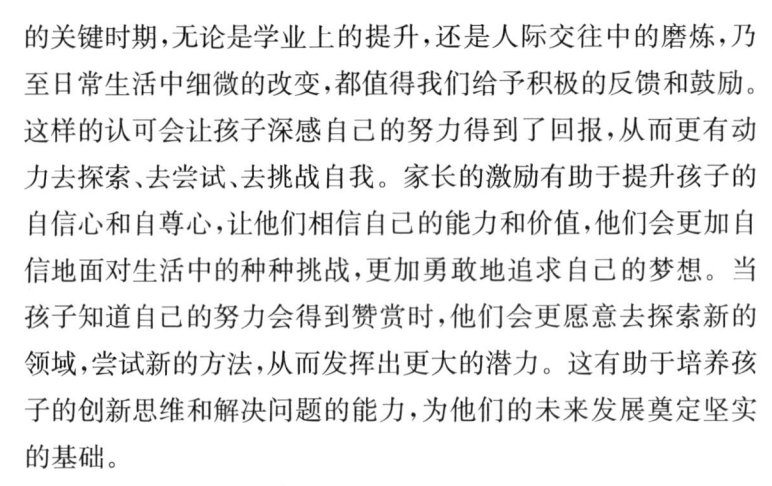

的关键时期,无论是学业上的提升,还是人际交往中的磨炼,乃至日常生活中细微的改变,都值得我们给予积极的反馈和鼓励。这样的认可会让孩子深感自己的努力得到了回报,从而更有动力去探索、去尝试、去挑战自我。家长的激励有助于提升孩子的自信心和自尊心,让他们相信自己的能力和价值,他们会更加自信地面对生活中的种种挑战,更加勇敢地追求自己的梦想。当孩子知道自己的努力会得到赞赏时,他们会更愿意去探索新的领域,尝试新的方法,从而发挥出更大的潜力。这有助于培养孩子的创新思维和解决问题的能力,为他们的未来发展奠定坚实的基础。

3. 支持和保障是责任

家长对于青春期的孩子的支持,更多地体现在对于孩子的正确引导上。引导并不是直接给出答案或强加观点,而是通过巧妙的提问、分享经验或提供信息等方式,帮助孩子更好地理解自己的问题,并寻找解决问题的方法。这就需要我们保持敏感而细腻心理,善于捕捉孩子的困惑和疑虑,并适时地提出一些问题,引导他们深入思考。通过提问,我们可以激发孩子的思考能力,帮助他们更加清晰地认识到自己的问题。我们拥有更多的生活经验和知识,可以通过分享自己的经历或观点,为孩子提供一些启示。但要注意的是,分享不等于强迫,我们不仅要允许孩子有不同的看法和选择,也要注意分享的方式方法。我们可以采用温和而坚定的态度,尊重孩子的意愿和选择,给予他们足够的自由和空间,让孩子感受到被支持和被理解的同时,也能够提升他们独立思考和自主解决问题的能力。

家长为了帮助青春期的孩子更好地应对各种挑战,不仅要给予孩子情感上的支持,还要提供必要的学习资源和途径。随着孩子身心的快速变化,他们可能会遇到焦虑或自卑等心理问

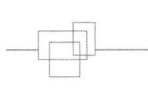

题。此时,专业的心理咨询师能够为他们提供合理的指导,帮助他们建立积极的心理和适宜的情感表达方式。我们可以为孩子推荐可靠的心理咨询机构或咨询师,让他们知道自己在需要帮助的时能够寻求专业人士的帮助。随着学业压力的增加,他们可能会遇到学习困难或学习方法不当等问题。我们可以为他们提供学习辅导服务,例如组织学习小组,邀请老师或学长进行辅导,帮助他们提高学习效率,解决学习难题。社交活动也是青春期孩子成长中不可或缺的部分。通过与同龄人的交流和互动,他们可以从中建立友谊,学会合作和沟通,培养社交能力。我们可以组织各种形式的社交活动,例如户外拓展、文艺演出、志愿者活动等,为孩子提供展示自我、结交朋友的平台。我们需要充分考虑每个孩子独特的性格、兴趣爱好和需求,并根据他们的特点和需要来灵活调整教育指导的策略。只有这样,我们才能真正做到因材施教,为每个孩子提供最适合他们的教育指导,帮助他们更好地成长。

三、青春期家庭教育的展望

学者们对青春期家庭教育的理念、方法等进行了深入的研究。他们普遍认为,青春期家庭教育应该注重孩子的个性化发展,尊重孩子的主体地位,关注他们的心理需求,采用科学的方法和手段进行引导和教育[①]。同时,也有学者强调家庭环境对于青春期孩子成长的重要影响,认为家庭氛围的和谐与否、亲子关系的亲密程度等都会对孩子的心理发展和社会适应能力产生

---

① 王志刚,过保录.关于加强中学青春期教育的一些思考[J].人口研究,1996(2):66-69.

深远的影响。①

一些学校、社区和家庭纷纷开展教育宣讲活动。这些活动通过讲座、工作坊、亲子互动等形式,旨在向家长传授青春期家庭教育的知识和技能,帮助他们更好地理解和支持孩子的成长。② 同时,一些实践者还结合具体案例,分享了他们在青春期家庭教育中的成功经验和教训,为其他家长提供了有益的借鉴。

事实上,在家庭教育的实践中,呈现出一些家长对孩子的心理变化缺乏深入的了解,难以有效应对孩子的情绪波动和行为问题;一些家长在教育方法上存在不当之处,过于严厉或过于放任的教养方式,都会导致孩子无法形成健康的人格和价值观;也有一些家庭在教育内容上过于单一,只关注学业成绩而忽视孩子的兴趣、特长和综合素质的培养。针对这些问题和挑战,我们应进一步深入探索青春期家庭教育的有效方法和策略,加强对于家长的教育,提高家长的教育水平和能力。同时,还应注重家庭、学校、社区等多方面的合作,共同为青春期孩子的健康成长营造良好的环境。

第二节　正视青春期的"叛逆"

孩子进入青春期后,由于生理上的变化,往往会出现各种各样的心理反应,其中最明显的就是自我意识的觉醒。它常常表现为同家长"唱反调",甚至出现"怼"父母的现象。家长要想与

---

① 陈一筠.青春期教育是人生教育[J].中华家教,2016(7):13.
② 王志刚,过保录.关于我国青春期教育课程设置的探讨[J].人口研究,1996(2):66-69.

青春期的孩子建立良好的关系,需要从相互尊重开始。这意味着父母面对青春期的孩子时要学会理解、学会信任、学会尊重、学会放手、学会闭嘴。

一、理解孩子的"怼"父母

青春期是孩子自我同一性的形成期,这个时期的孩子已经开始探索自我,渴望独立,同时他们的大脑尚未发育成熟,发育不足的前额叶皮质难以控制外界刺激所带来的负面情绪,他们想摆脱外界的束缚,却又没有足够的条件。所以小时候乖巧、听话、懂事的孩子,到了初中后会变得暴躁易怒,稍微多说他们几句都有可能被"怼",基本没办法心平气和的和父母说话。

【情境案例】

王明自从读初二以来,身体一下长高了许多,他还有一个很大变化,就是在学校和同学、老师相处得很好,可是回家后就喜欢"怼"爸妈。每次爸妈想要和他交流学校学习的情况时,他便表现出很不耐烦的样子。王明总以"没什么好交流的"去"怼"爸妈,接着就回自己的房间了。其实,从六年级开始,他就出现了这样的状况。

【原因分析】

现实生活中的很多父母都会有案例中类似的苦恼,对于孩子"怼"父母的现象,我们不能一味地埋怨孩子,可能需要了解孩子"怼"父母的原因。"怼人"可能是孩子表达自己想法的一种标新立异的做法。孩子到了初中阶段,自我意识越来越强,对事物有了自己的看法,如果他们的看法和父母不一致的时候,就容易出现"怼"父母的现象,以此表明自己不再是小孩子,而是一个有独立观点的人。

【家长有话说】

我想好好跟他说话,可他就是"怼"我。我也想了很多种孩子"怼人"的原因:可能是由于孩子的性格特质,比如他天生较为直率,言语犀利;也可能是受到了外界环境的影响,模仿了其他人的行为或受到了网络言论的误导。不管我说什么,他要么不搭理我,要么说话气我,我俩根本沟通不了。

"怼人"有时候也是孩子讨厌被别人命令与控制的表现。案例中的王明不愿意按照父母设计好的规划去做,不想听从父母的建议,他通过"怼人"的方式来表达对父母的不满,其实是希望父母能够尊重自己的想法。

【对策建议】

1. 了解孩子的心理特征

我们通过学习和了解青春期孩子的特点,能够对于自家孩子的生理和心理状态产生预判。当孩子出现不稳定情绪的时候,父母才不会慌乱,也不会被孩子的情绪所扰动,更不会因为孩子的不稳定情绪而产生负面情绪和冲动的言行。父母陪伴孩子的时候要把握好"度",给予孩子独立的空间和时间,不能放任不管,也不能牢牢控制。如果放任不管,敏感的孩子就会以为父母不爱他们;如果牢牢控制,孩子就会压抑、会反抗,甚至会引发破坏性的亲子冲突。父母在孩子需要帮助的时候就及时出现,不需要的时候就默默付出,尽量不要去打扰孩子。所以,了解并接纳孩子的变化是父母首先要做到的。

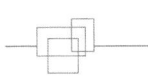

2. 真诚的尊重孩子

父母对孩子的尊重并非空洞的言辞,而是体现在每一个生活细节之中。由于父母与孩子存在年龄、角色、经历等方面的差异,会在认知、见解上产生分歧或冲突,这是非常正常的现象。因此,父母在与孩子沟通时,应当有充分的心理准备,接纳并包容这些分歧。法国教育家卢梭曾说,世界上最没用的教育方式,就是发脾气、讲道理和自我感动。父母可以这样跟孩子说,"有个建议,不知道好不好,希望能给你一些帮助。"如果孩子并不想采纳也没关系,可以问问孩子的想法,还可以说,"关于这一点你想得非常周到,连我们都很容易忽略,不过这样做也会存在一些隐患,虽然目前不会显现出来,但是你可以多考虑一下,提前做好防范。"父母真正尊重孩子的想法和感受主要体现在一些存在分歧的问题上,如果父母能够保持真诚友好的态度,那么孩子自然会感受到这份尊重。他们会明白父母是真正关心他们,愿意倾听他们的心声,而不是仅仅将自己的意愿强加给他们。这种尊重是双向的,当孩子感受到来自父母的尊重时,会自然而然的尊重父母,更加认真的考虑父母的建议。反之,如果父母在与孩子沟通时,没有站在孩子的立场去思考问题,只是一味地强调"为你好",甚至使用粗暴的语言,那么孩子就很难感受到来自父母的尊重。在这种情况下,即使父母的意见非常正确,孩子也可能因为情绪上的抵触而不愿听取。

3. 营造民主的家庭气氛

父母为了孩子能够在一个宽松、自在的环境中成长,使他们能够毫无顾忌地表达自己的感受和观点,在家庭中应当摒弃那种时刻以权威而自居的态度,营造出一个民主、平等的家庭氛围。这样的家庭中的每个人的意见都能够得到充分表达。

在一档电视节目中,记者采访了一位靠"农家乐"致富的年轻人。他坦言从小受到的教育就是"知识可以改变命运",所以他发奋读书,也终于考上大学走出大山。但是大城市里的竞争很激烈,想要打拼很不容易,他看准了旅游业领域的发展机会,毅然决定回老家发展"农家乐"。刚开始父亲非常反对,认为好不容易培养出来一个大学生还是回到了农村,太没面子了,而且开"农家乐"需要很多启动资金,存在风险,于是坚决反对他的想法。但是母亲不一样,她认真听取儿子的分析、规划,发现儿子的想法大有可为,还说服老伴共同支持儿子创业,最终这位年轻人成功了。

父母让孩子参与家庭中的"大事"是营造民主家庭氛围的重要方法之一。孩子是家庭的重要成员,虽然家长做任何事情都是本着"一切为了孩子"的理念,但是在做重要决定时经常忽略孩子的意见。家长要知道孩子也是在不断成长的,他们对世界的认知速度和认知方式都要比我们迅捷而先进,家长多参考并采纳他们的想法也许能够得到意想不到的结果。

二、理性看待孩子的沉默

当家长面对青春期的孩子时,常常会感到困惑,因为他们不理解孩子的内心想法。当家长试图走近孩子的内心,孩子却用沉默应对,家长和孩子之间似乎有一堵看不见的墙阻隔了彼此的交流;家长不断的和孩子传递交流的信号,孩子却宁愿专注于手中的作业,也不愿和家长交流。其实,孩子需要家长的认可与鼓励,如果家长可以多站在孩子的立场考虑他们真正想要什么,多倾听、多理解孩子的意见,也许就能打开孩子的心扉,了解孩

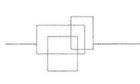

子的内心需要。

【情境案例】

　　李红今年读六年级。以前,她放学回家很喜欢叽叽喳喳的和妈妈聊学校的事情,但现在当爸妈想要和她交流学校的学习情况时,她总是闭口不言,哪怕是商量周末去哪里玩,她也不愿意发表意见。一天午后,母亲坐在沙发上,手里拿着试卷,眉头紧锁;对面的女儿低头坐着,双手紧握,一言不发。母亲责备道:"你看看你的成绩,怎么下滑得这么严重?"李红抬起头,眼神闪躲,没有回答。"你说话啊,是不是有什么心事?还是有什么困难?"母亲的语气中透露出焦急和关切。李红低下了头,嘴唇动了动,但最终还是没有发出声音。

【原因分析】

　　案例中的李红在亲子沟通中选择沉默的原因是多种多样的。孩子的沉默会让家长、老师感到既恐慌又无奈。青春期的孩子会让家长有时候感到无所适从,也无从知晓他们的内心的想法。家长试图拉近与孩子的心理距离,但似乎有一层透明的隔膜,阻隔了家长与孩子的交流。家长急切的呼唤,孩子却沉浸于自己的世界,仿佛家长的声音无法穿透那层隔膜,无法进入孩子的世界。同时,孩子似乎也不愿走出自己的世界。

【家长有话说】

　　我从事教育工作近二十载,尽管经验丰富,但面对自家的孩子也是一筹莫展。自从孩子步入高年级,他在我面前始终保持沉默。如今,让我倍感无力的不再是那些调皮捣蛋、难以管教的学生,因为这样的孩子尚能通过适当的方法加以引导。相反,是

195

这些像我家孩子一样选择沉默的孩子,让我感到束手无策。

孩子沉默的原因可能涉及多方面,包括心理、社交、家庭、学习和身体等。当前,随着社会的发展,孩子经常面临复杂而多变的问题,这些问题时常困扰着他们的内心世界,影响他们的行为和表达方式。当孩子面临困扰时,他们的内心可能会充满压力和焦虑,甚至陷入抑郁的情绪之中,这可能导致孩子选择沉默作为自己的应对方式。这种沉默不仅会掩盖他们内心的真实感受,还会阻碍自己与他人建立有效的沟通和联系。因此,我们需要关注孩子的心理状态,及时发现并帮助他们解决问题,促进他们的健康成长。

【对策建议】

1. 克服孩子的社交焦虑

在社会交往中,有些孩子可能会担心受到别人的批评、拒绝或嘲笑而选择保持沉默。这种焦虑可能源于他们内心深处的不自信,即自己的言行会被他人评价,进而伤害到他们的自尊心。这些孩子可能非常在意他人对自己的看法,担心自己的表现不够出色或不符合他人的期望。因此,他们选择放弃参与社交活动或与他人交流的机会以避免可能的尴尬和挫折。这种逃避社交的行为,虽然暂时能够减轻他们的焦虑感,但很可能导致他们与同龄人之间的差距越来越大。

社会交往所带来的一些技能对于孩子的成长和未来的发展至关重要。社交焦虑还可能对孩子的心理发展产生负面影响,长期保持沉默和逃避社交会使孩子变得内向、孤僻,缺乏自信和语言表达能力。因此,家长需要关注孩子的社交焦虑问题,并采取积极的措施来帮助他们克服这种困扰。首先,父母要给予孩子更多的支持和鼓励，让他们感受到自己的价值。其次，可以引导孩子逐步参与社交活动，从简单的交流开始，逐渐提高他们的社交能力。父母可以引导孩子参加夏令营、社区活动等，让他们有机会与同龄人交往，培养社交技能。在社交活动中，孩子可以学会如何与他人合作、分享和沟通，从而逐渐改变沉默的习惯。同时，也要教育孩子学会正确看待他人的评价，培养他们的自信心和抗挫的能力。

2. 营造有爱的家庭环境

一个和谐、开放、充满爱的家庭环境，往往能够培养出乐观、自信、善于表达的孩子。相反，如果家庭环境充斥着紧张、压抑和冲突，那么孩子可能会变得沉默寡言，甚至产生沟通障碍。很多孩子因为感受不到家的温暖，对待亲情的态度和方式会变得越来越冷漠。如果童年时不能像其他孩子那样在父母面前撒娇、任性，那么长大后极有可能会出现"社交恐惧症"。因为从小缺乏安全感，会让他们的自我保护意识变得异常强大，从而筑牢心理防线，很难对别人敞开心扉。当孩子保持沉默时，父母不妨先看一看是否存在家庭氛围不和谐的情况。如果夫妻双方确实存在不可调和的矛盾，那么也不要在孩子面前发生争执，心平气和地解决问题反而能得到孩子的理解。

3. 创建顺畅的沟通条件

父母的教育方式可能会影响孩子的沟通方式。如果父母过于强调孩子性格上的服从，缺乏对于孩子情感的关注和理解，孩子可能会逐渐失去沟通的欲望和能力。家长要学会理解孩子的想法和感受，给予孩子更多的支持和鼓励，尝试与他们建立彼此信任的关系，鼓励他们表达自己的感受和需求。

孩子需要父母的认可与鼓励，父母要多站在孩子的立场考虑他们真正的心理需求，只有多倾听、多理解孩子的想法，才能

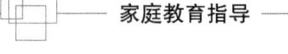

帮助孩子愉快、顺利地度过自己的青春期。

三、巧妙应对孩子的"心口不一"

青春期的孩子在面对父母的要求时敢于坚持自己的意见，甚至会对父母的权威提出质疑，这是青春期的孩子常常出现的现象。面对父母的教导，孩子表面上看似听进去了，却在实际行动中始终坚持自己的想法。当家长面对孩子的这种情况时，需要理性分析孩子产生这种行为方式背后的原因，根据孩子的心理特点巧妙应对，而不能对其进行严厉的说教或批评。

【情境案例】

小刚是高中三年级的学生，在众人眼中他总是一副安静听话、勤奋好学的样子。他经常带着笑容，礼貌地回答老师的问题，对家长的要求也是言听计从。但他那"完美的面具"下隐藏着不为人知的另一面。他会在完成家庭作业时偷懒，选择抄袭别人的答案来应付父母和老师的检查；或是在课堂上偷偷溜出去，享受课外的自由时光。小刚的这种行为在学生中并不少见，只是他成了那些"不守规矩"的学生的代表。

【原因分析】

我们在探讨孩子表面遵从父母的要求，内心却持反对态度的行为方式时，首先要认识到这种行为通常源于孩子的个人意愿与父母的期望之间的分歧，或者是因为父母在引导孩子的过程中的过度干预。青春期是一个特别敏感的阶段，孩子们在这个时期自我意识迅速觉醒，学会坚持自己的想法，并对父母的权威提出质疑。

【家长有话说】

晚上,我来到女儿房间,让她把今天发下来的语文试卷拿出来给我看。看完之后,我不太满意,便说:"这篇古文你不是背过了吗?怎么还是选错了?基础知识不能丢分。"女儿脱口而出,"你是我妈,你说的都对。"最近这句话几乎成了女儿的"口头禅",我听了以后很不舒服。我多次跟她谈这个事情,她还振振有词地说:"难道我说的不对吗?"孩子大了不能打、不能骂,这可怎么办?

"心口不一"也许是孩子探索自我内心世界的外在表现。父母认为自己的要求是完全合理和有益的,但在孩子的眼中,这些要求可能会被视为对他们的束缚。这种情况下,孩子可能会选择表面上遵从父母的要求,以避免直接冲突。他们可能会回答"你说的对、我知道了、我明白了",但在内心深处,他们可能有着完全不同的想法。例如,"我才不会按照你的想法去做呢"。因此,他们选择采取一种更为巧妙的策略,即"假装乖巧、实则搞怪"而成为家庭中的"双面间谍"。这就像是一场家庭版的"猫鼠游戏",父母在前面设定规则,孩子就在后面琢磨怎么绕过这些规则,才能实现自己的"小心愿"。这跟孩子正在形成的独立思考能力和价值观有很大关系,也就是说,他们并不是故意跟父母对着干,而是正在探索属于自己的世界。如果这种行为方式长时间延续,就会让父母感到困惑和失望,他们可能会觉得孩子的言行不一、难以管教,甚至可能会放弃对于孩子的引导。家长不能因为孩子出现"成长的烦恼"而改变自己的态度,因为父母的引导和支持对于孩子的成长至关重要。

【对策建议】

1. 认同孩子的感受

孩子"心口不一"的行为确实会带来一些负面影响。比如，会损害孩子与家长之间的信任和亲密关系。当孩子表面上答应家长的要求，暗地里却按照自己的意愿行事时，家长会感到被孩子欺骗并抱有某种失望的情绪，这可能会降低父母对孩子的信任感。长此以往，家长和孩子之间的沟通和互动会变得困难，亲子关系可能会受到损害。因此，父母在与孩子交流时，不仅需要倾听，更需要肯定孩子的想法，不要盲目给孩子提出一些所谓的"合理化建议"，这看似是好心，实际上是在否定孩子，令他们感受到不被父母信任，反而不愿意分享自己的想法和感受。当然，父母有时也很困惑，当他们真诚希望倾听孩子吐露的心声时，孩子却偏偏不开口。这时，家长不妨选择一次户外郊游，一个舒适的环境，敞开心扉跟孩子进行一次沟通，也许会有不错的收获。

2. 培养孩子的独立思考能力

孩子在家庭中出现的不诚实和欺骗的行为，也可能会被带到学校和社会中，导致他们在与别人的交往中缺乏真诚和信任，难以建立良好的人际关系，阻碍他们的个人发展，错失学习和成长的机会。长此以往，孩子就会缺乏自律性、责任感和解决问题的能力，难以适应来自社会生活的挑战。因此，家长需要认真对待孩子"心口不一"的行为，及时引导孩子认识到这种行为的负面影响，并帮助他们建立正确的行为模式和价值观。父母除了和孩子进行日常沟通外，还可以通过多种方式来支持和鼓励孩子的独立思考能力。父母可以给予孩子更多的自主权和决策权，让孩子在自己的能力范围内承担更多的责任。例如，购物时可以让孩子自己挑选商品，不要一味地代替孩子去做选择；家庭生活中也可以让孩子参与一些家务劳动，让他们勇于独立解决问题和承担责任。

3. 避免过度干涉孩子的生活和学习

孩子之所以采取这种表面服从的行为方式,主要是为了避免和父母的直接冲突。他们认为,如果直接与父母发生冲突,可能会加剧矛盾,甚至可能引发父母的愤怒。这种冲突不仅使他们的意愿可能无法得到满足,还可能会给他们带来更多的行为约束。如果孩子无法真实表达自己的意愿和需求,长期积累下来容易遭受焦虑或抑郁等心理问题的困扰。父母需要注意自己的言谈举止,避免过度干涉孩子的生活和学习,应该给予孩子更多的信任和支持,让他们学会独立解决问题和应对挑战。虽然父母对孩子的关心和照顾是必要的,但是过度干涉会让孩子失去自主性和独立性。父母也应该尊重孩子的个性和兴趣,让他们拥有自由发展的空间,不要将自己的期望强加给孩子。当孩子遇到困难时,父母应该给予孩子充分的信任和支持,提供有效的指导和建议,但不要代替孩子去解决问题。这样可以让孩子增强独立思考和解决问题的能力,增加他们的自信心。同时,父母也应该给予孩子积极的反馈,让他们感受到自己的进步。有时,即使父母明知孩子这样做会出现问题,也要学会"等待"时机,让孩子自我醒悟、寻找原因、尝试改进,这样才会让孩子在日后遇到类似的事情时临危不惧、应变自如。

【拓展延伸】

1. 真心话大冒险

步骤一:每个家庭成员轮流选择一个瓶子或抽取一张卡片。

步骤二:根据瓶子或卡片上写的指令去完成任务。可以是要求回答一个私人问题,例如,"你最害怕的事情是什么?"可以是要求执行一个有趣的任务,例如,"模仿你最喜欢的影视里的角色,说一段台词"或"做一个搞笑的表情让大家拍照"。

步骤三:当某个家庭成员被选中时,就需要根据指令回答问题或执行任务。

步骤四:游戏结束后说说个人的感受。

2. 观看《青春变形记》

推荐理由:这部电影讲述了女孩小美从少年走向成人的故事。"每个孩子都是曾经的我们,他们也将长成未来的你。"我们可以在影片中或多或少看到自己的影子。

故事梗概:妈妈非常懂得呵护自己的女儿,小美总是扮演着乖乖女的角色。可实际上,小美和所有同龄的孩子一样,活泼顽皮,有自己的想法,还开始对异性产生了兴趣。一场意外使得小美受到刺激,变身为一只小熊猫,就此揭开了隐藏在她的家庭里的秘密。影片围绕小美在青春期的生理和心理变化,以及与家庭成员产生的对抗和矛盾,表现出小美强烈的叛逆心理。影片也让我们看到两代人之间如何化解矛盾冲突,父母应该如何调整心态的真实故事。

第三节 增强孩子的"抗逆力"

焦虑往往是我们面对挑战和压力时的一种心理反应。如果我们停留在焦虑的情绪中,那么焦虑就会成为我们前进的"绊脚石"。孩子时常也会面临各种挑战,无论是学业上的竞争,还是生活中的困难,都会让他们感到力不从心,难免心生焦虑。但也正是这些挑战和压力,为孩子提供了锻炼和成长的机会。我们应该主动去寻找、发现这些机会,通过实践去锻炼孩子的"抗逆力"。

一、缓解学业焦虑

学业焦虑是学生常见的心理反应，主要表现为紧张、不安、恐惧等负面情绪，同时也可能伴有失眠、记忆力减退、注意力难以集中等现象，甚至可能会因为焦虑而逃避学习。青春期的孩子处于身心发展的不稳定期，会有对未来不确定性的担忧，这些都需要家长适时进行指导。

【情境案例】

萌萌今年读五年级，她的学业表现一直优秀，上课总能积极发言，每天早早地完成作业。然而，在一次小测验失利后，萌萌开始感到焦虑，总是担心自己的成绩会下降，担心老师和家长会对她感到失望。这种焦虑让她开始怀疑自己是否能够保持以往的优秀表现，开始失去对自己学习能力的信任，成绩也开始下滑，这又进一步加剧了她的焦虑和担忧。每晚睡前萌萌都会有一种莫名的恐惧感，更是有好几次梦见自己在考场因为一道题不会做而浪费了整场考试时间交了白卷。惊醒后她感到困惑和无助，不知道如何打破现在的局面。

【原因分析】

焦虑常常让我们感到迷茫和无助，我们要想战胜焦虑，首先需要认清其根源，只有深入了解焦虑产生的源头，才能找到应对的有效方法。案例中的萌萌一直以来都表现出色，因此在一定程度上形成了一种"优等生"的心理特质。这种心理让她对自己充满了信心，相信自己在各方面都能够做到最好。然而，正是这种"优等生"心理让她在面对失败或挑战时，会担心自己的表现

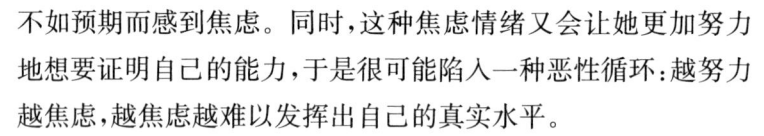

不如预期而感到焦虑。同时,这种焦虑情绪又会让她更加努力地想要证明自己的能力,于是很可能陷入一种恶性循环:越努力越焦虑,越焦虑越难以发挥出自己的真实水平。

学校里每个学期都会有各种测验,孩子们也很容易感受到来自多方面的压力。首先,老师的殷切期望像一座无形的大山,沉甸甸地压在他们的心头。其次,家长的关心与期待也让孩子倍感压力。父母总是希望自己的孩子能够出类拔萃,成为他们的骄傲。他们给孩子提供良好的学习环境,希望孩子能够充分利用这些条件,取得优异的成绩。有时这种过度的关心与期待反而会让孩子"透不过气",担心自己的成绩不尽如人意,会让家人和老师失望。

【家长有话说】

女儿从一年级到三年级都是班长,老师、家长也都很满意。后来,在四年级竞选班长时落选,回家后看到我就哭了起来。我安慰她说,班长轮流做很正常,应该让其他同学有机会体验。可是女儿听不进去,还说新选上的班长不如自己优秀,只是数学成绩比自己略好一点。我一再提醒她要看到别人的长处,以后继续努力就行了。虽然她刚开始答应得很好,但是此后的每天都不太开心,最近更是告诉我不想去学校了。

很多孩子面临自我期望过高而带来的压力,他们对自己要求严格,总是希望自己在各方面都能够做到最好。然而,生活、学习中有很多不确定的因素,谁也无法保证自己永远可以做到最好,如果不充分认识到这一点,就很容易对自己的能力产生怀疑,这种自我怀疑和担忧也促使孩子的焦虑心理不断升级。

【对策建议】

1. 重建学习动机和目标

当孩子感到焦虑时,我们可以帮助他们寻找问题的根源,并制订解决问题的方法,将焦虑转变为积极心理的动力。通过实际行动,可以使孩子逐渐摆脱焦虑的困扰,提升自己的应对能力和心理素质。首先,可以通过重新确立孩子的长期和短期的学习目标,明确学习的目的和意义。这样可以明确孩子学习的意义并不是只为了一次考试的结果,这有助于他们摆脱当前的焦虑状态。长期目标可以为孩子提供一个明确的方向,使孩子始终保持学习的热情和动力;短期目标则可以帮助孩子更好地规划学习进度,保持学习的连贯性和持续性。其次,制订合理的学习计划。在学习的过程中,一个合理的学习计划就像是指南针,指引孩子走向正确的方向;一个精心制订的学习计划能够极大地提高学习效率,减少焦虑情绪,使学习过程更加有条理。再次,也可以将学习时间划分成适当的板块,每个板块集中完成一个特定的学习任务。这样的划分可以避免产生长时间学习导致的疲劳和注意力不集中现象,有助于保持高效的学习状态。从次,孩子的复习和休息时间在学习计划中同样重要。适当的休息能够让大脑得到放松,为接下来的学习储备能量。最后,学习计划的执行和监督也是至关重要的。家长可以引导孩子通过定期检查学习计划的执行情况,及时发现问题并进行调整,同时还可以在学习过程中进行自我反思和总结,以便更好地掌握学习方法。

2. 鼓励孩子主动寻求帮助

寻求帮助是解决问题的有效途径。在生活中,每个人都会遇到各种各样的问题,有些问题我们自己能够解决,有些问题则需要他人的帮助。我们要鼓励孩子主动向老师、家长和同学寻求帮助和支持。这些支持者可以为孩子提供较好的建议,既能

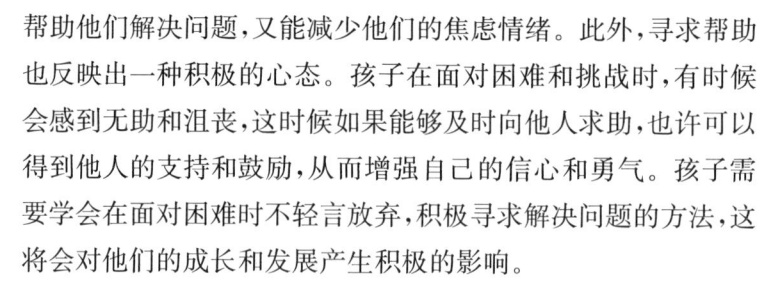

帮助他们解决问题,又能减少他们的焦虑情绪。此外,寻求帮助也反映出一种积极的心态。孩子在面对困难和挑战时,有时候会感到无助和沮丧,这时候如果能够及时向他人求助,也许可以得到他人的支持和鼓励,从而增强自己的信心和勇气。孩子需要学会在面对困难时不轻言放弃,积极寻求解决问题的方法,这将会对他们的成长和发展产生积极的影响。

3. 消解孩子的"提前焦虑"

在追求成功的过程中,孩子很容易产生一种"提前焦虑"的心理,担心未来的结果不如预期,并且孩子的这种心理状况往往会被家长忽略。这就需要我们在引导孩子的时候关注孩子是否存在这种情况,家长要让孩子明白,"提前焦虑"并不能改变未来的结果,担忧和焦虑只会让他们在心理上承受更多的压力,而无法对实际的结果产生任何积极的影响。同时,过度的焦虑也会影响孩子的心态,导致他们在关键时刻失去自信,不能保持头脑冷静。因此,家长可以引导孩子学会以平和的心态去面对每一次的结果。如果结果不尽如人意,家长可以带着孩子一起反思不足,并寻找改进的方法;如果结果令人满意,家长应该祝贺孩子的成功,复盘成功的经验并为未来的挑战做好准备。

二、提升自我效能

我们针对青春期孩子的不稳定特点,帮助并提升孩子的自我效能尤为必要。我们如何帮助自我效能低的孩子找到学习的信心呢？家长可以引导孩子多感受自己曾经成功的经验,不断唤醒孩子大脑里有关成功的记忆。另外,家长要善于发现孩子的"闪光点",多寻找孩子成长过程中的"高光时刻",多给予孩子支持和鼓励。

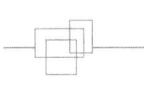

【情境案例】

小林是一名初二的学生,平日里性格开朗。近日,学校的心理信箱收到了他的一封来信,信中流露出他内心的迷茫与失落。他在信中写道:小学时他曾是班级的班长,成绩优异。进入初中后,他怀揣着对未来的憧憬,立志要在初中阶段取得优异的成绩,希望每门功课都能获得 A,将来能够跻身重点高中的殿堂。但是,现实与他的期望大相径庭。上学期期末考试时,他的作文因偏离主题而失分,语文只得了 B。更让他沮丧的是,学校的英语试卷难度超乎想象,他仅得了 C。这些打击让小林倍感失落,并且他还遭到了父母的责备,他的内心痛苦不已。小林在信中坦言,自己付出了很多努力,成绩却始终不尽如人意,这让他开始怀疑自己的能力,甚至觉得自己"太笨了"。他感到前途渺茫,仿佛陷入了黑暗之中,看不到任何光明。

【原因分析】

我们通过调查发现,不只是小林,还有很多孩子都有类似的困惑。他们纷纷表示,有些题目真的不会做,老师在课堂上讲的内容听起来就像"天书"一样。有的孩子则表示,虽然自己也很想提高学习成绩,但是不知道该怎么做,觉得自己已经很努力了,成绩却越来越差。

这些孩子的心声让我们明白,面对学习上的困难,孩子们确实需要提升自我效能,只有提升自我效能才能够促使他们增加拼搏的动力,让他们重拾信心、勇往直前。

【家长有话说】

每一位家长肯定遇到过孩子在学习上遇到难题就不想做,遇到其他困难就想放弃的现象。针对孩子的问题,我看了很多书,也请教了很多专家,最后才明白,其实就是要培养孩子的"抗逆力"。所以我特意给孩子制造一些困难,让孩子参加"户外体验"类的活动,想借此锻炼孩子承受挫折的能力。结果,孩子的"抗逆力"不但没有得到加强,反而加剧了亲子冲突,现在我在家无论说什么都没有作用。

我们可以把影响孩子自我效能感的因素归结为内部因素和外部因素两大类。内部因素主要包括孩子自身的性格特点。一些孩子可能过度依赖他人,缺乏独立思考和解决问题的能力,当独自面对困难时,他们往往无法有效应对。此外,他们对自己的能力和价值产生怀疑,这使得他们在面对挑战时更容易感到沮丧。另外,自尊心强也是一个重要因素,它可能会使孩子容易受到批评和失败的负面影响并且难以自我治愈。外部因素对孩子的自我效能也有重要影响。家庭环境的不稳定或缺乏来自家庭的支持,可能会导致孩子缺乏安全感和信任感,这会减弱他们应对挫折和困难的能力。

家长一定要找到孩子"抗逆力"薄弱的原因,而不是人为地制造困难去刻意锻炼孩子,这样做无疑是舍本逐末。在很多父母的眼里,挫折教育的关键在于故意给孩子制造困难,让孩子吃点苦,让他们不断地遭受失败。其实不然,我们没有必要让孩子去接受一些人为的挫折,因为在孩子的成长道路上一定会经历无数的挑战,父母要舍得放手让孩子去尝试,让孩子自己做出选择。

【对策建议】

1. 把握锻炼机会,重振自我信心

孩子在成长的过程中,如果受到过度保护,没有经历过适度

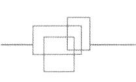

的挫折和困难，就失去了学习和应对挫折与失败的机会。这样的环境使得孩子在真正面对挑战时显得无助和脆弱，他们时常会面临失去自信心的挑战。事实上，无论是学业上的竞争，还是生活中的困难，都可能让孩子感到力不从心，但也正是这些挑战，为孩子提供了锻炼和成长的机会。我们应该主动去寻找、发现这些机会，通过实践去锻炼孩子的能力。每一次成功的尝试，都会让他们获得更多的自信，逐渐摆脱自卑和迷茫，迎接更大的挑战。我们可以让孩子从简单的任务做起，逐步挑战自己的能力极限。这些看似微不足道的经历恰是锻炼孩子自信心的宝贵机会。当孩子面对挑战勇敢地迈出第一步并取得成功时，这种成就感会让孩子更加坚定自己的信念，相信自己有能力去克服生活和学习中的一切困难。

2. 发挥自我优势，形成乐观态度

每个孩子都有自己独特的优势和才能，关键在于我们是否能够发现并善于利用它。我们要从积极的视角去看待孩子，帮助孩子关注自己的长处和优点，而非过分纠结于孩子的短处和不足。家长积极的心态有助于形成孩子乐观的生活态度，能够让他们更好地面对生活中的挑战和困难，不仅能够更好地展现自己的才能，还能体验到成就感和满足感。这种积极的反馈会进一步强化孩子的乐观心态，让孩子更加自信地面对未来。首先，家长要有正确的世界观、人生观、价值观，时刻注意自己的言谈举止，在孩子面前不要有过激的行为，为孩子树立良好的榜样。其次，要接纳孩子的不完美，多关注孩子的感受和情绪。孩子做得不好或者失败了，要多给予鼓励，不要经常把"别人家孩子多么优秀"这样的话挂在嘴边。少一点攀比，多一点宽容；少一点责骂，多一点肯定。如果我们总是让孩子独自面对困难，甚至使用不好的言语加以打击，那么得不到足够情感支持的孩子

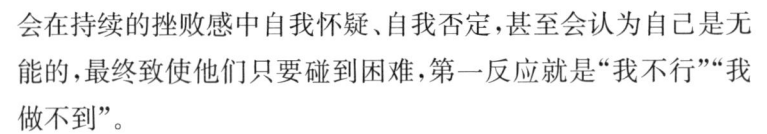

会在持续的挫败感中自我怀疑、自我否定,甚至会认为自己是无能的,最终致使他们只要碰到困难,第一反应就是"我不行""我做不到"。

3. 确定前进目标,找到发展动力

人生如同一场马拉松,没有目标的人很容易在途中迷失方向,甚至放弃前行。因此,确定一个明确的前进目标至关重要。这个目标可以是一个具体的学业规划,也可以是一个远大的生活理想。我们需要结合孩子的实际情况和兴趣爱好,制订一个既可行又有挑战性的目标。我们还要帮助孩子将目标分解为若干个阶段性的小目标,这样既容易实现,也能让孩子在每一步的进展中感受到成功的喜悦。有了目标,孩子才能为之努力,不断增强发展的动力。动力可以来自内心的渴望,也可以来自外部的压力和激励。孩子可以通过学习新知识、提升技能、拓展人际关系等方式来增强自己的竞争力,从而激发前进的动力。此外,我们要鼓励孩子与志同道合的人一起努力,互相鼓励和支持,这也是保持动力的有效途径。

三、增强家庭联结

家庭环境对青春期学生的"抗逆力"的形成有着深远的影响,不稳定的家庭环境可能会导致学生缺乏安全感,削弱他们应对挫折和困难的能力。家长需要努力与孩子建立深厚的情感联系,不断优化家庭关系,增强家庭联结,用心关注孩子的内心需求,给予孩子强大的支持。

【情境案例】

晓蓉是五年级的学生。由于爸爸在外地打工,晓蓉和弟弟的抚养责任便落在了妈妈的肩上。妈妈相对严厉,对晓蓉的生活有较多的管束,平时也很少跟她交流。妈妈更多的心思要用来照顾年幼的弟弟,有时也需要晓蓉的帮助。受到条件限制,家中没有一个专门用于学习的独立空间。晓蓉的学习成绩并不突出,学习习惯也有待改进。妈妈经常会批评晓蓉,要么说她"笨手笨脚",要么说她"一点用都没有",甚至还会说她"就知道吃饭"。晓蓉每天都很不开心,但是又不敢告诉妈妈,生怕又遭到妈妈的责骂。

【原因分析】

积极稳定的家庭环境对于增强学生的"抗逆力"有着深远的影响。处在像案例中这样的家庭环境里的孩子需要父母更多的理解和支持,否则很难从家庭中找到更多的快乐和满足。家长应该理解孩子的需求和困扰,给予他们积极的反馈和有力的支持。

【家长有话说】

我跟孩子的妈妈都不是本地人,两个人在陌生的城市打拼真的很不容易。女儿也是我们的"掌中宝",从小呵护备至,总想把最好的给她。孩子小的时候还是挺不错的,可是到中学后就越来越不听话。我们也跟她讲了很多道理,可女儿经常嫌我们唠叨。现在,我和她妈妈都不能说她了,讲两句她就开始哭。有一天,我无意中看到女儿书桌上的本子里夹着一张小纸条,上面写着:"我是不是不该来到这个世界?"吓得我跟她妈妈不知该怎么办了。

家长似乎并没有意识到,把自己在生活、工作方面的压力正在悄悄地转移到孩子身上。我们经常会跟孩子"诉苦",希望用这样的话语来激发孩子的学习动力,但是往往事与愿违。

【对策建议】

1. 避免情绪转移给孩子

我们处在一个奋进拼搏的时代,承受着各种压力的同时,也迎来了各种机遇和挑战。成年人的世界的确不容易,同样,孩子的世界也不容易。我们不能认为他们"除了学习就没有什么好烦恼的",更不能因为我们的压力大就不在乎孩子的感受。

小蕊的爸爸、妈妈开了一家小超市,平时从早忙到晚,双休日、节假日都要营业。小蕊的妈妈整天待在超市里,面对顾客笑脸相迎,回家后对女儿却没有耐心,经常发火,控制不住自己的情绪。妈妈也表示,每天晚上看女儿写作业特别容易发火。每当孩子考试考得不好,她也想好好跟孩子谈谈,但是没说几句话就开始发火。小蕊在妈妈的影响下也是非常容易发脾气,而且"回嘴回舌",家里经常"鸡飞狗跳"。小蕊的妈妈觉得这样下去肯定不行。在老师的建议下,她开始学习管理自己的情绪,学习如何跟女儿友好沟通。现在,已经升入中学的女儿,不仅脾气变好了,也愿意和父母交流,这让妈妈倍感欣慰。

孩子的变化再次提醒家长,我们需要关注是否在无形中将自己的压力转移到孩子身上,只有学会管理好自己的情绪才能给孩子树立好的榜样。

2. 建立正向的沟通机制

我们要用积极、正面的方式表达自己的想法和要求,避免使用攻击性的语言,正面表达是家庭沟通中不可或缺的方法。当我们以积极的方式沟通时,不仅能够减少误解和冲突,还能够增强家人之间的合作意愿。比如,定期举行家庭会议就是很不错的做法,它可以优化家庭关系,增加亲密情感。首先,选择固定

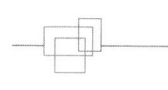

的时间和地点,让家庭会议成为家庭成员的特定事务。这样,每个家庭成员都会意识到这是一个重要的时刻,能够集中注意力,积极参与讨论。其次,在家庭会议中,要确保每个家庭成员都有机会发言,分享自己的想法和感受。最后,会议可以是一个开放式的讨论,也可以是有针对性的议题讨论。无论是日常琐事还是重大决策,家庭成员都可以在会议上提出自己的想法并倾听彼此的意见,尊重彼此的差异,理解彼此的想法和观点,理解家人的需求和期望,从而建立更加和谐的家庭关系。在这样的环境中,每个家庭成员都能够感受到彼此的关爱和支持,共同创造幸福的生活以及美好的回忆。

此外,正向表达不等同于"凡事都夸"。我们也许是受到"赏识教育"的影响,很多父母在孩子年幼时喜欢不停地夸赞并以此鼓励孩子。久而久之,孩子只想听到表扬,不能听到批评。我们对于"赏识教育"应该视具体情况而定。当孩子身处逆境、遭遇挫折等情况时,我们需要鼓励孩子,哪怕只是点滴的表扬,也许就能帮助孩子走出困境;当孩子做好本该做的事,或是完成了简单的任务,就没有必要大肆夸赞。比如,我们只需要对孩子说,"你能把自己的袜子洗干净,说明你还可以为自己做更多事情。继续努力,爸妈相信你,也愿意帮助你。"这样的鼓励方式既肯定了孩子,也不会让孩子沉迷于成功的喜悦之中,还能明确哪些是孩子应该做的事情。

3. 共同参与家庭活动

家庭活动的种类很多,我们还可以根据自己家的情况开展富有创造性的、独具特色的活动。比如,家庭聚餐就是一种不错的选择,它能够定期将全家人聚集在一起,共同享受美食,增进彼此之间的感情。每当到了聚餐的日子,家人都会怀着高兴的心情,期待着能够在这个特殊的日子里,感受家的温暖和幸福。

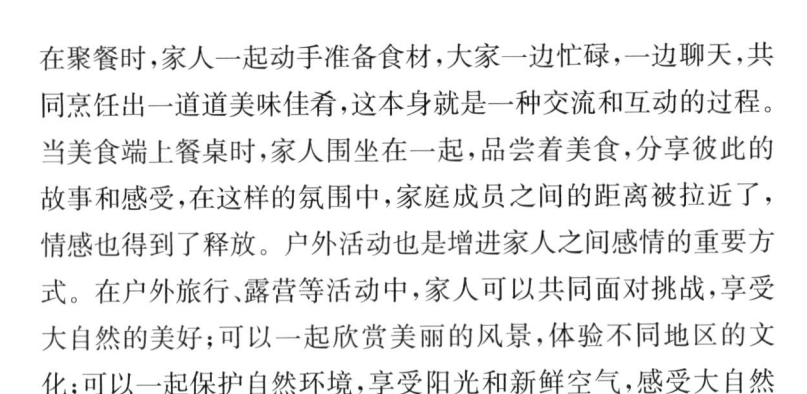

在聚餐时,家人一起动手准备食材,大家一边忙碌,一边聊天,共同烹饪出一道道美味佳肴,这本身就是一种交流和互动的过程。当美食端上餐桌时,家人围坐在一起,品尝着美食,分享彼此的故事和感受,在这样的氛围中,家庭成员之间的距离被拉近了,情感也得到了释放。户外活动也是增进家人之间感情的重要方式。在户外旅行、露营等活动中,家人可以共同面对挑战,享受大自然的美好;可以一起欣赏美丽的风景,体验不同地区的文化;可以一起保护自然环境,享受阳光和新鲜空气,感受大自然的恩赐。这些活动不仅能够让大家在轻松愉快的氛围中增进感情,还能够培养家人之间的合作精神和解决问题的能力。

【拓展延伸】

1. 照镜子

请家长对照下面的内容,想一想在孩子身上是否存在这些情况,或是有类似的现象,如果经常出现,就需要家长重视孩子"抗逆力"的培养。

(1)和别人玩游戏,输了就生气,不玩了。

(2)不满足要求,就对着父母大喊大叫,甚至拳打脚踢。

(3)学校运动会,没跑赢同学就哭了,也不想参加后面的比赛了。

(4)曾经当着同学面摔了一跤,觉得在众人面前出了糗,后来也常常想起那件事,总觉得别人会拿自己当笑话,懊恼不已。

第四节 不可回避的性教育

性教育的主要目的是帮助儿童和青少年建立正确的性观

念,掌握与健康有关的知识,形成健康的心理和卫生习惯,从而促进其身心健康和人际关系的和谐发展。家长应根据孩子的年龄和发育水平,提供适当的性教育知识,帮助他们树立正确的道德观念。

一、学会保护自己

小学阶段,孩子开始意识到自己的性别,并且可能会对性别产生疑问,这时就需要家长帮助他们建立正确的性别认同理念。孩子在同性或异性之间建立友谊的过程中会引发一些关于友谊、情感的问题,家长要及时引导孩子建立健康的交往关系。家长在回答孩子关于性的问题时,应该坦诚、简单明了,不要避讳或模糊不清,要帮助孩子形成正确的性观念。

【情境案例】

晚饭后,倩倩在客厅看电视,妈妈去检查她的作业完成情况。妈妈从倩倩的铅笔盒里发现一张粉红色的信纸,打开一看,上面竟然写着"我爱你,我喜欢你",落款是小宇,信纸上还画了两个抱在一起的小人。倩倩的妈妈叫来孩子询问情况,倩倩说,小宇是她的"男朋友",同学们在课间经常会说谁是谁的"男朋友""女朋友"。妈妈非常吃惊地表示,"小小年纪不把心思放在学习上,这是不学好,我要告诉你们的班主任。"倩倩听了很不高兴,认为妈妈大惊小怪,是"老古董"。

【原因分析】

随着人们生活水平的迅速提高,每个家庭对孩子的生长发育越来越重视。孩子在幼儿阶段对营养的摄取,如脂肪、蛋白质,维生素等微量元素比以前要高很多,有时候甚至过剩。很多家长为孩子制定了合理的膳食方案、科学的运动方案等,这些都促使现在孩子发育的水平相比以前有了大幅提升。

3岁左右的儿童在与同龄小伙伴一起玩耍时,就开始关注自己和他人的身体,慢慢会发现性别的差异。儿童在发现并了解他人身体特征的同时,也在加深对自己身体的认识和了解。儿童有时会产生一些"稀奇古怪"的想法,还会问出一些令家长感到尴尬的问题,如果父母不愿与孩子谈论性知识,认为孩子太小没必要,长大了自然会懂,或是认为性是低俗的话题,不能对孩子说,这反而会对孩子的健康成长不利。

【家长有话说】

记得女儿读二年级时,有一天晚上,我正在卫生间,女儿无意间看到我在换夜用安全裤,她天真地说:"妈妈,尿不湿不是婴儿才用的东西吗,你这么大的人怎么还要用呢?"我一时手足无措,匆忙把她赶出卫生间,凶狠狠地跟她说,"以后我在卫生间时你不准进来",这事就这么敷衍过去了,我也没多想。在女儿六年级的时候,一天我下班回家,听到卫生间有声音,进去一看,只见女儿正拿着水盆在洗东西。她看到我瞬间哭了,说道:"妈妈,我是不是快要死了。"我吓了一跳,走近一看,长舒了一口气,原来是女儿第一次出现生理期,于是简单地安慰了一下她说,这是正常的,女生都会这样。可是自打女儿开始进入生理期,总是闷闷不乐,我问她怎么回事,她说发现自己的胸部开始变化,同学会瞧不起她,不想去上学。我既觉得好笑,又不知道该怎么安慰她。

我们处在一个信息发达的时代,无论是有意还是无意,孩子

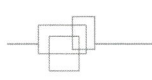

们都有可能接触一些不适合他们年龄的信息。案例中的倩倩正处于对性认知的朦胧阶段,这时候父母的引导尤为重要。小学阶段,孩子们会以游戏的方式去模仿大人的生活,其实这也是开展性教育的好时机。孩子在不同的年龄阶段具有不同的认知水平和理解能力,在性教育方面,家长需要根据孩子的年龄和认知水平提供适当的指导,以促进他们的健康成长。家长要避免表现出过于负面的态度,要理解孩子的感受,并在尊重他们的同时传达正确的信息。这样可以建立起亲子之间更加开放的沟通渠道,让孩子在性教育和隐私保护方面得到更好的引导和支持,从而帮助他们建立健康的人际关系。

【对策建议】

1. 巧用绘本,认识身体

家长在孩子学前启蒙阶段就可以进行性别教育,不要流露出羞涩、回避等态度。这个时间段也是孩子对性别特别感兴趣的时候,家长可以通过一些绘本、科普读物、人体模型等告诉孩子,为什么他是男孩,为什么她是女孩,女孩和男孩在身体上有哪些不同。比如,绘本《我们的身体》就以独特的立体设计,让孩子用"翻翻""拉拉""转转""摸摸"的方式,感知身体的不同部位。家长也可以用游戏的方式,引导孩子认识自己身体的各个部位,告诉孩子如何保护隐私部位不被他人侵犯,与孩子进行坦诚的交流,解释友谊和身体的边界等概念,帮助他们建立正确的交往行为准则。

2. 了解差异,保护隐私

孩子渐渐长大,逐步产生对性别认知的需求,同时还伴随有许多问题。例如,我是怎么生出来的?男孩和女孩在身体上有哪些不同?这时家长不要避讳或模糊不清的回避孩子的问题,应该和孩子诚实对话,用简单易懂的语言耐心回答孩子的问题,让孩子明白男生和女生的差异,学会保护自己的隐私。例如,洗澡、上厕所的时候,要提醒孩子把门、窗等关好,告诉孩子自己的身体除了家长、医生等出于健康原因触碰外,任何人都不可以触摸,同时还要告诉孩子,也不能随便去触摸其他人的身体。

家里有女孩的家长更要注意,当女孩子进入生理期后,家长要多关心孩子的心理感受,提醒孩子注意卫生,在饮食调理、适量运动等方面去改善身体的不适,引导孩子在生理期间养成良好的作息规律,保证充足的睡眠。

3. 警惕伤害,自我防护

家长可以借助真实发生的案例,告诉孩子潜在的危险,那些侵犯自己的坏人,不仅有陌生人,也可能会是身边熟悉的人。首先,家长应该提醒孩子设立明确的身体行为边界和规矩,确保孩子知道什么是恰当的行为,什么是不可以接受的行为。其次,当遇到危险的时候,要想办法逃脱,可以跑开、大声呼救,或者找到能够信任的人,如父母、老师、警察等,告诉他们真相。最后,家长还应该强调自尊和尊重他人的重要性,帮助孩子建立健康的人际关系。父母要每天与孩子谈一谈心,让孩子信任父母,如果遇到困难,父母要向孩子表示愿意帮助他们一起解决困难。只有当孩子信任父母,才会把自己的困惑、难题、危险和父母分享。通过这些方法,家长可以为孩子提供一个安全、包容的家庭环境,有助于他们建立正确的生活理念,为未来的健康成长打下坚实的基础。

二、把握异性交往尺度

青春期性教育大致包括性生理、性心理和性道德三个方面。

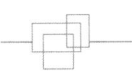

家长要引导孩子正确认识青春期身心的发展变化，注意保护身体，养成卫生习惯，培养他们良好的心理素质和道德修养，懂得自尊、自爱、自重、自强，具有自我控制能力，能正确对待男女之间的友谊，把握交往的尺度，珍惜青春年华。

【情境案例】

班里的小李和小玲似乎在"早恋"。两个人出双入对、形影不离，有同学甚至看到他们像一对情侣一样手牵手在校外散步，同学们对此议论纷纷。班主任得知情况后决定找他俩谈话，没有想到两个人大大方方承认他们是在恋爱，并认为已有足够的能力控制彼此的感情，还说恋爱没有早晚之分，只有美好与不美好之分，他俩现在生活上互相关心、学习上互相帮助，爱情的力量正在转化为学习的动力，他俩约定努力考取同一所重点学校。事实上，两个人的学习成绩没有下降，有几门课的成绩还取得了一定的进步。

【原因分析】

随着我国青少年性发育成熟的年龄不断提前，出现了我们通常所说的"早熟"现象。小学阶段，异性之间往往有较明确的界限，彼此躲避。初中阶段的学生无论在生理上还是心理上都会发生急剧变化，对待异性的态度由"疏远期"过渡到"接近期"，并进一步走向"恋爱期"。但中学生的身心尚未发育成熟，也未形成正确的世界观、人生观、价值观，这让他们无法适度调节自身的心理需求，容易误将友谊等同于爱情，进而产生"早恋"。

【家长有话说】

我平时工作忙，和孩子聊得不太多，尤其是关于身体发育和

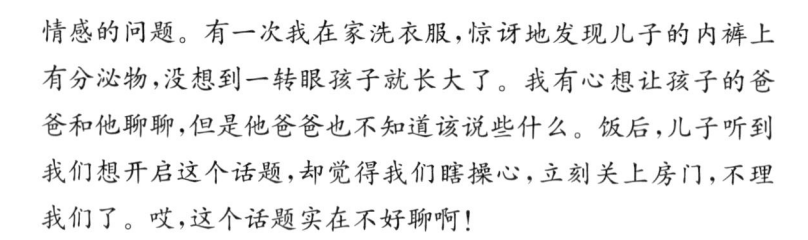

情感的问题。有一次我在家洗衣服，惊讶地发现儿子的内裤上有分泌物，没想到一转眼孩子就长大了。我有心想让孩子的爸爸和他聊聊，但是他爸爸也不知道该说些什么。饭后，儿子听到我们想开启这个话题，却觉得我们瞎操心，立刻关上房门，不理我们了。哎，这个话题实在不好聊啊！

青春期的孩子如果缺少家庭的关爱，就容易出现自我独立意识过强的情况，他们从心理上想脱离对于父母的依赖而出现"第二反抗期"。家长的拒绝和排斥往往会引起孩子的逆反心理，这往往更容易引发孩子的"早恋"，进而难以树立正确的异性交往理念。

【对策建议】

1. 理性看待发育

家长需要主动了解青春期孩子的心理和身体变化的特点，尤其是第二性征的发育特点。女孩的发育包括乳房发育、出现体毛、月经来潮等；男孩则是喉结突出、变声、长出胡须等，同时伴有身高的快速增长。很多家长平时并没有敏锐地觉察到孩子身上发生的变化，或者一旦发现就产生紧张的情绪，不知如何应对。家长要正确引领孩子，告诉他们不要紧张焦虑，也不要感到自卑或不好意思，并祝贺孩子的美丽的青春期的到来。同时，家长要更新观念，提高认识。当孩子提出有关生理方面的问题时，家长就可以及时为孩子答疑解惑，并基于其现阶段的身心特点，采取行之有效的科学方法加以应对。

此外，有一些家庭的孩子由于缺乏关爱，会出现男女生交往过密的现象。父母需要努力营造温馨、轻松、和睦的家庭环境，这能为孩子提供足够的安全感。同时，亲子间积极的情感沟通也能起到锦上添花的作用。家长可以抓住孩子感兴趣的事情，让沟通变得顺畅。家长可以和孩子聊聊与异性交往中遇到的问题，说说自己上学时代的经历，营造出相互信任的对话氛围，共同商讨解决问题的方法。这让处在青春期的孩子也许就不会产生逆反心理，进而增进对于父母的信任。

2. 引导正常交往

家长需要正确引导孩子学会把握交往的尺度，注意保持合适的距离。家长要做的就是摆正心态，然后和孩子好好沟通，倾听孩子的想法，让他们知道父母不想和他们对立，切忌随便给孩子扣上"早恋"的帽子。遇到孩子"早恋"的情况，家长要灵活应对，一定不要使事情保持僵持的局面，更不要去训斥孩子。父母也可以列举自己年轻时的事情，在友好的氛围中和孩子进行沟通，让孩子在分享的过程中不紧张、不抗拒。家长要明晰孩子的想法，同时告诉孩子要把握好和异性交往的尺度。我们应该让孩子明白，要想拥有一段美好而长久的感情，其前提就是自己不断进步、保持优秀，只有这样，青少年才能真正地学会尊重他人，并懂得保护自己的隐私，才是对自己和他人负责任的体现。这就好像你喜欢一只蝴蝶，不要去追赶它，你应该去种花、种草，等到春暖化开，蝴蝶自然会飞回来。

3. 划定交往尺度

家长需要正确引导孩子学会把握交往的尺度，注意保持合适的距离，明确告知孩子，什么样的行为是在被允许的范围内，强调哪些事情不能随便做，帮助孩子设立"防火墙"并约法三章。首先，家长要告诉孩子，无论是语言交流还是具体行为，都要经过仔细思索后再付诸行动，不可冒失莽撞。比如，尽量回避一些和性相关的敏感话题，相处时的肢体接触要掌握分寸，把可能带来的不良后果讲清楚，让孩子明白为什么有些事情现在还不能做。其次，家长需要在日常沟通中教育孩子学会预防外界可能发生的性侵犯。无论是校园里的同学，还是亲戚、长辈，亦或是社会人士，在实施性骚扰前，一般会试探地摸一些敏感的部位，如果自己没有做出明确的拒绝，那么对方就会更进一步，认为你默许其行为。家长要特别提示孩子保持警惕，只要对方的言行让我们感觉到不舒服，就一定要及时拒绝，千万不要觉得羞耻，认为是自己的错。此外，如果孩子因为一段被侵犯的经历影响了心理健康，家长要在孩子同意的前提下及时和班主任沟通，同时注意保护孩子的隐私，并借助学校心理老师的帮助，建立起与孩子相互的信任，尽快帮孩子消除负面的情绪，获得新的力量。或许也有学生认为这些属于隐私，不愿意告诉老师，家长也可寻求其他途径，让孩子找到可以倾诉的途径并打开心结。总之，家长一定要关爱孩子的成长，为孩子营造一个开放、尊重、安全的环境，让他们可以建立健康的性理念。

三、做负责任的人

高中阶段是青少年成长发育的关键时期，对于高中生来说，性教育不仅是一种品德教育，更是一种健康教育和情感教育。家长需要引导孩子正确认识生理变化，学会保护自己、尊重他人，避免一些不良的行为和情感伤害，带领孩子学习性伦理知识、性法制常识、预防性犯罪方法等，使青少年懂得并能自觉地遵守社会的道德规范和法律法规，做一个遵纪守法且有担当的公民。

【情境案例】

正在读高中的小玲一直瞒着父母偷偷和同班级的小阳谈恋爱。小阳是个早熟的男孩子，出于好奇和社会不良风气的影响经常浏览一些不良网站。周末,小阳趁着父母上班的时间偷偷带小玲回家看不健康视频,最终两人半推半就发生了关系。事情暴露后,双方父母陷入了激烈的争吵。小玲的爸妈万万没有想到,一向安静乖巧的女儿竟做出了这样出格的事情,早知如此,也不会总因为工作忙而不及时回家并疏于对小玲的教育。最终在相关部门的介入下,双方达成和解,小玲转学离开。

【原因分析】

16—18岁,正是高中生情窦初开的年纪,在繁重的学习压力下,他们渴望独立自主,需要与人倾诉,有时同伴的善解人意往往会引起孩子们对异性的爱慕,他们对爱情充满幻想,渴望了解异性。当然,也有少数同学是虚荣心作怪,因为好朋友有了异性朋友,觉得自己也应该拥有,这也会诱发一些不良的接触异性的行为。

上海社会科学院社会学研究所课题组曾发布一份针对15—24岁青少年性健康的调查报告,结果显示,高中生中有过恋爱经历的比例为42.3%;根据腾讯新闻发布的《2019中国年轻人性现状报告》,47.5%有性经验的"九五后"第一次发生性行为在高中及之前;联合国教科文组织的数据显示,全球范围内,有超过1/10的怀孕分娩发生在15岁到19岁的女孩身上。这些数据反映出的情况是:一方面,高中生在从生理、心理上都日趋成熟,不再是我们眼中的"小孩子",对他们进行性生理、性心理方面的引导非常必要;另一方面,对高中生进行性健康、性道德、性法律等方面的教育也是必不可少。

【家长有话说】

我们家孩子看上去是比较听话懂事的,基本上不需要我们操心,但是自从进入高中后就不太喜欢和我们多交流。有一天夜里,我们发现孩子还没有睡,居然偷偷拿着手机在浏览限制级影片。当时我就愣住了,现在的孩子都这么"开放"吗?我也不知道是我家的孩子如此,还是别的孩子也会这样,我也是第一次遇到这种情况,不知道该如何面对高中的孩子开展性教育。现在,我很焦虑,担心影响孩子的学习,也担心孩子会性冲动,偷尝禁果,更担心孩子违法犯罪。

许多家长视性教育如洪水猛兽,平时避而不谈,孩子一旦惹出麻烦,又特别后悔没有及时教育。联合国《国际性教育技术指导纲要》中的一项研究显示,全面开展性教育并不会让青少年的性行为提早发生。作为家长,一定要多方面关心孩子,特别是对高中阶段的孩子,开展符合他们身心特点的性教育尤为重要。

【对策建议】

1. 更新观念,坦诚相待

家长要了解高中生的身心发展特点,重视孩子的性健康问题。在生理上,家长要提醒高中生多注意个人身体卫生,注重身体防护等问题。在心理上,一些学生由于身体的发育导致内心经常会觉得矛盾、困惑乃至自卑,家长要理解这个时段孩子的不同表现,提醒孩子注意个人情绪调适,并引导孩子以坦然、健康的心态来面对自己的变化。高中生能够经常跟家长聊天沟通的并不多,家长切忌用教训的语气告诫孩子不能谈恋爱,一味地指责只会扩大与孩子之间的心理距离。我们要停止唠叨,善于观察孩子的变化。例如,孩子的学习成绩突然下降,情绪发生变化,时而特别高兴,时而坐立不安、心神不宁,突然注重外貌等。家长要告诉孩子在这个美好的年纪,有自己喜欢并谈得来的异

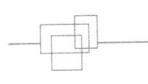

性朋友是正常的现象。家长要理解并尊重孩子的想法,这样孩子也愿意与父母沟通交流。此外,当孩子遇到"失恋"造成的巨大情感冲击时,父母要关心孩子,不要挖苦讽刺,同时告诉孩子做任何事情都是有风险的,谈恋爱也是如此。父母要帮助孩子正确认识恋爱、婚姻、家庭、学习等之间的关系,让孩子知道外表好看固然吸引别人,但持久的情感需要的是更深层的东西,比如,责任担当、学识、性格、思想观念等,以此引导孩子树立正确的爱情观。

2. 自尊自爱,遵守道德

家长要时刻提醒孩子做自尊自爱的人,正确认识自己的优势和不足,不妄自菲薄,也不自暴自弃。生活中要有正确的自我认知,社交要有边界感和分寸意识,只有自己行为端正,别人才无机可乘。家长要理解孩子的好奇心,顺其自然地进行性教育。我们可以和孩子一起分析案例,一起聊自己经历的情感故事,或者推荐孩子看一部性教育电影,帮助孩子消除焦虑,理性处理自己的心理困扰。同时,家长可讲解一些常见疾病的预防知识,让孩子懂得一些自我保护的方法,如基本的避孕方法,这样可以避免产生不良后果。另外,孩子学会自爱的前提,是感受到父母的爱与尊重。父母要做两性关系的榜样,减少夫妻之间的争吵,营造温暖的家庭氛围。

3. 知法守法,敢于担责

家长要告诉孩子,随着年龄的增长,他们的权利与责任也在发生变化。8 周岁以上为限制民事行为能力人,年满 12 周岁可以承担部分民事行为责任,14—16 周岁可承担部分刑事责任,18 周岁成年。《中华人民共和国刑法》第 17 条第一款规定:已满十六周岁的人犯罪,应当负刑事责任。第 17 条第二款规定:已满十四周岁不满十六周岁的人,犯强奸罪的,应当负刑事责任。根据《中华人民共和国刑法》,只要与当事人发生性行为的是未满 14 周岁的少女,无论受害人是否愿意,都视为犯强奸罪,与已满 14 周岁但未成年的,违背少女的意愿,以暴力、胁迫或者其他手段与之发生性行为的,属于强奸。[①] 家长要提醒孩子,青春期的爱意固然浪漫,但也脆弱,在和异性相处时,要用道德和法律约束自己的行为,保护自己的权益。家长要引导孩子在高中阶段需要努力学习,树立目标,规划人生,为理想奋斗,对自己对他人负责。我们可以喜欢一位优秀的人,但要有自己标准和要求,不要因为所谓的爱情而失去自我、失去本心,我们要在对的时间遇见对的人之前,先要努力让自己变得更加优秀。

【拓展延伸】

1. 阅读绘本

请阅读《我们的身体》《不可以摸我的屁股》《宝宝从哪里来?》《谁是我的家人?》(全 4 册)。

推荐理由:这一套图书符合幼儿年龄特点,用生动形象的科普性教育知识,图文并茂,完整覆盖十二大性教育主题:性别认知、生理健康、心理健康、安全意识、规则意识、自我表达、生命起源、生长发育、自信自爱、家庭观念、亲友关系、爱的教育。

2. 身体有边界

步骤一:同另一个人面对面保持十米左右的距离站立,体会这段距离带给你的感受。

步骤二:双方同时走向彼此,当有一个人感觉到距离可以了就立即喊"停",同时双手向前推,随后两个人同时停下脚步,感受这段距离带给彼此的感受。

[①] 第十四届全国人民代表大会常务委员会第七次会议.中华人民共和国刑法,2023 - 12 - 29.

步骤三:彼此分享游戏过程的感受。

3.观看《明明白白我的性》

推荐理由:影片以动画的形式,科学地讲解了一些家长们很难说出口,并且是高中生不太了解或应该了解的性知识。这部性教育片轻松、幽默的帮助高中生掌握科学的性知识并满足他们关于性方面的好奇心。

第五节　做好生涯规划指导

在孩子人生的旅途中,小学、初中、高中三个阶段犹如三颗璀璨的明珠,各自闪耀着独特的光芒。小学是生涯规划意识萌芽的阶段,孩子们开始对未来充满好奇与期待;初中则是生涯规划探索和成长的关键时期,他们开始逐渐明确自己的兴趣爱好与发展方向;高中是为梦想拼搏并建立生涯规划目标的重要阶段,他们需要更加坚定地朝着目标前进。家长要与老师合作并引导孩子做好生涯规划,让他们在不同的年龄段,都能够拥有生涯发展的清晰目标和坚定信念。

一、生涯规划启蒙,助力成长

小学生涯规划启蒙对孩子的成长十分重要。家长要认识到有效的生涯规划启蒙能够帮助孩子树立目标、增强自信,使他们能够更好地应对未来的挑战和机遇,助力他们茁壮成长。家长如何引导孩子正确地认识自我,如何培养孩子的兴趣爱好,平衡孩子的学习,找到行之有效的生涯规划启蒙方式,这都需要家长认真对待。

【情境案例】

　　小妍的妈妈对小妍的学业要求极高,不仅为她报名参加了各类课外辅导班,还严格限制她的娱乐时间。在妈妈的头脑中,成绩是唯一重要的,其他方面都可以暂时忽略。平时小妍几乎没有参与家务劳动的机会,因为妈妈认为这会干扰学习,她现阶段的任务就是专注于读书。至于小妍的兴趣爱好和未来规划更是不会被考虑,妈妈也很少与小妍沟通对于未来的想法和期望。星期五,学校要给高年级学生开展一次"职业日"活动,邀请不同行业的专业人士来校分享他们的工作经验。小妍很想参加,妈妈却认为学校这样做是浪费时间,还不如让孩子多做几道练习题。

【原因分析】

　　小学阶段是生涯规划教育的启蒙阶段,也是个人职业兴趣、职业观念和职业价值观的形成时期。事实上,对于小学生正确职业价值观的建立以及各方面能力的锻炼,很多家长并没有进行引导。像小妍妈妈这样认为学校此举是在"浪费时间"的家长不在少数,从而错过了孩子兴趣爱好以及职业生涯规划的启蒙教育。

　　国务院印发的《国家职业教育改革实施方案》中明确提出,鼓励中等职业学校联合中小学开展劳动和职业启蒙教育,将动手实践内容纳入中小学相关课程和学生综合素质评价。学生的生涯规划意识启蒙期是在小学阶段,对学生进行有目的、有计划、有系统的职业生涯规划启蒙教育,可以让孩子从小确立自己的学习目标,培养孩子的规划意识。

　　我们通过劳动教育,可以让小学生对未来的职业充满憧憬,这种影响会逐渐深化,为他们将来步入社会奠定良好的基础。但是,目前家长对孩子劳动能力以及兴趣爱好的培养远远不够。

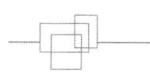

孩子在家庭中几乎没有参与家务劳动的机会,家长越俎代庖的情况还是比较普遍。这也导致现在部分小学生劳动实践能力的缺乏,独立性和自我管理能力不强。

【家长有话说】

  我一直努力与孩子保持沟通,试图了解他内心的世界,探究他的喜好与梦想。有时候他会对太空探索充满好奇,我便经常带他前往科技馆。然而,孩子的兴趣并非一成不变,或许明天因为老师讲述的一个小故事,他又会对神秘的海洋产生兴趣,想要成为一名海洋生物学家,去揭开海底世界的秘密。这种短暂的兴趣切换,确实让我有些措手不及。我觉得孩子的未来充满了变数,如何去引导他,才能让他在未来的道路上少走弯路,实现自己的梦想呢?这常常使我感到迷茫、无助、力不从心。我希望能够找到一种方法,既能尊重孩子的兴趣爱好,又能为他的未来找到一个明确且可行的方向。

  家长肩负着引导孩子成长的重要责任,在与孩子沟通并尝试引导其兴趣爱好的过程中,不可避免地遇到因孩子兴趣爱好的不断变化所带来的不确定性。虽然这些挑战会让我们感到迷茫和无助,但正是这些挑战,让我们更加坚定地相信自己、相信孩子,一定能找到一种既能尊重孩子兴趣爱好,又能为其规划未来方向的方法。

【对策建议】

  1. 培养兴趣,引导认知

  随着社会竞争的日益加剧,小学生职业生涯规划启蒙显得尤为重要。家长需要从多方面引导和帮助孩子,让他们从小就能够树立明确的职业目标,为未来的成长和发展打下坚实的基础。首先,我们要帮助孩子认识到职业的重要性,让他们明白职业不仅是为了谋生,还是实现个人价值和追求幸福生活的重要途径。通过跟孩子分享自己的职业经历,激发孩子对职业的好奇心和探索欲。其次,我们要引导孩子了解职业的多样性,让他们知道世界上有各种各样的职业,每种职业都有其独特的魅力。家长可以通过带领孩子阅读相关书籍、观看纪录片、参观职业场所等方式,让孩子对职业有更直观、更全面的认识。每个孩子都有自己的兴趣和特长,家长要细心观察,发现孩子的潜力和优势,通过鼓励孩子参加各种兴趣小组和社团活动,培养他们的爱好和特长,为未来的职业规划奠定基础。

2. 锤炼能力,激发潜能

首先,要锤炼孩子的基础能力。基础能力是孩子未来学习和发展的基石,包括语言表达、数学思维、观察思考等方面的能力。家长要关注孩子的日常学习与生活,通过陪伴阅读、引导思考、鼓励提问等方式,提升孩子的语言表达能力和思维能力。同时,家长还可以借助生活中的各种场景,培养孩子的观察力、记忆力和动手能力。其次,要培养孩子的创新能力。在家庭生活中,鼓励孩子多尝试、多实践,让他们在实践中发现问题、解决问题。家长还可以引导孩子参与一些手工制作、科学实验等活动,让他们在动手的过程中锻炼创新能力,让他们敢于想象、敢于创新。此外,家长还需要提供一个宽松而富有探索性的家庭环境,允许孩子在探索中犯错误,正视孩子的个体差异,为他们提供个性化的教育支持。每个孩子都有自己的独特之处,家长应善于发现孩子的特长,并为之提供相应的学习资源和机会。家长可以通过个性化的教育支持,激发孩子的学习热情,培养他们的自信心,为他们的未来发展奠定良好的基础。

3. 实践体验，鼓励劳动

家长可以积极寻找和提供职业劳动体验的机会，让孩子亲身感受不同职业的工作环境和工作内容。在家庭中，家长可以注重培养孩子的劳动习惯，分配给孩子一些具体的劳动任务，并要求他们认真负责地完成，这有助于培养孩子的责任感和自理能力。我们可以根据孩子的兴趣和未来职业规划，选择一些与特定职业相关的劳动任务。例如，如果孩子对医学感兴趣，可以让他们参与照顾家人的健康，了解基本的医疗知识等。与此同时，在孩子劳动的过程中，我们可以向他们强调劳动的价值和重要性，让他们明白通过努力工作可以获得丰厚的回报。家长要以身作则，与孩子一起劳动，因为我们对待职业和劳动的态度会直接影响孩子。家长要鼓励孩子探索新的劳动领域，尝试不同类型的劳动，丰富并拓宽他们的经验和视野，帮助他们发现自己的潜在职业兴趣。当孩子在劳动中表现出色时，我们应及时给予肯定和鼓励，增强他们的自信心和积极性。如果在劳动中遇到问题，我们也要鼓励孩子自己思考并尝试寻求解决问题的办法，培养他们解决问题和应对困难的能力。家长可以定期与孩子进行职业规划的讨论，了解他们的想法和感受，帮助他们分析自己的优势和不足，制订更合理的职业规划。同时，要鼓励孩子保持积极的心态，不断地学习和进步。

二、生涯规划探索，认知自我

初中生在学业道路上的奋力前行始终伴随着对于各种事物的热爱与追求。他们时常对一些新鲜的事物产生兴趣甚至是痴迷。例如，当下发展快速的网络直播行业。在这个阶段，家长既要理解孩子对于事物的喜爱，注重他们的心理教育，通过与孩子沟通，了解其兴趣所在，又要引导他们将对于那些新鲜的事物的热情转化为学习的动力，为未来的职业发展做好准备。

【情境案例】

小华是一名初二的学生，对于电子游戏有着近乎痴迷的喜爱。每当他看到电竞游戏高手们为国争光时，他便希望有朝一日自己也能成为一名电竞游戏高手，拥有千万粉丝。老师和父母对他沉迷于电子游戏感到担忧，并多次劝诫小华。可是小华对他们的劝诫置若罔闻，他坚定地说："我的目标是做一名电竞游戏高手，为国争光。"在接下来的日子里，小华把所有精力都投入电竞游戏中，他频繁观看电竞游戏主播的视频。由于过度沉迷于电竞游戏，小华的学习成绩开始下滑，对其他事物的兴趣也逐渐减弱。小华发现自己渐渐陷入一个无法自拔的泥潭，他开始感到迷茫和焦虑，不知道自己如何摆脱电竞游戏的束缚，找回曾经的自己。

【原因分析】

初中生正处于青春期，好奇心强，对于新鲜、刺激的事物充满欲望。电子游戏作为一种新型的娱乐方式，以其独特的视觉、听觉效果和互动性吸引了他们的注意。他们崇拜榜样，更喜欢模仿榜样。当他们看到电竞选手在赛场上为国争光，受到人们的瞩目和追捧时，这让他们产生了成为电竞高手的强烈愿望。但是，他们对于电竞游戏的认知并不清晰。

虽然家长和老师深知过度沉迷游戏会对孩子的学习、生活产生负面影响，但是他们的引导和教育往往得不到预期的效果，反而会让孩子更加坚定自己的想法，这也反映出类似小华这样的孩子在生活中缺乏家长的支持和引导。事实上，孩子们在面对困境时缺乏足够的自我认知和解决问题的能力,过于执着于自己的目标,却忽略了实现目标所需要付出的努力。同时,他们也缺乏对于现实的清醒认识,无法正确评估自己的能力。

【家长有话说】

我的孩子正在读初中,处于青春期的孩子可能对很多东西都充满了好奇。他最近经常关注网络上的一些游戏直播平台,有时候还会跟我说:"爸爸,你看现在的直播好赚钱,比你上班赚得多多了,我以后是不是也能尝试一下?"当我听到自己的孩子对游戏直播产生浓厚兴趣,并打算将其作为未来的职业时,不禁感到担忧。我理解孩子对于新兴事物的好奇心和追求梦想的热情,但我也清楚地知道,孩子思维的局限性和对网络游戏的痴迷,这让我十分担心孩子未来的成长。当然,我也明白不能简单地否定孩子的想法,于是经常会和孩子进行沟通,询问他对于网络游戏和游戏直播这种职业的看法,希望孩子对事情有更深入的思考。

初中学生的生涯探索教育对于家长来说,是一个既重要又复杂的任务。家长可以帮助孩子更好地认识自我、发现兴趣、挖掘潜力。同时,也要关注孩子的心理健康和成长需求,给予他们较多的关爱和支持,让他们在成长的道路上更加自信、坚定和勇敢。

【对策建议】

1. 明确生涯规划方向

初中生正处于青春期,他们开始有自己的想法和追求,也面临着更多的生涯规划方向选择,如何帮助孩子制订符合其自身发展需要的生涯规划是家长需要认真思考的问题。首先,我们要明确孩子的爱好和优势,与孩子进行深入的交流,关注孩子的学习成绩和课堂表现,了解他们在不同学科上的优势和劣势,这是制订生涯规划的重要基础。其次,引导孩子树立正确的职业理念,与孩子一起探讨不同职业的特点和要求,帮助他们了解不同职业的发展前景和就业趋势,让他们明白职业选择不仅要考虑个人的兴趣和优势,还要考虑社会需求和发展趋势。最后,根据孩子的爱好和优势,帮助他们制订具体的生涯规划,包括学习目标、职业目标和发展计划等。家长也要帮助孩子制订具体的行动计划,鼓励孩子在实践中不断完善生涯规划,根据实际情况及时调整自己的目标和计划。家长还要多给为孩子提供必要的心理支持,帮助他们树立信心,克服困难和挫折,培养孩子的自主意识和责任感。最后,要培养孩子的积极心理、坚韧品格和适应能力,以应对未来职业的挑战。

2. 提供生涯规划实践机会

生涯规划教育不仅仅是理论知识的传授,更重要的是实践经验的积累。家长应该为孩子提供多元化的实践机会,让他们在实践中了解社会、提升能力、认识自我。第一,可以鼓励孩子参加各类课外活动和社会实践,了解不同领域的知识和技能,培养团队协作和沟通能力。同时,家长可以鼓励孩子学习各种不同类型的技能,如音乐、绘画、编程、烹饪等,帮助他们开阔视野,了解更多的职业,为未来的职业选择打下基础。第二,可以引导孩子参与志愿服务和公益活动,体验不同职业角色的工作和生活状态,为未来的生涯规划提供更多参考。第三,可以利用假期时间鼓励孩子参加各种职业体验活动,参观各种不同类型的工作场所,如工厂、医院、银行、警局等,帮助他们了解不同的职业和工作环境。此外,家长还可以带孩子进行旅行和游学,通过亲身感受和体验不同的地域文化和风土人情,帮助孩子开阔眼界、丰富阅历,也能更好地理解自己和职业的关系,更多的认识不同的职业。

3. 携手学校完善生涯规划

生涯规划教育是一个系统工程,需要家庭、学校和社会共同协作。学校是孩子学习的重要场所,教师可以通过课程设计,将职业教育融入各学科中,让孩子们在学习的过程中了解不同职业的特点和要求;家庭教育也是孩子职业规划学习的关键环节,家长可以与孩子分享自己的职业经历,引导他们思考自己未来的职业爱好。通过和孩子定期沟通、交流反馈,家长可以了解孩子在学校的表现并及时发现和解决问题。同时,也能了解学校的最新教育动态和资源信息,为孩子的生涯规划发展提供更多支持。此外,家长还可以利用社会资源为孩子提供更多的机会,让孩子了解不同职业的特点和要求,也可以组织孩子参加各类职业体验活动,让他们在实践中感受不同职业的魅力和挑战。

三、生涯规划建立,逐梦未来

对于高中生而言,生涯规划是他们逐梦未来的前提条件之一。但是很多高中生对于未来的生涯规划感到茫然,绝大多数同学将高考作为终极的目标,他们并不明白如何去选择未来的专业,以及未来要从事什么样子的职业等。家长要与孩子一起探讨未来的发展方向,给他们提供建议与支持,帮助他们制订合理的规划,陪伴孩子走过这段重要的旅程,共同迈向充满希望的未来。

【情境案例】

新高一学生入学后,班主任进行了一次关于学生未来发展目标的问卷调查。从调查情况来看,大多数学生对于自己将来

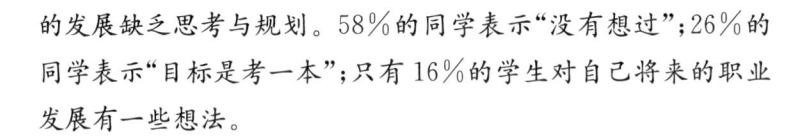

的发展缺乏思考与规划。58%的同学表示"没有想过";26%的同学表示"目标是考一本";只有16%的学生对自己将来的职业发展有一些想法。

【原因分析】

我国高等学校的职业发展指导发展很快,但中学阶段的职业规划指导仍有待开发。案例中的学生对自己将来的发展普遍缺乏思考与规划,对自己的爱好、特长等缺乏更多的了解,不知道自己将来从事什么职业,也没有对这一职业和相关专业进行一些探索。很多高中生没有认识到职业生涯规划对于自己的重要性,真正对自己的职业生涯有规划的学生并不多,他们获取职业生涯规划相关知识的渠道比较单一,有时会仅凭感觉从网络、书籍上获得,导致这方面能力的缺失。

【家长有话说】

我的孩子现在读高一了,他除了在校读书之外,对很多事情都不了解,也不感兴趣,就喜欢"宅"在家里。我们偶尔会与他聊聊关于未来专业的喜好这类话题,发现孩子还是很迷茫的。其实作为高中生的父母,我们在孩子的职业生涯规划方面也感到迷茫。当今社会,看似有很多机会和选择,但能够真正在自己的专业上做出成绩的也不多,孩子面临如此多的不确定性,我们也在思考如何更好地引导他。

我们一般将孩子的职业生涯发展分为三个阶段:11岁前为空想阶段;11岁至17岁为尝试阶段;17岁至成人为现实阶段。每个阶段都有不同的特点和任务,假如前一阶段的任务不能很好的完成,就会影响到下一阶段任务的实现,最终导致其在职业

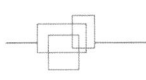

选择时出现障碍。虽然我国的职业生涯规划教育在高校已经普遍实施,但是在中小学还没有很好地实施职业生涯规划指导。因此,虽然中学生都有自己的人生志向,但能够意识到如何实践自己人生志向的学生只是极少数。

【对策建议】

1. 增强生涯规划意识

高中生的生涯规划教育对于家长来说是一项重要任务,它不仅关系到孩子的未来发展,也影响家庭的整体规划。首先,家长应增强自身对于孩子生涯规划的意识,了解生涯规划的重要性,认识到它在孩子成长过程中起到的关键作用。生涯规划不仅是对于职业的选择,还是对人生道路的整体规划。家长要主动学习生涯规划相关知识,了解不同职业的特点和发展前景,以便更好地指导孩子。其次,家长要与孩子共同明确规划方向。家长应尊重孩子的兴趣和特长,鼓励他们追求自己的梦想。在此基础上,家长可以与孩子一起探讨未来的职业发展方向,制订切实可行的规划目标。

2. 提供生涯规划支持

家长要关注孩子的成长需求,了解他们在学习、心理、社交等方面的变化。针对孩子的不同需求,家长可以提供有针对性的支持。比如,对于学习成绩不佳的孩子,家长可以帮助他们分析原因,制订学习计划,提供必要的学习资源;对于心理压力较大的孩子,家长可以倾听他们的心声,给予关爱和鼓励,帮助他们缓解心理压力。此外,家长还应关注孩子的兴趣和特长,为他们提供展示才华的平台,通过参加课外活动、社会实践等方式,可以开阔孩子的视野、锻炼孩子能力、积累生活经验。家长要鼓励孩子积极参与这些活动,并在他们遇到困难时给予及时的支持和帮助。

3. 落实生涯规划目标

家长与孩子一起制订一个详细的生涯规划表,包括短期和长期的目标,计划实施的时间节点以及所需的资源等。这有助于孩子更加清晰地了解自己的发展方向,增强其对于规划的执行力。首先,引导孩子进行自我评估。通过问卷调查、自我反思等方式,帮助孩子了解自己的兴趣、性格、能力和价值观等方面的特点,帮助孩子更准确地定位自己的职业方向,避免盲目"跟风"。其次,培养孩子的综合素质。家长除了关注孩子的学业成绩外,还应注重培养孩子的综合素质,如沟通能力、团队协作能力、创新能力等。最后,鼓励孩子勇于尝试和冒险。生涯规划是一个不断探索和尝试的过程,家长应鼓励孩子勇于尝试不同的职业领域,即使失败了也要勇敢面对并从中吸取教训。这样,孩子才能在不断的尝试中找到真正适合自己的职业方向。

【拓展延伸】

1. 制订规划表

阶段	时间跨度	目标	具体行动
七年级	第一学年	适应初中生活 培养良好的学习习惯 培养兴趣爱好	参加学校组织的活动,结交新朋友 制订学习计划,合理安排时间 尝试各种课外活动,发现兴趣
八年级	第二学年	提高学习成绩 增强自我管理能力 拓展知识面	制订学科提升计划,针对薄弱科目进行辅导 学习时间管理技巧,提高效率 阅读课外书籍,参加课外兴趣社团

(续表)

阶段	时间跨度	目标	具体行动
九年级	第三学年	备战中考 确定职业方向 培养综合素质	制订复习计划,进行系统复习 参加职业体验活动或讲座,了解不同职业 参加社团活动,提高团队合作和领导能力
七年级至九年级	整个初中阶段	培养劳动意识 掌握基本劳动技能 保持身体健康,培养运动兴趣和习惯	承担一些家务劳动,如打扫卫生、洗碗、做饭等 参加学校组织的劳动活动,如校园清洁等 每周安排一定的时间进行运动,如跑步、打球等,参加学校的体育课程和活动

2. 面试初体验

活动准备:孩子需要准备一份简历和自我介绍,家长需要扮演面试官的角色。

活动步骤:

(1)孩子和家长分别扮演应聘者和面试官的角色。

(2)面试官向应聘者提问,应聘者需要回答问题并展示自己的技能和经验。

(3)面试官根据应聘者的表现进行评估,并给出建议。

(4)应聘者和面试官互换角色,重复以上步骤。

后　记

当我拿到这本书的样稿时,一种难以言喻的情感油然而生。在这段写作的旅程中,工作室的老师们不仅回顾了自己作为家长的成长之路,也分享了彼此关于家庭教育的见解和主张。现在,我再次回望这些文字,已感到它们不仅仅只是文字,同时也是一个个鲜活的故事,是无数学生家庭的共同缩影。在这本书的每个章节中,都有我们对家庭教育深刻理解的结晶,我们都试图捕捉家庭教育的精髓,试图与大家分享那些关于爱和成长的故事。这本小书不仅凝聚了很多人的智慧,也是我们与无数学生家庭共同成长的见证。

关于家庭教育方面的研究一直是我的兴趣所在。我们作为中学教学一线的教师,也许有着较为丰富的实践经验,但缺乏将这些经验进行系统化、理论化的能力,往往导致教育的实践与理论之间存在着差距,这也让我们的研究显得比较零散、不够深入、缺乏延展性。求知无止境,2019年9月,我开启了"班级家长学堂",我们针对家长亟待解决的"问题",定期进行深入探讨和研究。起初,我们交流的形式比较单一,讲授的痕迹比较明显,总感觉哪里还需要做出突破。正当我感到迷茫、不知所措时,齐学红教授给予了我悉心的指导。她说:"其实,我们所有人都可以形成一个学习共同体,无论是家长还是老师,都是这个共

后 记

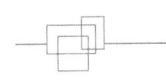

同体里的一员,彼此保持开放和接纳的心态,愿意倾听不同的观点和意见,尊重每个参与者的想法和感受,努力理解彼此的立场和需求。"齐教授鼓励我们每一位教师都可以在自己的班级中开展"田野研究",这为教学一线教师打开了一扇"学术研究之窗",使我们感到教学研究不再是一件令人望而生畏的事情。她总是不断鼓励我、肯定我,还创造机会让我将自己的研究成果分享给更多的老师。正是有了齐教授的引领,我才能和工作室的老师们坚定信念、携手前行,也才有了写这本书的勇气、底气。

家长朋友也是我们"班级家长学堂"的主力军,他们刚开始是"羞于表达"的,但随着沟通的深入和交流次数的增加,大家逐步拥有一种积极参与交流的心态,主动寻求交流的机会,这使得我们的研讨变得更加生动活泼,大家彼此敞开心扉、畅所欲言。他们的故事,无论是关于挑战、成长,还是关于喜悦、困惑,都真实地反映了家庭教育中的点点滴滴,让读者能够从中获得共鸣和启发。正是这些无私的家长,才能让更多真实鲜活的案例呈现在大家的眼前,他们的慷慨分享不仅丰富了书中的内容,也为广大读者提供了宝贵的第一手资料,同时也成为本书不可或缺的一部分。我在撰写这本书的过程中,无数次被家长的坚持所感动,每一次的访谈,每一次的案例分析,都让我更加坚信,家庭教育的力量是无穷的。出于对孩子们以及家庭隐私的保护,我们无法在案例中提及家长以及孩子的姓名。在此,特别感谢家长朋友,你们的奉献我将铭记于心,也将鞭策我继续努力。

参与编写这本书的蔡诚开、戴学娟、王青、周倩文四位老师是我的工作室的成员,另外还特邀了两位中学老师冒霞晖、朱义华,还有一位心理教研员戴志梅老师。他们都是非常优秀的老师,大都是"南京市德育工作带头人",在各自的领域发挥着榜样示范作用。尽管周倩文还是一位年轻的教师,但是她非常具有研究热情、研究意识、研究能力,和其他几位老师一样,为本书贡献了很多智慧。我是一个工作起来很"不讲情面"的人,在书稿写作期间,对他们的要求很高,但是无论怎么"苛刻",几位老师都会在规定的时间内按照要求,一丝不苟地完成自己负责的内容,这让我很感动。可以说,没有他们的包容和支持,这本书也就无法呈现在读者面前。感恩有你们的陪伴和帮助,感谢你们的默默付出。

这本小书算作是我对家庭教育的一份献礼。它包含了我的观察、我的思考,以及对未来家庭教育的祈望。我运用自己的经验和专业知识,将这本书中的理论与实践相结合,尽力把家庭教育过程中遇到的一些问题讲述得透彻明了,最终的目的,就是希望能够帮助广大读者在实施家庭教育的过程中少走弯路,多一份信心。同时,也希望能够找寻到那些在家庭教育道路上探索的同行者,我们共同为家庭教育尽一份绵薄之力。掩卷长思,该书的完成,对于我来说不是结束,而是一个新开始,它激励着我将与更多的家长、老师一起,继续在这条充满挑战与希望的道路上前行。

最后,由于本人才疏学浅,加之时间紧迫,本书肯定存在着一些不足之处,恳请读者朋友们多多批评指正。

顾　琳

2024 年 11 月